시간으로의 여행
오스트리아, 동유럽을 걷다

시간으로의 여행
오스트리아, 동유럽을 걷다

정병호 지음

머 리 말

어렸을 때 역사 선생님에게 가끔 듣는 먼 나라의 이야기와 신화는 내게 큰 즐거움이었다. 나는 틈만 나면 다른 나라를 상상했었다. 토르의 영웅담이 나오는 북유럽 신화, 고대의 신비로운 피라미드 이야기, 헤르메스의 마술 피리 등 수많은 이야기가 존재하는 그곳을 말이다. 그리고 자연스럽게 그곳 사람들은 어떻게 살아가고 있을까 궁금해했다.

가이드 동반 여행을 하다 보면 문명과 신화, 역사를 훑어볼 기회가 많지만 사실 꼼꼼하고 자세히 살펴보지는 못한다. 이 책은 여행지에 대해 알아야 할 상식과 역사, 의미 등에 대해 좀 더 자세하고 쉽게 설명하려고 노력했다.

〈시간으로의 여행: 오스트리아, 동유럽을 걷다〉편은 합스부르크를 중심으로 한 주변 국가의 이야기다. 유럽의 역사는 복잡한 만큼 다양한 문화를 만들어 내 우리에게 많은 볼거리를 제공한다. 이 책은 신성로마제국이 멸망한 후 640년간 유럽의 패권을 쥐고 있던 합스부르크 가문을 통해 유럽이 어떻게 발전했고, 그들의 영향권 안에서 다른 동유럽 국가는 어떻게 변화했는지를 알 수 있도록 했다.

  앞서 나온 시리즈와 마찬가지로 주인공과 엘레나가 여행을 하며 각각의 여행지에서 반드시 알아야 할 것을 중심으로 대화를 풀어 나간다.

  여행은 우리의 삶을 풍요롭게 한다. 같은 여행지에 있더라도 각자 느끼고, 가지고 갈 수 있는 것의 크기는 다르다. 보고 경험한 것을 얼마나 이해할 수 있느냐가 바로 여행에서 얻을 수 있는 풍요로움의 크기를 결정한다. 여행은 인생을 바꾸는 결정적인 계기를 만들어주기도 하고, 따뜻한 위로가 돼주기도 한다.

  이 책을 보는 독자들이 또 다른 자신과 세계를 발견하는 기회를 가질 수 있게 되길 바란다. 마지막으로 이 책을 출판하는 데 도움을 주신 관계자 여러분에게 감사의 마음을 전한다.

저자 정병호

추천하는 글

여행은 항상 나를 즐겁고 들뜨게 한다. 여행을 떠나기 전 설렘은 연인을 기다리며 느끼는 떨림과 비슷하다. 하지만 여행에 대한 준비 없는 출발은 모르고 간다는 떨림을 느낄 수는 있지만, 방향을 잃은 느낌과 비슷하여 큰 걱정으로 다가온다.

여행의 목적지에 대해 알고 떠나면 여행의 깊이가 달라지는 것을 분명 느낄 수 있을 것이다.

유럽은 크게 라틴 족과 게르만 족, 슬라브 족으로 이루어져 있는데, 그중 오스트리아를 비롯한 동유럽 국가들은 게르만 족과 슬라브 족으로 구성돼 있다.

게르만 족과 슬라브 족은 훈족의 서진으로 유럽 전역에 퍼지게 됐고, 오스트리아는 로마제국 멸망 후 '합스부르크 가문'에 의해 동유럽을 비롯한 유럽의 패권을 잡게 된다. 지도를 놓고 보면 오스트리아를 중심으로 폴란드, 체코, 슬로바키아, 헝가리 등과 같은 많은 나라들이 이에 해당한다.

동유럽의 중심인 합스부르크 가문은 멀리 남미까지 지배하기도 하고 오스만 투르크의 내분을 틈타 발칸 진출을 꾀하기도 했다. 발칸

반도의 국가 중 슬로베니아와 크로아티아가 대표적인 예다.

하지만 왕과 황제를 20명이나 배출한 합스부르크 가문은 제1차 세계대전에서 패한 후 붕괴되고, 1918년 신생 오스트리아가 탄생한다.

오스트리아를 빼고는 동유럽을 이야기할 수 없듯이 그 중심인 합스부르크와 지역의 역사, 문화에 관해서 알고 싶다면 이 책을 추천한다. 그 지역과 역사에 대해 미리 알고 간다면 훨씬 많은 것을 보고 느낄 것이라 생각한다.

현대산업개발주식회사 팀장 **나성근**

추천하는 글

 여행사에 입사한 지 오랜 시간이 지났다. 매년 여행 패턴은 변하지만 그곳에 존재하는, 특히 유럽에 존재하는 것은 변함이 없다. 여행이란, 존재하는 것에서 새로운 것을 발견하고 그곳에서 나의 진짜 모습을 발견하는 것이다. 그러기 위해서는 많은 것을 봐야 하고 느껴야 한다. 다양한 것을 보고 이해하기 위해서는 여행지에 관련된 많은 것을 알아야 한다.

 유럽에서는 다양한 문화와 국가를 만나게 된다. 특히, 동유럽은 다른 지역의 문화보다 다양하다.
 동유럽을 이해하기 위해서는 먼저 합스부르크 가문을 이해해야 하는데, 역사 이해에 도움이 되도록 합스부르크만을 따로 설명한 것이 마음에 든다. 아직 이 부분에 대한 자료가 많지 않기 때문에 합스부르크 가문의 족보를 읽어보는 것만으로도 동유럽을 이해하는 데 많은 도움이 될 것이라 생각한다.

 그리고 이야기가 대화체로 이어져 쉽게 읽을 수 있다. 가벼운 주변 이야기부터 역사와 문화 이야기에 이르기까지 엘레나와 주인공의 대

화를 통해 파악할 수 있게 구성돼 있다. 서로 자연스럽게 이야기하고 질문하면서 여행이 줄 수 있는 새로운 세계에 대한 설렘과 호기심, 그리고 사물에 대한 통찰력과 지혜까지 얻을 수 있다.

가능하면 여행지에 관해 알고 떠나는 것이 좋다. 오스트리아를 비롯한 동유럽을 여행한다면 이 책을 반드시 읽어보길 바란다.

하나투어 유럽사업부 부서장 **채희봉** 이사

차 례

머리말 · 4
추천하는 글 · 6

합스부르크 가문의 장엄한 역사가 녹아 있는, **오스트리아**

DAY 1 동유럽 여행의 시작, 오스트리아 · 16
DAY 2 합스부르크 가문의 본궁이 있는 비엔나 링 안 · 28
DAY 3 문화와 예술이 있는 비엔나 링 바깥 · 58
DAY 4 모차르트의 도시, 잘츠부르크 · 82
DAY 5 알프스의 수도, 인스브루크 · 104
DAY 6 아름다운 호수 마을, 잘츠카머구트 · 120

동유럽의 보석 같은 문화 중심지, **헝가리**

DAY 7 유목민의 건국 신화와 도나우 강의 아름다움이 있는 부다페스트 · 132

중세 유럽의 고혹적인 이미지가 살아 숨쉬는, **슬로바키아**

DAY 8 세계에서 역사가 가장 짧은 수도, 브라티슬라바 · 164

문학과 예술 그리고 가톨릭의 나라, 폴란드

DAY 9 잿빛의 고즈넉한 도시, 크라쿠프 · 184

DAY 10 소금 광산 비엘리치카와 아픔의 역사가 있는, 오슈비엥침 · 192

수채화 같은 이미지를 간직한, 체코

DAY 11 백탑의 도시, 얀 후스의 도시, 그리고 카프카의 도시, 프라하 · 218

DAY 12 최초의 은화를 주조한 도시, 쿠트나호라 · 272

부록

유럽 최고의 가문, 합스부르크 이야기

합스부르크 이전의 독일의 정치적 상황, 대공위 시대 · 288
합스부르크 가문의 시작, 혼인정책 · 294
오스트리아 합스부르크와 스페인 합스부르크, 근친혼 · 312
합스부르크의 새로운 시조 로트링겐 · 325
합스부르크 가문의 종말 · 334

| 엘레나와의 동유럽 여행 코스 |

1일 차	오스트리아	비엔나
2일 차		비엔나 링 안
3일 차		비엔나 링 바깥
4일 차		잘츠부르크
5일 차		인스브루크
6일 차		잘츠카머구트
7일 차	헝가리	부다페스트
8일 차	슬로바키아	브라티슬라바
9일 차	폴란드	크라쿠프
10일 차		비엘리치카
		오슈비엥침
11일 차	체코	프라하
12일 차		쿠트나호라

독일

프랑스

스위스

인스브루크

이탈리아

합스부르크 신궁

AUSTRIA

합스부르크 가문의 장엄한 역사가 녹아 있는,
오스트리아

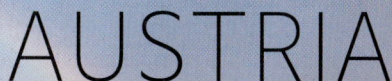

오스트리아는 합스부르크 가문을 중심으로 640년간 유럽의 패권을 차지했던 나라다. 유럽 중부에 위치하고 있으며, 수도는 비엔나이다. 독일과 마찬가지로 프랑크 왕국에 그 뿌리를 두고 있다.

Day 1
동유럽 여행의 시작, 오스트리아

오스트리아 비엔나는 640년 동안 유럽의 패권을 차지했던 합스부르크의 본궁이 있는 곳이다. 십자군 원정 시 중요한 통로가 됐고, 13세기 몽골 침입 이후 합스부르크 가문이 이곳을 차지하면서 발전하기 시작했다.

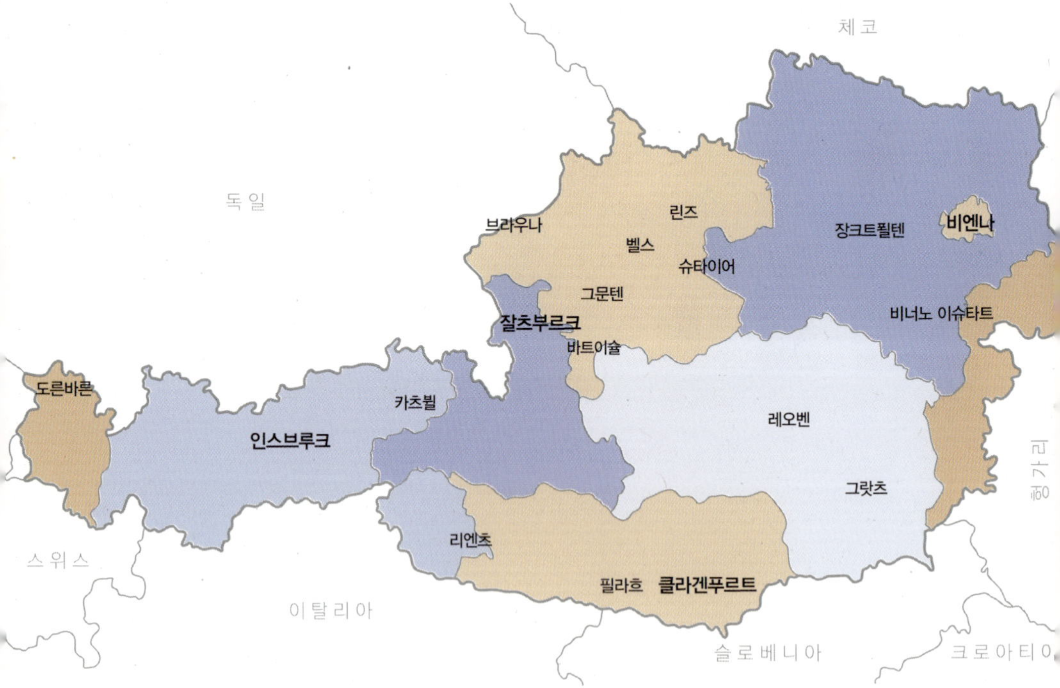

오스트리아 지도

합스부르크 가문의 장엄한 역사가 녹아 있는, 오스트리아 비엔나 공항은 다른 곳보다 그리 크지 않게 느껴졌다. 비행기에서 내려 출입국 관리 사무소를 빠져나와 짐을 찾은 후, 예약한 렌터카를 타고 호텔로 이동했다. 공항에서 호텔까지의 거리는 약 20km 정도다. 호텔은 구시가와 가까워 비엔나 시내를 둘러보기가 수월했다.

비엔나는 자주 와본 곳이라 그런지 어색하지도 낯설지도, 않았다. 공항에서 호텔로 가는 도중 오엠브이 OMV 라는 오스트리아 정유 회사가 눈에 띄었다.

차가 호텔 근처에 도착할 즈음, 엘레나에게 문자를 보냈다.

"5분 후 호텔 도착"

엘레나는 크로아티아, 발칸반도, 그리고 스페인을 함께한 여행 파트너다. 주차를 한 후 호텔 로비로 올라가니 엘레나가 기다리고 있었다. 환하게 웃음 짓는 그녀와 인사를 나눈 후, 방 키를 받아 짐을 놓고 로비로 다시 내려왔다.

엘레나는 항상 그렇듯 모자를 쓰고 있었다. 나는 그녀에게 밖으로 나가자고 했다. 호텔을 나와 구시가로 발걸음을 옮겼다.

나는 엘레나에게 물었다.

"전에 비엔나에 와본 적이 있나요?"

"여러 번 왔어요. 꼭 비엔나에만 온 것은 아니지만…."

나와 엘레나는 게른트너 거리 Kerntner Street 로 갔다.

DAY 1_ 동유럽 여행의 시작. 오스트리아

엘레나는 나에게 이곳 오스트리아 비엔나에 방문한 소감이 어떠냐고 물었다.

"오스트리아 비엔나는 로마제국이 멸망하고 난 후, 약 640년 동안 유럽의 패권을 좌우했던 합스부르크의 본궁이 있기 때문인지, 아니면 역사적인 선입견 때문인지는 몰라도 다른 나라의 수도와는 다른 느낌을 주는 곳이에요."

"옆에 보이는 [1]링 스트라세Ring strasse라는 환상도로를 따라가면 볼 것들이 참 많아요. 지금은 자동차들이 다니지만, 이전에는 성곽이 있던 자리였지요. 이 도로의 폭은 54m이고, 총 길이는 4km라고 해요. 비엔나의 중심부를 방어하고 있던 성곽을 헐고, 자동차가 다니는 도로를 만들었어요.

비엔나는 역사적인 곳이기도 하고 음악의 도시이기도 해요. 그리고 오스트리아의 유겐트스틸 운동을 주도했던 구스타프 클림트Gustav Klimt와 에곤 실레Egon Schiele가 잠들어 있는 곳이기도 하죠."

걷다 보니 어느덧 구시가의 중심이었다.

"저녁 먹을 시간이 다 돼 가는데 [2]슈니첼에 맥주 한잔 어때요? 슈니첼은 독일이나 오스트리아에서 많이 먹는 음식인데, 제가 아는 레스토랑이 있어요."

"네, 좋아요."

나와 엘레나는 슈테판 대성당Domkirche St. Stephan을 등지고 골드슈미트가세GoldSchmiedgasse 골목 안으로 들어갔다.

수탉 로고가 그려져 있는 비너발트 레스토랑Wienerwald Restaurant이라는 간판이 보였다. 엘레나가 비너발트는 '빈 숲'을 의미한다고 알려주었다.

레스토랑 안으로 들어가자 직원이 우리를 자리로 안내했다. 나와 엘레나는 맥주와 비너 슈니첼wiener schnitzel을 주문했다.

"비너 슈니첼은 오스트리아의 대표 음식으로, 얇게 썬 송아지 고기에 빵가루를 입혀 튀긴 음식이에요. 이 음식은 오스트리아와 독일에서 즐겨 먹는데, 이탈리아의 '코톨레타 알라 밀라네제cotoletta alla milanese'라는 송아지 고기 요리가 오스트리아로 건너와 19세기 중반에 비엔나 사람들의 스타일로 완성된 요리라고 해요."

나와 엘레나는 맥주잔을 부딪친 후 한 모금씩 마셨다. 엘레나는 우리가 함께 했던 발칸반도와 스페인 여행이 생각난다고 했다.

"같은 길 위에 있어도 바보는 방황을 하고, 현명한 사람은 여행을 한다는 말이 있듯이, 여행은 세상을 바라보는 방법을 배우는 것이라는 생각이 들어요."

우리는 맥주 한 모금을 더 마시며 본격적으로 오스트리아에 관한 이야기를 시작했다.

"현재 오스트리아 땅에 문명이 언제 형성됐는지 아세요?"

"음, 이곳에서 문명이 시작된 때는 기원전BC으로 거슬러 올라가지요. 기원전 800~400년경 인도 유럽계의 일리리안Illyrian 족들이 할슈타트Hallstatt에 문명을 최초로 건설해요. 이후 켈트Celt 족이 문명을 계승하고, 기원 원년경에는 로마의 지배를 받게 되지요. 그리고 오스트리아의 잘츠부르크Salzburg를 중심으로 경제·문화적인 면에서 급속하게 발전하게 돼요. 그 이유는 도나우 강과 알프스 지역이 전략적 요충지로 인정받았기 때문이랍니다."

"유럽의 대표적인 가톨릭 국가 중 하나인 오스트리아에는 기독교가 언제 들어왔나요? 그리고 이들이 이곳에 언제 정착하게 됐나요?"

"오스트리아는 가톨릭 국가예요. 이곳에 기독교가 들어온 것은 기원후AD 2세기경이죠. 중세의 오스트리아는 976년부터 약 270년간 통치한 바벤베르크Babenberg 왕조와 1273년부터 1913년까지 640년 동안 통치했던 합스부르크Habsburg 왕조에 의해 지배당하지요. 그리고 5세기 게르만 족들이 서쪽으로 이동하면서 이곳은 아바르Avar 족, 슬라브Slavs 족, 3마자르Magyar 족에 의해 점령됐고, 서기 500~700년경에는 게르만계의 바바리아Bavaria 족이 정착하게 되요. 그리고 8세기에 들어서면서 4카를Karl 대제의 5프랑크 제국으로 편입되지요. 880년에는 마자르 족이 약 70년간 지배하게 되는데, 955년 오토 대제가 이들을 격퇴한 것을 계기로 오스트리아에는 게르만 족이 항구적으로 정착하게 되요. 966년에 간행된 문서에는 이 지역을 오스타리치Ostarrichi라고 불렀다는 기록이 남아 있다고 해요. 이 명칭은 후에 오스트리아를 뜻하는 독일어 오스트라이히Oesterreich가 돼 국명이 되지요. 이는 '동쪽의 나라'라는 의미를 지니고 있어요."

이야기를 하고 있는 동안 음식이 나왔다. 우리는 잔을 부딪친 후 식사를 하기 시작했다.

엘레나는 나에게 합스부르크에 대해 물었다.

"1273년 합스부르크 가문의 루돌프Rudolf가 신성로마제국의 왕으로 임명되면서 합스부르크 왕조가 시작됐어요. 이들은 640년 동안 20명의 황제를 배출해요. 그러다 합스부르크 가문의 남자 계승자가 끊어진 카를 6세Karl Ⅵ 시대부터 왕위를 계승한 마리아 테레지아Maria Theresia에서 시작된 합스부르크 로트링겐 시대는 행정, 제도, 교육, 문화면에서 개혁이 단행되지요. 이때 오스트리아의 중흥을 위한 기반이 마련되요."

"마리아 테레지아는 5명의 아들과 11명의 딸, 총 16명의 자식을 낳았다고 하던데요?"

마리아 테레지아

"맞아요. 총 16명의 자식을 낳았지만, 그중 10명만이 생존했다고 해요. 이렇게 아이를 많이 낳은 이유는 부황이 후손이 없어 합스부르크 가문의 장래가 풍전등화 같다고 생각했기 때문이죠. 마리아 테레지아는 딸들을 정략 결혼시켜 유럽의 절반에 가까운 나라의 장모가 됐어요."

"유럽의 절반에 가까운 나라의 장모, 대단하네요. 자식을 16명 낳은 것만 해도 대단한데…."

갑자기 엘레나가 웃었다.

나는 "왜요?" 하고 물었다.

"거의 16년을 배가 불러 있었다는 게 이해가 되지 않아서요. 저도 여자지만 그렇게는 못할 것 같아요."

"근세로 넘어오면 오스트리아는 [6]4국동맹, [7]신성동맹과 같은 동맹을 맺고 1815년 비엔나 회의 이후 반나폴레옹 세력을 주도하지요. 비엔나 회의가 시작될 무렵, 나폴레옹은 엘바 섬에 유배돼 있었어요. 그리고 프랑스는 점령지에서 쫓겨났고요. 회의를 이끈 국가는 영국, 오스트리아, 러시아, 그리고 프로이센이었는데, 비엔나 회의는 이 국가들이 모여 유럽의 재편을 논의한 회의라고 보면 돼요.

프랑스는 1792년의 영토로 되돌아갔고, 나폴레옹이 세운 국가들은 모두 무효화되지요. 그리고 4국동맹 국가들이 빼앗겼던 중부유럽과 이탈리아 지역을 거의 되찾았어요. 300개에 달하는 독일 소공국들은 38개로 줄어들어 오스트리아와 프로이센 주도하에 새로운 독일 연방을 형성했어요. 그리고 프랑스를 견제하고자 오스트리아가 다스리던 지역과 네덜란드 연방을 합쳐 네덜란드 왕이 다스리게 했어요. 이로 인해 프랑스를 정통 왕조로 복귀하자는 움직임이 일어나 부르봉 왕가가 다시 성립되요.

오스트리아는 위세를 떨치지만, 1866년 독일의 통일을 놓고 프로이센과 전쟁을 하게 되지요. 프로이센을 중심으로 한 소독일주의와 오스트리아를 중심으로 한 대독일주의가 바로 그것이에요."

"그때 나타난 인물이 바로 외교의 천재이자 철혈 재상이라 불리는 비스마르크죠?"

"네, 맞아요. 비스마르크는 폴란드, 덴마크, 그리고 이탈리아의 북쪽 지방에 대한 야심을 드러내요. 그는 외교를 이용해 오스트리아와의 전쟁에서 승리하지요. 이 당시 오스트리아는 민족주의 세력에 굴복한 것을 극복하기 위해 1867년 '오스트리아-헝가리'라는 이중 제국이 성립해요.

1870년대에 접어들어서는 독일과의 우호동맹을 계기로 오스만 투르크 쇠퇴로 힘의 공백기가 생긴 발칸 반도로 진출하지요. 이를 계기로 같은 지역 내에 있는 슬라브 민족과 대립하죠. 그리고 1914년 6월 28일 세르비아 민족주의자에 의해 페르디난트Ferdinand 황태자가 암살되면서 제1차 세계대전이 일어나게 되는 것이고요."

식사는 거의 끝나고, 맥주잔에 맥주가 많이 남아 있었다. 엘레나는 잔을 들어 한 모금 마신 후 이야기를 이어나갔다.

"오스트리아가 제1차 세계대전에서 패전한 후, 합스부르크 가문은 붕괴해요. 그리고 1918년 11월 12일 제1공화국이 수립되죠. 신생 오스트리아 공화국이 성립된 것이지요."

엘레나는 테이블 위에 있는 맥주잔을 돌리며 말했다.

"국민들에게 미치는 파장이 크지 않았을까요? 아무래도 제국을 형성하고 있다가 바뀌었으니…."

"그렇죠. 신생 오스트리아 공화국은 과거 오스트리아-헝가리 제국 영토의 17%만 점유하고, 나머지 83%는 분할되요. 체코슬로바키아, 헝가리, 유고슬라비아 등과 같은 신생 공화국이 탄생해요. 일부 영토는 이탈리아, 루마니아, 폴란드, 유고슬라비아에 할양되고요.

그리고 신생 오스트리아는 국·내외적으로 정치적 위기를 맞이하게 되고, 과중한 전쟁 배상금의 이행, 중간 계급의 동요, 그리고 [8]파시즘이 대두되요. [9]파시스트들은 군인, 귀족, 자본가 및 중산층의 지지를 받게 되었고, 1932년 친이탈리아 파시스트 독재자 [10]돌푸스Dollfuss가 수상에 취임해요. 하지만 그는 1934년에 나치 당원에 의해 살해되요. 그리고 그의 후임인 온건파 [11]쿠르트폰 슈슈니크Kurt von Schuschnigg는 히틀러에게 독일과의 합방을 강요당하지만 저항해요. 그러자 히틀러는 오스트리아를 침공해 독일-오스트리아 합방을 선포하지요.

이때 이미 독일에서는 나치당이 세력을 장악하고, 오스트리아 나치당을 조정해 합방을 추진하던 상황이었어요. 1936년 7월 오스트리아 나치당의 활동이 자유화됐고, 1938년 2월 나치당 당수의 내무상 취임 등을 거쳐 오스트리아는 1938년 3월 13일 독일에 합방됐어요."

"오스트리아는 생 제르맹조약St. Germain Treaty에 따라 다른 나라와 합방할 수 없는 거 아닌가요?"

"맞아요. 하지만 조약 당사국인 영국과 프랑스는 나치 독일과의 전쟁을 회피하기 위해 독일과 오스트리아의 합방을 묵인했어요."

나와 엘레나는 자리에서 일어나기로 했다. 여행 첫날이라 그런지 조금 피곤했다. 밖으로 나와 호텔을 향해 걸었다.

"오스트리아는 제2차 세계대전 후 사민당, 기사당, 공산당 연정의 임시 정부가 구성되지요. 이로써 제2공화국이 설립되는데, 제2공화국은 제1공화국과 달리 국민의 자발적 의지에 의해 이뤄져요.

영토는 독일 합방 이전 상태로 되돌아갔고, 헌법은 1920년의 제1공화국의 헌법으로 되돌아가는데, 오스트리아는 미국, 소련, 영국, 프랑스에 의해 분할 점령되요. 오스트리아는 소련 동구권의 위성국가화에 반대했고, 서유럽에 경제적으로 의존해요. 특히 미국의 12마셜계획Marshall plan으로 친서방 경향을 취하게 되지요.

1954년 1월, 4대 열강 회의에서 오스트리아와의 강화조약이 논의되지만, 이해관계의 대립으로 아무런 합의를 보지 못하고 1954년 4월, 소련과 오스트리아 양국이 영세 중립을 전제로 점령군 철수와 오스트리아 완전 주권 회복에 동의한다는 각서를 교환하게 되요. 그리고 다음 해인 1955년 5월 15일, 4대 국가와 오스트리아 간에 주권 회복을 위한 국가조약이 서명되고, 같은 해 7월 27일에 조약이 발효되고, 10월 29일에 모든 점령군이 철수해요. 10월 26일에는 영구 중립을 위한 제2공화국 헌법이 선포되고, 12월 14일에 유엔에 가입하지요."

호텔까지 그리 멀지 않아서인지 오는 길이 짧게 느껴졌다. 나와 엘레나는 내일 본격적으로 비엔나 시내를 둘러보기로 했다.

주

1 **링 스트라세(Ring strasse)_** 반지처럼 동그랗게 생긴 순환도로

2 **슈니첼_** 독일, 오스트리아의 고기 요리로, 고기를 연하게 만든 후, 밀가루, 빵가루, 달걀 등을 섞어 고기의 표면에 바르고 기름에 튀겨 완성한다.

3 **마자르(Magyar)_** 서구권에서는 헝가리안을 가리키며, 현재 핀란드의 핀 족과 함께 우랄 민족의 한 일파

4 **카를(Karl) 대제_** 카롤링거 왕조 프랑크 왕국 2대 국왕으로, 카를은 라틴어로 대왕이라는 의미다.

5 **프랑크 제국_** 5세기에서 10세기까지 프랑크인이 획득한 영역

6 **4국동맹_** 프랑스와의 전쟁을 이끌었던 네 나라가 비엔나 체제의 유지를 위해 체결한 동맹

7 **신성동맹_** 프랑스와의 전쟁을 이끌었던 오스트리아, 영국, 러시아, 프로이센 네 나라가 비엔나 체제의 유지를 위해 1815년 11월 20일에 체결한 동맹

8 **파시즘_** 이탈리아어 파쇼(fascio)에서 결속, 단결의 뜻으로 사용. 국수주의적, 권위주의적, 반공주의적인 정치주의

9 **파시스트_** 파시즘을 신봉하거나 주장하는 사람

10 **돌푸스(Dollfuss, 1892~1934)_** 오스트리아의 정치가. 1932년 수상 겸 외상 오스트리아의 병합을 꾀하는 독일에 대항하고, 오스트리아 나치당을 탄압했지만 암살됐다.

11 **쿠르트폰 슈슈니크(Kurt von Schuschnigg)_** 오스트리아 정치가. 수상으로서 국방장관과 외무장관을 겸임한 '애국전선'의 지도자

12 **마셜계획(Marshall plan)_** 1947년에 미 국무장관 마셜(Marshall, G.)이 제안한 유럽 경제 부흥 원조 계획이다. 제2차 세계대전 후 유럽에 대한 미국의 원조 계획 목적은 유럽의 경제 성장을 촉진하고, 더 나아가 공산주의의 확대를 저지하려는 것이었다.

TIP 오스트리아 대중교통 기본 상식

비엔나는 링 안쪽과 바깥쪽으로 구분된다. 링 안쪽은 도보로 걸어 다닐 수 있지만, 링 바깥쪽은 버스, 우반(U-Bahn, 지하철), 에스반(S-Bahn, 교외 전철), 스트라쎈반(Strassenbahn, 트램)을 이용해야 한다.

우반은 1~4호선과 6호선 총 5개 노선이 비엔나 시내를 중심으로 연결돼 있으며, 슈넬반 또는 에스반이라 불리는 대중교통은 비엔나 시내와 교외를 연결하는 전철로 스트라쎈반이나 우반보다는 빠르지만, 배차 간격이 길다. 트램은 비엔나 시내를 촘촘히 연결하는 비엔나의 대표적인 교통수단이다. 우반과 트램의 문은 반자동이기 때문에 동그란 버튼이나 손잡이를 누르거나 움직여야 문이 열리므로 정류장에서는 유의해야 한다. 버스는 비엔나 외곽에서 주로 운행되며, 잘 발달돼 있는 편은 아니다. 버스보다 덜 이용하는 로컬반(Lokalbahn)도 있다.

빈 카드(Die Wien-Karte)

48시간과 72시간의 두 가지 종류가 있다. 이 시간 동안 비엔나의 대중교통을 무제한 이용할 수 있으며, 카드에 명시되어 있는 미술관, 박물관, 공연, 레스토랑 등에 입장하는 가격을 10~30% 할인받을 수도 있다.

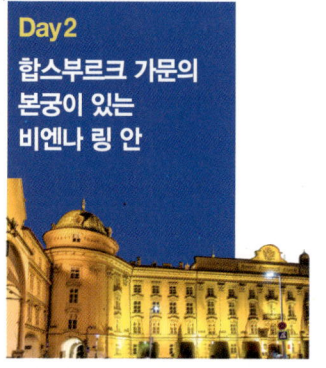

Day 2
합스부르크 가문의 본궁이 있는 비엔나 링 안

비엔나의 링 안쪽에는 슈테판 대성당, 국립 오페라 극장, 합스부르크 신궁, 미술사 박물관, 자연사 박물관, 레오폴드 박물관이 있다.

나와 엘레나는 9시에 호텔 로비에서 만났다. 도착 후 첫날이라 조금 여유 있게 하루를 시작했다.

"비엔나는 링 안쪽과 바깥쪽으로 나뉘어 있으니, 오늘은 걸어서 링 안쪽을 보고, 내일은 링 바깥쪽을 보는 것이 어때요?"

나는 좋다고 했다.

호텔 문을 나서면서 우선 구시가의 중앙인 슈테판 대성당으로 방향을 잡았다. 가는 길에 있는 국립 오페라 극장Staatsoper을 먼저 둘러보기로 했다.

오페라 극장이 보이자, 엘레나가 물었다.

"세계 3대 오페라 하우스가 무엇인지 아세요?"

"뉴욕의 메트로폴리탄 오페라 극장, 밀라노의 라스칼라 극장, 그리고 여기 비엔나의 국립 오페라 극장 아닌가요?"

"네, 맞아요. 이 극장은 1861년에 건립하기 시작해 약 10년에 걸

비엔나 국립 오페라 극장

처 만들어졌어요. 모차르트의 '돈 조반니 Don Giovanni'가 초연됐지요. 제2차 세계대전 때 파괴됐지만, 시민들의 성금으로 1955년에 복원됐어요. 네오 르네상스 건축 양식이고, 해마다 공연은 9월부터 시작해 다음 해 여름까지 이어져요."

"몇 회나 공연하나요?"

"300회 정도 공연한다고 해요."

나와 엘레나는 게른트너 거리 Kerntner Street를 지났다. 국립 오페라 극장에서 슈테판 대성당까지 이어진 이 거리는 비엔나에서 가장 번화하고, 주변에는 쇼핑센터, 레스토랑 등이 몰려 있어 언제나 북적거리는 곳이다.

우선 슈테판 대성당에 가기 전에 합스부르크 가문의 지하 납골당인 카푸친 납골당Kapuzinergruft에 들르기로 했다. 이곳은 슈테판 대성당에서도 가까웠다.

납골당은 그리 크지 않았다. 안으로 들어가자 통로 양쪽에 관이 쭉 늘어서 있었다.

"카푸친 납골당은 합스부르크 가문의 통치자 무덤이라고 볼 수 있겠네요?"

"이곳은 마리아 테레지아와 그의 남편 프란츠 1세Franz I, Stephan von Lothringen의 합장 무덤이 있는 곳이에요. 그리고 마리아 테레지아의 아버지인 카를 6세Karl VI의 묘, 그리고 시시Si Si라는 애칭으로 불린 마지막 황후 엘리자베트Elisabeth와 그의 남편 프란츠 요제프Franz Joseph의 묘가 있는 곳이기도 해요. 그리고 그들의 아들 루돌프Rudolf의 묘도 있어요."

엘레나의 말처럼 프란츠 요제프, 엘리자베트, 아들 루돌프의 무덤이 나란히 안치돼 있었다. 그리고 금실이 좋았던 마리아 테레지아와 프란츠 1세의 관도 있었다.

"여기에는 약 143개의 무덤이 있는데, 이곳 무덤의 유해에는 심장이 없어요. 전통적으로 합스부르크 가문의 심장은 아우구스티너 교회AugustinerKirche에 보관하죠. 이 교회는 마리아 테레지아와 황후 엘리자베트가 결혼한 곳이기도 해요."

슈테판 대성당의 주변에는 많은 관광객이 있었다. 성당 한편에는 마차들이 손님을 기다리며 줄을 서 있었다. 나와 엘레나는 성당을 정면으로 바라보았다. 유럽의 다른 성당과는 느낌이 많이 달랐다.

"이 성당은 비엔나의 랜드마크라고 불리는 곳 중 하나예요. 구시가에는 이보다 높은 건물은 없죠. 이 슈테판 대성당은 오스트리아 최고의 고딕 양식 성당이에요. 12세기에 처음으로 지어졌을 때는 로마네스크 양식으로 지어졌는데, 1258년 커다란 화재가 일어나 성당이 모두 불에 타요. 그 후 1263년 보헤미아 왕에 의해 재건되지요. 하지만 100년이 흐른 후 합스부르크 가문이 성당을 허물고 지금의 고딕 양식으로 개축해요."

"그럼 그때 지어진 것이 지금까지 보존된 건가요?"

"아뇨, 그렇지 않아요. 1683년 오스만 투르크의 침략과 1945년 독일군에 의해 파괴됐지만, 전쟁 후 다시 복원됐어요. 그리고 슈테판이라는 이름은 그리스도교 역사상 최초의 순교자로 기록된 성인 슈테판의 이름에서 유래한 것이에요.

성당 내부는 18세기에 바로크 양식으로 지어졌어요. 이 성당은 혼합 양식의 건물이라고 볼 수 있어요. 지붕은 기와 23만 개로 이뤄져 있어요. 남쪽의 탑은 높이가 137m이고, 북쪽의 탑은 67m인데, 두 탑은 건축 양식이 달라요. 북쪽 탑은 르네상스 양식으로 만들어진 거예요."

나와 엘레나는 성당 안으로 들어가면서 이야기를 계속 나눴다.

"그리고 이곳은 [13]볼프강 아마데우스 모차르트Wolfgang Amadeus Mozart의 결혼식과 장례식이 행해진 곳이기도 하죠. 내부에는 16세기 조각가 안톤 필그람Anton Pilgram이 만든 설교단이 있고, 지하에는 합스부르크 가문의 유해 중 심장 등이 들어 있는 항아리가 보관돼 있어요. 흑사병으로 알려진 페스트로 사망한 2,000여 명의 유골을 모아 놓은 카타콤베도 있어요. 그리고 이곳은 비엔나 시민들이 매해 12월 31일 새해를 맞이하는 곳이기도 해요."

나와 엘레나는 성당 안을 살펴보기로 했다. 고딕 양식의 특징인 스테인드글라스가 아름답게 빛나고 있었다.

성당을 나와 유럽의 종교 기사단 중 하나인 템플 기사단Ordre des Templiers의 흔적이 있는 곳으로 갔다. 성당 뒤편의 오른쪽 길을 따라 내려갔다. 템플 기사단의 흔적은 징거스트라세Singerstrasse와 연결된 블루트가세Blutgasse에 남아 있었다.

"십자군 원정 기간 동안 중세의 기사 정신과 수도회 정신이 결합해 새로운 종교 집단인 기사단이 성립되지요. 이들은 나름대로의 기준이 있었고 수도사처럼 청빈, 자선, 그리고 순종의 맹세를 했어요. 그들이 가지고 있었던 재산을 포기하고 결혼도 하지 않고 상관에게 복종하는 삶을 살았다고 해요."

우리는 징거스트라세로 들어섰다. 오스트리아 국기와 템플 기사단의 깃발이 보였다.

"대표적인 기사단으로는 템플 기사단, 요한 기사단Ordo Equitum Sancti Johannis, 그리고 독일 기사단Deutscher Orden이라고 불리는 튜턴 기사단이

슈테판 대성당

있어요. 그중 최초의 기사단은 바로 요한 기사단이죠. 지금 우리가 서 있는 곳이 이전의 템플 기사단 본부인가요?"

"네, 맞아요. 요한 기사단은 구호 기사단, 성 요한 기사단, 몰타 기사단 등 여러 가지 이름으로 불려요. 먼저 요한 기사단은 1048년에 프랑스에서 만들어져요. 십자군 전쟁이 일어나기 전 1048년 이탈리아 항구 도시인 아말피Amalfi와 살레르노Salerno 출신 상인들이 이집트에 예루살렘 순례자를 위한 진료소를 세우지요. 이 진료소는 세례 요한의 묘지 위에 세워졌고, 베네딕토회 수도사들이 봉사를 해요. 요한 기사단은 군사적인 조직인 동시에 병원단의 성질을 간직하고 있었기 때문에 병원 기사단이라고도 해요.

이번에는 템플 기사단에 대해 이야기할게요. 템플 기사단이 처음 발족된 곳은 프랑스예요. 설립연도는 1118년도이고요. 성지 수호를 제창한 프랑스 귀족에 의해 시작되지요. 위그 드 파앵Hugues de Payens과 9명의 기사들이 요한 기사단을 본떠 만들었어요. 원래 이름은 '그리스도와 솔로몬 성전의 가난한 기사들Pauperes commilitones Christi Templique Solomonici' 로, '성전 기사단' 혹은 '성전 수도회'라고 불렸다고 해요. 예루살렘의 보두앵 2세Baldwin II는 왕궁 옆에 그들의 거처를 마련해주지요.

이곳은 오래전에 솔로몬 왕이 건립한 예루살렘 성전이 있던 지역이었는데, 여기서 이름이 유래했다고 해요. 이들은 1129년 가톨릭 교회로부터 공인을 받게 되면서 매우 빨리 성장했다고 해요. 그들은 십자군 격전지에서 활동했고, 비전투원들은 금융업을 통해 부를 축적해 많은 요새를 건립해요. 그런데 기사단에게 빚을 진 필리프 4세

Philip IV는 왕권을 강화하기 위해 교황 클레멘스 5세에게 압력을 가해요. 결국 1307년 프랑스에서 템플 기사단 3,000명의 단원이 체포돼 고문을 받고 화형을 당하게 되지요. 1312년 교황은 이들에게 해산 명령을 내리게 되요."

이번에는 엘레나가 이어 나갔다.

"이곳의 템플 기사단에 대해 제가 좀 더 소개해볼게요. 비엔나의 템플 기사단은 제가 소개할게요. 비엔나에 있는 템플 기사단은 '블루트가세Blutgasse'라고 불러요. 이는 '피의 거리'라는 뜻을 가지고 있어요. 1369년부터 1411년까지 이 거리는 원래 진흙의 거리를 뜻하는 '코트게슬Khotgessl'이라는 이름으로 불렸어요. 이들은 중세 십자군 전쟁 때 성지 순례자 보호를 목적으로 설립된 기사 수도회예요. 수도회의 상징은 붉은색 십자가로 표시된 흰색 겉옷이고요.

1312년에는 박해를 받아 핵심 인물이 살육되고, 많은 템플 기사단이 죽임을 당했기 때문에 거리는 온통 피바다였다고 해요. 그래서 이 거리가 블루트가세라고 불리게 된 것이에요."

"역사적인 순서를 따져보면 요한 기사단, 템플 기사단, 그리고 튜턴 기사단 순인가요?"

"튜턴 기사단은 12세기에 설립되요. 제3차 십자군이 아크레를 포위했을 때 부상병 구호를 위해 설립된 병원단이에요."

"아크레Acre라면 북서 이스라엘의 항구 도시 아닌가요?"

"맞아요. 아크레는 레반트 지역과 지중해 연안, 그리고 유럽을 연결하는 요충지로 여겨졌어요. 튜턴 기사단은 1198년에 교회의 승인을 얻게 되요. 이들은 동프로이센 지방의 개척과 포교, 발트 해 연안의 슬라브 족을 교화시키는 역할을 해요. 튜턴 기사단은 독일 역사에 있어 중요한 역할을 하는데, 바로 그들의 활동 무대가 프로이센으로 옮겨가면서 독일 세력을 확장해 나가요. 14~15세기에는 폴란드 아래에 놓이기도 하고요. 그리고 종교 개혁을 맞이하면서 기사단이 세속 영주에게 양도되고, 단원들도 프로테스탄트와 가톨릭으로 분열돼요. 이들은 19세기까지 잔존하지요.

　3대 종교 기사단은 이슬람 세력에 의해 패퇴한 후에도 명맥을 유지해요. 특히 요한 기사단은 몰타 섬으로 본거지를 옮긴 후 전제주의 국가를 설립해 1523년까지 그곳을 지배했어요.”

　우리는 호프부르크Hofburg 왕궁으로 발길을 돌렸다. 그리고는 콜마르크트Kohlmarkt 거리를 향해 걸었다. 슈테판 대성당이 종교의 중심지라면 호프부르크 왕궁은 정치의 중심지다. 왕궁으로 가기 위해서는 콜마르크트 거리를 지나 그라벤Graben 거리를 지나야 한다.

　"그라벤 거리는 13세기에 시장이 들어서 점차 대형 시장이 형성되지요. 이곳은 행사와 축제가 시작되는 곳이기도 하고, 이전에는 크리스마스 마켓이 열리기도 했어요.”

　"비엔나에서 열리는 크리스마스 마켓이 유명하다고 들었는데, 지금은 어디에서 열리나요?”

　"지금은 시청사 앞에서 열려요. 이곳의 크리스마스 마켓은 유럽에서 가장 크다고 해요.”

비엔나 시청사에서 열리는 크리스마스 마켓의 풍경

 호프부르크 왕궁으로 가는 길 양쪽에는 상점이 즐비해 있고, 페스트 기념비 양옆으로 '요셉의 샘'과 '레오폴트 샘'이라 불리는 2개의 식수대가 있었다. 엘레나는 이곳은 1년 내내 음악제가 열려 눈과 귀를 행복하게 해주는 곳이라고 했다.

"비엔나는 영화《비포 선 라이즈 Before Sunrise》의 배경이 된 곳이에요. 리차드 링클레이터 Richard Linklater 감독이 만든 영화죠. 69회 비엔날레 영화제에서 영화《피에타 Pieta》로 황금 사자상을 수상한 김기덕 감독과 영화를 독학으로 공부했다는 공통점이 있어요. 비포 선 라이즈는 에단 호크 Ethan Hawke와 줄리 델피 Julie Delpy가 주연을 했지요."

DAY 2_ 합스부르크 가문의 본궁이 있는 비엔나 링 안

이야기를 하는 동안 콜마르크트 거리 끝에 도착했다. 동유럽에서 비엔나에만 있다는 샤넬 매장 맞은 편에는 루이비통 매장, 그리고 그 사이에는 프라다 매장이 보였다. 호프부르크 왕궁은 콜마르크트 거리의 끝에 위치하고 있었다. 호프부르크는 합스부르크의 영광과 쇠락을 같이 했던 곳이기 때문에 역사적 유물과 흔적이 남아 있는 곳이다.

우리는 구 왕궁 앞에 위치한 미하엘 광장Michaelerplatz에 도착했다. 미하엘 문으로 들어가니 돔 형식의 중후함을 풍기는 천장이 우리를 맞이했다. 시시 박물관도 보였다.

"이곳 구 왕궁은 프란츠 요제프와 엘리자베트, 그리고 그의 아들이 머물렀던 곳이에요. 현재 대통령 관저로 사용되고 있으며, 시시 박물관, 황제가 사용했던 아파트, 레오폴트관, 스위스 궁, 왕실 예배당과 왕실 보물관이 있는 곳이죠.

시시 박물관은 엘리자베트 황후와 관련된 물품을 전시해 놓고 있어요. 황제의 아파트는 총 26개의 방으로 구성돼 있으며, 왕실 예배당은 13세기 후반에 건축했는데, 15세기 중반에 고딕 양식으로 재건했죠. 그리고 이곳에서는 매주 아침 미사 시간에 비엔나 소년 합창단의 성가를 들을 수 있답니다."

"비엔나 소년 합창단은 국제 공연도 많이 나간다던데, 어떻게 미사 시간에…."

나는 웃으며 이야기했다.

비엔나 신궁

"아, 비엔나 소년 합창단은 4개의 팀으로 구성돼 있어요. 3~4팀은 월드 투어, 그리고 1~2팀은 이곳에서 미사를 보며 찬양을 해요."

궁으로 걸어 들어가면서 엘레나가 물었다.
"호프부르크 궁은 언제 만들어진 것인가요?"
"이곳은 약 100년에 걸쳐 만들어져 1220년에 세워졌어요. 1918년 합스부르크 가문의 오스트리아-헝가리 이중 제국이 멸망할 때까지 거주했던 궁전이에요. 16세기 초 지금의 르네상스식 건물로 완성됐지요. 이곳은 지금의 대통령 집무실과 국제 컨벤션 센터로 사용되고 있어요."

안으로 들어서니 14프란츠 1세Franz I. Stephan von Lothringen의 동상이 있었다. 좀 더 걸어 영웅광장이라고도 불리는 헬덴 광장Helden Platz에 도착했다. 이 광장은 오스만 투르크와 나폴레옹에게 거둔 승리를 기념하기 위해 만들어진 곳으로, 반달 모양의 신궁Neue Brug도 보였다. 1881년에 건축했고, 1913년에 네오 바로크 양식으로 완성됐다. 이곳에는 2개의 기마상이 있는데 하나는 15카를 대공Erzherzog Karl이고, 나머지 하나는 16사보이아 오이겐Eugen von Savoyen 장군의 동상이다.

"두 동상은 1860년 독일의 안톤 페른코른Anton Fernkorn이라는 사람에 의해 구조 공학적으로 만들어진 청동 기마상이에요. 무게중심을 뒤쪽에 두고 서 있는 기마상을 만든다는 것은 매우 어렵다고 해요. 아마도 영웅의 기개를 잘 표현한 것이 아닐까 생각돼요."

오이겐 장군 동상

엘레나는 나에게 두 인물이 어떤 영웅인지 물었다.

"1805년 5월, 나폴레옹 군대가 비엔나를 침공하기 위해 진격해와요. 도나우 강 건너편에 집결한 그들과 카를 대공이 지휘하는 오스트리아 군대가 전쟁을 하게 되는데, 이 전쟁에서 오스트리아는 크게 승리해요. 당시 승승장구하던 나폴레옹이 10여년만에 패배했을 정도로 카를 대공은 한때 나폴레옹의 무서운 적수였어요.

오이겐 장군은 군사 전략가들에게 세계 3대 전략가로도 분류된다고 해요. 그는 오스트리아 사람이 아니라 프랑스-이탈리아계의 사보이아 가문 출신으로, 프랑스 파리에서 태어났어요.

그는 19세 때 프랑스에서 루이 14세의 군대에 지원하지만, 못 생기고 외모도 매우 볼품없다는 이유로 거부당해요. 그래서 그는 20세가 되는 1683년에 합스부르크 가문의 레오폴트 1세의 군에 입대해요. 군에 입대한 후 수많은 전투에 나가게 되는데, 이곳에서 군사적 재능을 발휘하게 되지요.

그 당시 유럽의 호랑이였던 오스만 투르크군이 오스트리아를 위협하면서 비엔나로 진격해 왔을 때, 그는 그들을 완전히 격파해요. 그의 군사적 재능을 알게 된 프랑스는 그를 불렀지만, 오이겐 장군은 오스트리아에서 합스부르크 가문의 레오폴트 1세, 프란츠 요제프 1세, 카를 6세까지 모십니다. 그는 30대에 군대의 총사령관까지 오르게 되지요.

그리고 이곳은 또 다른 사람과 관련이 있어요. 어떻게 보면 이들보다 더 많이 알려진 사람이죠."

"그게 누구죠?"

"17아돌프 히틀러 Adolf Hitler 예요."

"그는 이 광장에서 오스트리아 국민 가슴에 큰 못을 박는 일을 저질러요. 1935년 3월 15일 수많은 오스트리아 국민들이 이곳에 모여 그를 환영했는데, 히틀러는 오스트리아와 독일을 합방하겠다는 폭탄 선언을 해요. 이 선언으로 유럽을 죽음과 전쟁으로 몰아넣었어요."

나와 엘레나는 영웅광장을 둘러보았다. 오이겐 장군의 동상이 멀리 시청사를 바라보고 있었다. 우리는 박물관이 있는 부르크 문을 향해 걸었다.

호프부르크 왕궁의 후문인 부르크 문 Ausseres Burgtor을 나와 트램과 버스가 다니는 링 스트라세를 건너갔다. 왼편에는 미술사 박물관이 있고, 오른편에는 자연사 박물관, 중앙에는 마리아 테레지아의 동상이 보였다.

"자연사 박물관은 19세기에 개관했는데, 이 건물은 미술사 박물관을 건축했던 건축가 고트프리트 젬퍼 Gottfried Semper가 만들었어요. 선사시대부터 현재까지의 광석이나 광물, 인간의 진화 과정을 알 수 있는 많은 유물들이 전시돼 있어요. 그리고 토파즈 원석과 1,500개의 다이아몬드로 만든 보석 부케도 있죠. 또 자연사 박물관에는 '빌렌도르프의 비너스'도 전시돼 있습니다."

"빌렌도르프의 비너스 Venus of Willendorf가 뭐죠?"

"가장 오래된 조각품으로 알려진 구석기 시대의 돌로 만들어진 돌로 만든 여인상이에요. 다산을 찬양하는 당시 사람들의 미인상을 엿볼 수 있는 조각품이죠. 그리고 이곳의 자연사 박물관은 런던의 자연사 박물관과 함께 유럽에서 가장 큰 자연사 박물관으로 3만여 점의 작품들이 전시돼 있어요."

나와 엘레나는 티켓을 사서 미술사 박물관 안으로 들어갔다. 내부는 고풍스러웠다. 현관 출입구에 들어서니 헝가리 화가 미하이 문카치Mihaly Munkacsy의 천장화가 보였다. 계단을 따라 올라갔다. 2층으로 올라가는 계단에는 18구스타프 클림트Gustav Klimt의 벽화가 있었고, 50만 개에 이르는 동전과 메달이 전시돼 있었다.

미술사 박물관 1층에는 고대 그리스, 로마 그리고 고대 이집트의 조각 작품과 응용미술이 전시돼 있고, 2층은 거장들의 명화 약 7,000점이 전시돼 있었다.

전시실은 뚜렷한 개성을 지니고 있었다. 고대 이집트관은 거대한 기둥과 고대 이집트 회화를 바탕으로 내부를 장식했고, 그리스, 로마관은 12신의 모습을 전관에 걸쳐 묘사했다.

빌렌도르프의 비너스

갤러리는 한쪽에는 페테르 파울 루벤스Peter Paul Rubens, 램브란트 반 레인Rembrandt Van Rijn, 루카스 크라나흐Lucas Cranach 작품이 전시돼 있는 네덜란드, 플랑드르, 그리고 독일 회화관이 있고, 다른 쪽에는 라파엘로 산치오Raffaello Sanzio, 카라바조Caravaggio, 그리고 아그놀로 브론치노Agnolo Bronzino의 작품이 전시된 이탈리아, 프랑스 회화관이 보였다. 나와 엘레나는 우선 네덜란드와 플랑드르 회화관을 둘러본 후, 이탈리아와 프랑스 회화관을 보기로 했다.

박물관에는 각 전시실마다 소파가 놓여 있어 다리가 아프면 앉아 쉬면서 그림을 감상했다. 엘레나는 17세기 바로크를 대표하는 벨기에 화가, 페테르 파울 루벤스의 작품인 '메두사Medusa의 머리'를 보고, 신화에 나오는 메두사 이야기를 해 달라고 했다.

"미모가 출중한 메두사가 바다의 신 [19]포세이돈Poseidon과 사랑에 빠져 아테네 신전에서 사랑을 나누고 있었는데, 신전의 주인인 여신 [20]아테네Athens에게 들키게 되지요. 메두사는 아테네 여신이 내린 저주로 머리카락이 뱀인 괴물로 변하게 되고, 그녀가 보는 것은 모두 돌로 변해요. 메두사는 결국 페르세우스Perseus에게 머리가 잘려 죽지요. 페르세우스는 신의 왕인 [21]제우스Zeus와 아르고의 왕녀인 다나에 사이에서 태어난 신화 속 인물이에요."

나와 엘레나는 천천히 그림을 보면서 걸었다. 이 미술사 박물관은 다른 박물관과 달리 사진을 찍을 수 있지만, 플래시는 사용할 수 없었다.

엘레나는 나에게 풍속화의 거장 피터르 브뤼헐Pieter Bruegel의 '농가의 혼례The Peasant Wedding'에 대해 물었다.

"피터르 브뤼헐은 16세기 플랑드르 화가예요. 일찍부터 우리나라의 김홍도처럼 서민의 풍속을 잘 표현했지요. 북유럽에 '풍속화'라는 미술의 새로운 영역을 개척한 사람이기도 해요. 그는 '농부'라는 별명을 가지고 있어요. 농민의 일상생활과 농촌 풍경을 그렸기 때문이죠. '농가의 혼례'는 어느 시골 마을의 즐겁고 흥겨운 혼례식 장면을 묘사한 작품이에요."

엘레나는 손가락으로 그림 하나를 가리켰다.

피터르 브뤼헐의 '농가의 혼례'

"저 그림은 기존의 피터르 브뤼헐 그림과는 매우 다른 느낌의 작품이에요. 제목은 바벨탑The tower of Babel이고요. 총 3점을 그렸는데 한 점은 사라지고, 나머지 두 점은 루돌프 2세Rudolf II 황제가 소유하고 있었다고 해요. 그 둘 중 하나가 이것이고, 다른 하나는 현재 네덜란드 로테르담의 보이만스 반 뵈닝겐 미술관Museum Boijmans Van Beuningen에 있어요. 그림을 보면 세로축이 기울어져 있지요? 이것은 인간의 허영에 대한 경고를 의미한다고 해요.

매우 오래전에 인간은 언어가 같았다고 해요. 인간은 신에게 다가가기 위해 탑을 쌓기 시작하죠. 이러한 인간의 행동은 신의 노여움을 사 갑자기 서로의 언어가 달라지고 의사소통이 되지 않아 결국 탑이 무너진 것이죠."

한 바퀴를 돈 후 잠시 난간에 기대어 섰다. 엘레나는 나에게 미술관 카페에 가서 커피와 케이크를 먹자고 했다. 식사 시간이 지나 있었다. 카페 안으로 들어가 멜랑지Melange와 아인슈페너Einspanner, 그리고 애플파이 아펠슈트루델Apfelstrudel, 초콜릿 케이크 자허토르테Sacher torte를 주문했다.

"멜랑지는 카푸치노처럼 거품을 낸 우유나 휘핑크림을 얹은 커피인데, 비엔나 사람들이 가장 많이 마시는 커피예요. 그리고 아인슈페너는 진한 블랙커피에 휘핑크림을 얹어 나옵니다. 비엔나 커피의 역사는 300년이 넘어요. 비엔나에 최초로 카페가 생긴 것은 1683년이죠. 카페는 왕궁, 오페라 하우스, 그리고 슈테판 대성당 주변을 중심으로 번성했어요. 왕족과 귀족, 성직자를 중심으로 번성하던 합스부르크 가문의 힘처럼 커피도 그들이 다스리던 동쪽으로 번성해 나가지요. 비엔나의 카페는 많은 예술가, 문학가들이 생각하고, 글을 쓰고, 이야기했던 곳이었어요."

"네. 아직도 남아 있는 카페 돔마이어Dommayer는 요한 슈트라우스 2세가 여가를 즐겼던 곳이고, 비엔나 대학 앞에 있는 카페 란트만Landtmann은 프로이트가 즐겨 찾던 곳이에요. 그리고 모차르트와 베토벤이 연주를 했던 곳으로 유명한 카페 프라우엔 후버Frauenhuber도 있어요.

우리가 주문한 아펠슈트루델과 자허토르테는 커피와 잘 어울리죠. 저는 자허토르테를 더 좋아해요. 자허토르테는 프란츠 자허Franz Sacher라는 사람이 1832년에 만들었는데, 아직까지도 당시 레시피 그대로 만들어진답니다. 현재 빈의 최고 호텔 중 하나인 자허 호텔은 1873년 '카페 자허'로 문을 열었어요."

커피와 케이크를 먹으면서 잠시 쉬고 나왔을 때는 시계가 오후 2시를 향하고 있었다. 나와 엘레나는 길 건너편 박물관 지구에 있는 레오폴드 박물관Leopold Museum으로 향했다. 나는 엘레나에게 개인적으로 구스타프 클림트보다 [22]에곤 실레를 더 좋아한다고 말했다.

나와 엘레나는 오스트리아 현대 미술의 메카라 불리는 박물관 지구로 향했다. 박물관 지구는 옛날 합스부르크 시절에 황실의 마구간과 승마 연습장이 있던 곳으로, 2001년 이곳을 개조해 지금의 박물관 자리를 만들었다.

우리는 길 건너 박물관으로 향했다. 박물관 지구의 중심에는 비엔나 미술홀인 쿤스트할레 빈 Kunsthalle Wien이 있고, 오른쪽에는 팝아트나 사실주의 작품들을 전시하는 검은색 건물의 현대미술관 무목 Mumok과 왼편에는 구스타프 클림트, 에곤 실레, 그리고 오스카 코코슈카 Oskar Kokoschka의 작품이 있는 레오폴드 박물관과 어린이를 위한 박물관이 있다.

비엔나 풍경

나는 엘레나에게 벨베데레 궁전에 구스타프 클림트와 에곤 실레의 작품이 있는 이유를 물었다.

"루돌프 레오폴트라는 사람과 그의 아내 엘리자베트 레오폴트는 미술품 수집가였어요. 이들은 두 사람의 작품과 당시의 세기말적 작품을 많이 가지고 있었어요. 에곤 실레는 1910년부터 평가를 받아 살아 있을 때부터 인기가 많았다고 해요. 하지만 1950년 퇴폐적이라는 평가가 내려지고 그림의 가격이 떨어지자, 에곤 실레의 작품을 알아본 이 부부가 싸게 사들여 그의 작품을 많이 소장했어요.

소장 작품 수는 유화, 드로잉, 수채화, 육필 원고(시) 등 총 188점이라고 해요. 그 후 1994년 오스트리아 정부와 오스트리아 국책은행의 지원을 받아 2001년 문을 연 레오폴드 박물관을 통해 일반인에게 공개하기 시작하죠. 이 박물관에 에곤 실레의 작품이 많은 이유는 바로 이 때문이에요."

박물관에는 사람이 많지 않았다. 나와 엘레나는 천천히 갤러리를 둘러보았다. 예상한 바와 같이 에곤 실레의 그림이 많았다. 2층 창밖의 풍경이 아름다웠다. 박물관 지구가 한눈에 내려다보였다.

"레오폴드 박물관에 있는 구스타프 클림트의 대표작은 '죽음과 삶 Tod und Leben'이라는 작품이에요."

"이 작품은 클림트가 예술적 위기를 겪고 있을 때 그린 그림이라고 해요. 죽음과 삶은 클림트에게 끊임없이 등장하는 소재예요. 이 그림 속에는 죽음과 삶 외에 관능적인 욕망도 보이는 것 같아요.

그림은 1908년부터 1916년까지 그렸어요. 그림을 한번 살펴보세요. 왼쪽과 오른쪽 분위기가 매우 다르다는 것을 알 수 있지요? 해골과 검은 십자가가 있어서 그런지 왼쪽은 어둡고 칙칙해요. 반면, 오른쪽은 색상이 화려하고 다채롭죠. 아기를 팔로 감싸고 있는 여자는 삶의 시작인 생명의 탄생을 의미하고, 주름이 가득한 노년기의 모습과 근육질의 남자는 삶을 의미하는 것 같아요. 이 그림에는 클림트의 특징인 황금빛 색조를 사용하지 않고, 어둡고 음습한 느낌의 어두운 블루를 사용한 것이 특징이에요."

구스타프 클림트의 '죽음과 삶'

박물관에는 에곤 실레의 자화상, 유화, 그리고 육필 원고 등이 전시돼 있었다.
　"에곤 실레는 28살이라는 젊은 나이에 죽었어요. 그는 구스타프 클림트의 시신을 그리다가 스페인 독감에 걸려 죽었다는 이야기가 전해지고 있어요. 그는 에로틱한 작품으로 유명한 오스트리아 표현주의 작가예요. 비엔나 미술 학교 시절 아르누보의 일환인 유겐트스틸 운동에 많은 영향을 받았어요. 장식적인 요소보다 표현을 강조했고, 인간의 긴장감으로부터 오는 선의 감성적 호소력을 높였다는 평가를

에곤 실레의 '죽은 어머니 1'

받고 있어요. 그리고 그는 처음부터 인물 표현에 몰두했다고 해요. 성적인 주제를 솔직하고 자극적으로 처리해 물의를 빚기도 했지요. 한마디로 그의 예술 세계의 주제는 인간의 육체라고 볼 수 있어요."

나와 엘레나는 오래된 집(1915), 얇은 판자 지붕 위의 집(1915), 일몰(1913), 발리의 초상(1912), 죽은 어머니(1910) 등과 같은 그의 작품들을 보면서 천천히 걸었다.

미술관을 돌아 나오면서 마지막으로 [23] 오스카 코코슈카의 작품을 감상했다.

"오스카 코코슈카도 표현주의 화가였어요. 그리고 극작가이자 시인으로도 활동했는데 그가 유명해진 것은 유명 작곡가인 구스타프 말러 Gustav Mahler의 미망인 알마 말러 Alma Mahler의 열정적인 사랑과 그 사랑을 소재로 한 그림 때문이었다고 해요.

'바람의 신부'가 바로 그 작품으로 그의 대표작이에요. 그의 작품은 강하고 거친 붓 터치가 특징이고, 차갑고 어두운 청회색이 많이 사용돼요."

"저도 코코슈카가 평생 알마에 대한 집착에서 벗어나지 못했다고 들었어요. 알마가 떠난 후 그녀와 똑같은 크기의 인형을 만들어 옷을 입혀 가지고 다니거나 곁에 두고 잠들기까지 했다고 들었어요."

나와 엘레나는 박물관에서 나와 국회의사당과 시청사 방향으로 걸었다. 국회의사당을 지나자, 시청사가 나타났다.

엘레나가 나에게 말했다.
"시청사가 마치 성 같네요."
"그렇죠? 시청사는 필름 페스티벌과 크리스마스 마켓이 열리는 곳으로 유명해요. 1883년에 완성된 네오 고딕 양식 건물이에요. 특히 첨탑이 무척 아름답죠?"

오스카 코코슈카의 '바람의 신부'

엘레나와 나는 천천히 링을 따라 걸었다. 조금 지나자, 비엔나 대학교가 나타났다. 건너편에 지그문트 프로이트가 즐겨 찾던 카페 란트만이 보였다.

"[24]지그문트 프로이트Sigmund Freud가 생존했던 시대에는 구스타프 클림트, 에곤 실레, 오스카 코코슈카, 피카소, 달리, 마티스를 비롯한 많은 예술가와 문학가들이 그의 영향을 받았다고 해요. 그는 바로 비엔나 대학의 교수였어요. 그는 저 카페에서 많은 생각을 했겠지요?"

나는 엘레나에게 [25]호이리게가 밀집된 그린칭Grinzing으로 가자고 했다. 저녁 시간이 다 됐기 때문에 트램을 타기로 했다. 38번 트램을 타고 가야 하는 그곳은 베토벤 마을로도 유명하다.

나와 엘레나는 그곳에서 가장 오래됐다는 바흐헹글Bach & Hengl로 갔다. 안으로 들어서자, 이곳을 다녀간 많은 유명인사들의 사진이 걸려 있었다. 1137년에 오픈했다고 하니 총 879년을 영업 중인 셈이다. 우리는 고기와 감자, 샐러드, 소시지, 그리고 신선한 햇포도주 호이리게를 주문했다.

그린칭의 포도밭

13 **볼프강 아마데우스 모차르트**(Wolfgang Amadeus Mozart, 1756~1791)_ 오스트리아 음악가로, 모차르트가 남긴 작품은 성악·기악의 모든 영역에 걸쳐 다채롭다.

14 **프란츠 1세**(Franz I. Stephan von Lothringen, 1708~1765)_ 신성로마제국의 황제, 로트링겐 공, 토스카나 대공이자 마리아 테레지아 남편

15 **카를 대공**(Erzherzog Karl, 1771~1847)_ 신성로마제국의 황제 레오폴트 2세의 셋째 아들로 피렌체에서 태어남. 나폴레옹 과의 전쟁에서 승리한 영웅

16 **사보이아 오이겐**(Eugen von Savoyen, 1663~1736)_ 사보이아 가문 출신으로 파리에서 태어남. 오스트리아에서 오스만 투르크를 물리친 영웅으로 세계 3대 전략가로 평가받는 인물

17 **아돌프 히틀러**(Adolf Hitler, 1889~1945)_ 오스트리아 출신의 독일 총통으로 제2차 세계대전을 일으킨 장본인

18 **구스타프 클림트**(Gustav Klint, 1862~1918)_ 오스트리아의 화가. 아르누보 계열의 장식적인 양식이 특징 전통적인 미술에 대항해 '비엔나 분리파'를 결성하여 분리주의 운동을 이끌었다.

19 **포세이돈**(Poseidon)_ 그리스 신화에 나오는 해신. 제우스 다음가는 유력한 신

20 **아테네**(Athens)_ 그리스 신화에 나오는 전쟁의 여신

21 **제우스**(Zeus)_ 그리스 신화에 나오는 신들의 왕. 어원적으로 천공을 의미

22 **에곤 실레**(Egon Schiele, 1890~1918)_ 오스트리아 표현주의 화가로, 1909년 신예술가협회 창립에 한몫을 했다. 표현을 강조했고, 선의 감성적 호소력을 높였다.

23 **오스카 코코슈카**(Oskar Kokoschka, 1886~1980)_ 오스트리아 표현주의 화가, 시인, 극작가로, 구스타프 클림트가 이끈 분리주의 운동으로부터 큰 영향을 받았고, 비엔나에서 일어났던 표현주의 시기를 주도했다.

24 **지그문트 프로이트**(Sigmund Freud, 1856~1939)_ 오스트리아의 신경과 의사, 정신분석의 창시자. 인간의 마음에는 무의식이 존재한다고 했다.

25 **호이리게**(Heurige)_ 그해에 재배한 포도로 담근 백포도주

오스트리아의 맛있는 커피 이야기

오스트리아에는 비엔나 커피가 없다. 우리가 흔히 알고 있는 비엔나 커피의 진짜 이름은 아인슈패너(Einspanner)이다. 아인슈패너는 오스트리아 수도 비엔나에서 유래해 300년이 넘은 깊은 전통을 가지고 있다. 마차에서 내리기 힘들었던 옛 마부들이 한 손으로는 고삐를 잡고, 한 손으로는 설탕과 생크림을 얹어 커피를 마신 것이 시초가 됐다고 한다.

아메리카노 위에 휘핑크림을 듬뿍 얹은 이 커피는 차가운 생크림의 부드러움과 뜨거운 커피의 쓴맛, 시간이 지날수록 느껴지는 단맛이 함께 어우러진다. 마실 때 주의해야 할 점은 커피를 젓거나, 스푼으로 떠먹지 않아야 한다는 것이다.

멜랑지는 오스트리아 사람이 일반적으로 가장 많이 마시는 커피로, 물 한 잔과 함께 나오는데, 크림 위에 시나몬 가루나 초콜릿 가루를 살짝 뿌려 먹으면 맛있다. 멜랑지를 마실 때는 세 단계로 음미하는 것이 좋다. 처음에는 커피 향이 배어 있는 크림을 맛보고, 그다음 뜨거운 커피의 쓴 맛을 음미한다. 마지막으로 커피 아래에 녹아 있는 설탕의 단맛을 즐기면 된다.

브라우너(Brauner)는 커피 향이 아주 진한 에스프레소인데, 크림이 옆에 곁들여 나온다. 프란치스카너(Fraziskanner)는 한 샷의 에스프레소에 우유와 휘핑크림을 올리는데, 비엔나 커피 중 가장 부드럽고 달콤하다. 연한 커피를 좋아하거나 평소 라떼를 즐기는 사람이라면 프란치스카너가 적당하다. 그리고 슈바르쳐(Schwarzer)는 설탕과 크림이 모두 블랙인 커피이다.

Day 3
문화와 예술이 있는 비엔나 링 바깥

비엔나 링의 바깥쪽에는 제체시온, 쉰브룬 궁전, 벨베데레 궁전, 중앙 묘지, 훈데르트 바서 하우스가 있다.

비엔나에서의 셋째 날 아침. 나와 엘레나는 9시에 호텔 로비에서 만났다. 오늘은 비엔나의 링 바깥을 둘러보기로 했다. 우반U-Bahn을 타고 다닐까 하다가 오늘 가볼 곳이 약간 외곽에 흩어져 있어 렌터카를 이용하기로 했다.

엘레나는 커피를 가득 채워왔다. 차는 지하 주차장에서 출발했다. 링을 돌아 제체시온Secession에 들렀다가 쉰브룬 궁전으로 가기로 했다. 차는 링을 따라갔다.

나와 엘레나는 근처 공용 주차장에 차를 세워 놓고 제체시온으로 향했다. 흰 건물에 월계수 관을 씌워 놓은 것 같은 건물이 인상적이었다. 안으로 들어가 보기로 했다.

"제체시온이라는 말의 어원은 '분리하다'라는 뜻의 라틴어 동사인 '세체도Secedo'인데, 이는 과거의 아카데미즘으로부터의 분리를 의미

해요. 분리파는 1897년 19세기 후반부터 20세기 초까지 비엔나는 물론 유럽에 새로운 바람을 일으키는데, 이를 유겐트스틸이라 불렀어요.
　제체시온, 유겐트스틸 운동은 역사주의로부터 분리하기 위해 결성한 예술학파로, 이들은 새로운 기술과 새로운 장르를 발견하고, 이를 건축, 그림, 장식, 인테리어 등과 같은 모든 분야에 적용했지요."
　"이 운동의 중심인물은 누구죠?"
　"구스타프 클림트, 디자이너이자 공예가 콜로만 모저 Koloman Moser, 건축가 오토 바그너 Otto Wagner 그리고 요제프 마리아 올브리히 Joseph maria Olbrich 등이에요. 다양한 분야에서 일하는 사람들이죠. 그림뿐만 아니라 모든 영역에서 일어났던 운동이라고 볼 수 있어요."

　나와 엘레나는 이곳에서 유명한 '베토벤 프리즈 Beethoven Frieze'라는 [26]부조 벽화가 있는 곳으로 향했다.
　"클림트가 만든 이 벽화는 가로 길이 34m로, 베토벤의 9번 교향곡 마지막 장인 '환희의 송가'를 표현한 것이라고 해요. 이 작품은 응용미술의 극치를 보여준다는 평가를 받기도 했어요. 또한 당대 베토벤을 가장 잘 표현했다고 해요. 보시다시피 3개의 벽면으로 분리해 표현했는데, 첫 번째는 기사에게 인간의 소망, 바람, 열망을 이루지 못하도록 방해하는 악의 무리를 물리쳐 달라고 호소하는 것이고, 두 번째는 악을 표현했어요. 왼쪽에 있는 세 명의 여자는 죽음, 질병, 광기를 나타내고, 오른쪽에 있는 세 여자는 욕망, 음란, 그리고 방종을 나타내요. 그리고 세 번째는 악을 물리치는 강한 이미지로 여성의 힘을 표현했다고 해요.

 이곳은 제2차 세계대전 때의 공습으로 파괴됐는데, 오랫동안 방치됐다가 1980년대 비엔나 정부에 의해 새로 리노베이션됐어요. 매년 1년에 4~6번의 크고 작은 전시회가 열리는 곳이기도 해요."

 우리가 탄 차는 쉰브룬 궁전으로 향했다. 시간은 10분도 채 걸리지 않았다. 궁전의 정문으로 걸어갔다. 많은 관광객을 실은 버스가 줄지어 서 있었다. 나와 엘레나는 그랜드 투어 티켓을 사서 내부에 입장했다. 한국어 오디오 수신기도 빌렸다. 10시 반이 조금 넘은 시간이었다.

쉰브룬 궁전

"이 궁전은 합스부르크 가문의 여름 궁전인데, 베르사이유 궁전을 보고 만들었다고 해요. 쉰브룬은 '아름다운 샘'이라는 의미를 가지고 있어요. 1569년 막시밀리안 2세^{Maximilian II} 때 별궁으로 만들어졌지만 오스만 투르크의 침입으로 파괴되고, 1696년 레오폴트 1세^{Leopold I} 때 재건되지요. 그 후 많은 증축과 개축을 해요. 현재 우리가 보고 있는 모습은 바로 마리아 테레지아 때 완성된 것이에요."

좀 더 안쪽으로 들어가 계단을 올라갔다. 화려한 로코코 양식이 돋보였다.

"총 1,441개의 방 중에서 45개만 공개하고 있어요."

오디오 가이드에서 들리는 한국어가 반가웠다. 설명에 어울리는 음악이 흘러나왔다. 방에는 회화와 가구, 도자기 등이 전시돼 있었다. 나와 엘레나는 '백만의 방'과 '거울의 방'을 둘러봤다.

"백만의 방은 장미 목재와 금세공으로 장식돼 있어요. 이것 역시 황제의 권위를 나타내는 부분이라고 생각해요. 거울의 방은 모차르트^{Mozart}가 6살 때 마리아 테레지아 앞에서 연주를 했던 곳이고, 모차르트가 황실 공연을 왔다가 마리아 테레지아의 막내딸 27마리 앙투아네트^{Marie Antoinette}에게 청혼을 했던 곳이기도 해요."

나와 엘레나는 기념품 가게를 지나 밖으로 나왔다. 그리고 궁 뒤편의 정원으로 갔다. 1752년에 만들어진 동물원, 아치형의 온실, 미로 정원, 그리고 1690~1918년까지의 마차가 전시된 궁정 마차 박물관

등으로 구성돼 있다.

멀리 글로리에테Gloriette가 보였다. 나와 엘레나는 천천히 걷기로 했다. 지그재그 모양이라 거리가 꽤 멀어 보였다. 하늘은 파랗고 그 위에 솜사탕 같은 구름이 떠 있었다.

"글로리에테를 등지고 내려다보는 궁전과 시내 전망이 매우 아름답네요."

지그재그로 걸어 올라갔다. 날씨가 좋아서인지 어떤 때보다 풍경이 아름다웠다. 나와 엘레나는 잠시 앉아 풍경을 바라봤다.

글로리에테

멀리 보이는 도시와 궁전의 모습이 한눈에 들어왔다. 글로리에테는 18세기 프로이센과 전쟁을 기념하기 위해 만들어졌는데, 정교한 조각이 일품이었다.

올라갔던 길을 천천히 걸어 내려왔다. 궁 앞으로 나가 주차장으로 향했다. 엘레나가 물었다.

"훈데르트 바서Hundertwasser를 아세요?"

"그렇지 않아도 훈데르트 바서 하우스와 그곳에서 걸어 10분 정도 거리에 있는 쿤스트하우스 빈KunstHaus Wien에 가보려고요."

엘레나는 나에게 슈피텔라우 쓰레기 소각장으로 가자고 했다. 양파라고 불리는 황금색 모스크가 눈에 띄었다.

"이곳은 훈데르트 바서의 건축적 신념이 들어 있는 곳이라고 해요. 그의 환경에 대한 생각까지 엿볼 수 있는 곳이죠. 그의 건축 덕분에 쓰레기 소각장이 관광지로 바뀌었어요."

차를 다시 돌려 훈데르트 바서 하우스가 있는 곳으로 향했다. 차를 타고 가며 엘레나는 훈데르트 바서에 관한 이야기를 이어나갔다.

"훈데르트 바서는 1928년 비엔나에서 태어났어요. 그의 본명은 원래 프리드리히 스토바서였다고 해요. 후에 프리덴슈라이히 훈데르트 바서Friedensreich Hundertwasser로 개명해요. 이 이름은 '평화롭고 풍요로운 곳에 흐르는 100개의 강'이라는 뜻을 가지고 있어요. 스토Sto는 러시아어로 '100'을 뜻하지요. 그의 어머니는 유대인이었고 전쟁 때 친인척 69명이 전쟁으로 죽었다고 해요.

어려서부터 유복하게 자라지는 못한 것 같아요. 하지만 그는 어려서부터 남다른 재능을 보였어요. 비엔나의 미술 아카데미에 입학은 했지만 하루 만에 자퇴한 일화도 있어요. 그에게는 모든 곳이 작업실이었고, 모든 것이 재료였다고 해요. 예를 들면 천 조각, 버린 포장지, 나무판 등을 이용해 그림을 그리는 것을 좋아했죠. 그가 이름이 알려지기 시작한 것은 환경 운동가, 건축가, 화가 등으로 활동하면서부터인데 건축가가 되면서 친환경 재료를 사용해 자연 친화적이고 화려한 건축물을 선보여요."

훈데르트 바서 하우스

훈데르트 바서 하우스에 도착했다. 주차를 한 후 걸어서 안으로 들어갔다. 많은 관광객들이 사진을 찍고 있었다. 엘레나는 이 건물을 보고 느낀 점을 한마디로 표현해보라고 했다.

"창문을 타고 올라가는 넝쿨 같아요."

"맞아요. 자연에는 직선이 없고 인간은 이 땅의 모든 생명체와 더불어 자연스럽게 살아가야 한다는 신념을 가지고 지은 것이 바로 이 '훈데르트 바서 하우스'예요. 이 건물은 1983년 비엔나 시의회의 의뢰로 공동주택 리모델링 작업에 참여하면서 만들어졌어요."

훈데르트 바서 하우스에서 10분 정도 떨어진 쿤스트하우스 빈으로 향했다.

"이곳은 훈데르트 바서가 설계한 오스트리아 최초의 사설 미술관인데, 밋밋한 건축에 대한 반감으로 설계한 것이라고 해요."

그가 미술관이라는 건축에 대한 고정 관념을 깼다는 말을 실감할 수 있었다. 내부는 수많은 타일로 이뤄져 있었다. 로비 바닥도, 앉을 의자도 온통 곡선투성이였다. 제각각의 크기를 가진 벽돌색 타일로 된 바닥은 구불구불하게 돼 있었다. 난간, 창문 어느 하나 평범하지 않았다. 사진 촬영이 금지돼 있었다. 계단을 올라가면서 각 층에 있는 그림 작품을 감상했다. 제일 꼭대기에서는 기획 전시전이 열리고 있었다.

나는 밖으로 나오면서 엘레나에게 물었다.

"쿤스트하우스 빈 중 어디가 가장 인상적인가요?"

"화장실이요. 화장실의 크기가 제각각인 수많은 타일로 이뤄져 있었어요. 그리고 모서리는 부드러운 곡선으로 처리돼 있고요."

"'건축 치료사'라는 별명이 그냥 붙여진 게 아니구나 하는 생각이 들어요."

"아, 그랬군요. 그는 우리를 지켜주는 5개의 스킨이 있다고 말했죠. 그건 바로 피복, 의복, 건물, 사회, 그리고 지구예요. 그는 또한 우리가 입고 있는 옷처럼 각 개인의 개성과 꿈을 표현할 수 있는 건축물을 세우는 것이 중요하다고 말했어요. 오스트리아 남동부 슈타이어 마르크Steiermark 주에 있는 로저 바드 블루마우Rogner Bad Bluma 호텔은 그의 또 다른 작품이에요. 건축물과 자연의 공존을 표현한 것으로 유명해서 호텔은 항상 만원사례를 이룬다고 해요. 굴곡의 유연함이 돋보이는 건축물로, 알록달록하게 칠한 벽면의 크기와 모양이 다른 2,400개의 창문 옥상, 지면이 하나로 연결된 독특한 디자인으로 돼 있다고 해요."

나와 엘레나는 차가 있는 곳까지 걸어갔다. 구름이 매우 낮게 깔려 있는 것처럼 느껴졌다. 우리는 벨베데레 궁전과 음악가들이 잠들어 있는 중앙 묘지Zentralfriedhof를 둘러보기로 했다.

벨베데레 궁전Belvedere Palace으로 걸어 들어가면서 엘레나에게 말했다.
"벨베데레는 '좋은 전망'이라는 의미를 지니고 있는 이탈리아어예요. 오스만 투르크와의 전쟁에 큰 공헌을 했던 오이겐 왕자의 여름 궁전이기도 하죠. 그리고 구스타프 클림트, 에곤 실레, 오스카 코코슈카를 만날 수 있는 곳이기도 해요."

나와 엘레나는 티켓 오피스에서 입장권을 산 후 출입구로 향했다. 상궁Oberes Belvedere과 하궁Unteres Belvedere 사이에 있는 프랑스식 정원이 무척 아름다웠다. 우리는 정원을 먼저 거닐기로 했다.

"이 궁은 1714년에 건축을 시작해 1723년에 완성했어요. 불과 몇 년 전까지만 하더라도 벨베데레 궁은 상궁과 하궁, 그리고 바로크 미술관인 오랑게리Orangerie미술관으로 나뉘어 있었는데, 2013년부터 현대 조각관인 21세기 하우스가 오픈하면서 4개의 전시관이 됐어요."

벨베데레 궁전

우리는 정원 사이의 길을 따라 하궁으로 향했다.

"상궁은 1914년 사라예보에서 암살당한 합스부르크 가문의 마지막 황태자 페르디난트가 잠시 거주했던 곳이기도 하고, 1775년부터 1890년까지 황실의 미술 갤러리가 있던 곳이기도 해요. 또한 1955년 미국, 영국, 프랑스, 소련의 외무장관이 모여 오스트리아의 자유와 독립을 체결한 오스트리아 국가 조약이 체결된 곳이죠.

그리고 이곳의 오랑게리 미술관은 오이겐 장군의 별궁으로 사용됐던 곳이에요. 오이겐 장군의 휘하에 있었던 건축가 요한 루카스 폰 힐데브란트Johann Lukas Von Hildebrandt가 1723년에 제작한 프랑스풍이 가미된 바로크풍의 건물이에요."

파란색의 하늘에 흰색 물감을 뿌려 놓은 듯한 하늘과 연못, 정원, 그리고 프랑스식 정원이 잘 어우러져 있었다.

나와 엘레나는 분수대를 지나 아래로 내려갔다가 다시 상궁으로 돌아왔다. 나는 엘레나에게 유겐트스틸의 예술가인 구스타프 클림트와 에곤 실레의 그림이 있는 곳으로 가자고 했다. 상궁 안으로 들어갔다. 정면에는 계단이 있고, 왼쪽에는 기념품 가게가 있었다. 나와 엘레나는 클림트와 에곤 실레의 그림이 있는 곳으로 걸어 올라갔다.

"구스타프 클림트는 생전에 그림에 관한 설명도, 인터뷰도 한 적도 없었다고 해요. 그뿐만 아니라 사생활도 철저히 숨기고 살았죠."

엘레나는 계단을 오르더니 클림트의 '키스'라는 작품이 있는 곳을 단숨에 찾았다. 그림이 있는 곳은 어두웠다.

"'키스'는 구스타프 클림트의 대표작이라고 할 수 있어요. 그림을 얼핏 보면 두 남녀가 사랑을 나누는 것 같은데, 자세히 보면 인위적인 느낌이 들어요. 입술이 아닌 볼에 키스를 하고 있고, 여성이 입술을 굳게 다물고 있죠. 그리고 그녀를 안고 있는 남자의 손과 여자의 손을 보면 차이가 있다는 것을 쉽게 알 수 있어요. 이는 클림트와 에밀리 플뢰게Emilie Floge의 플라토닉한 사랑을 표현한 것이에요.

1918년 구스타프 클림트는 뇌종양으로 쓰러지고 결국 스페인 독감에 걸려 죽게 되지요. 그가 죽은 후 평생 그와 플라토닉한 사랑을 나눈 에밀리 플뢰게는 그의 많은 서신과 자료를 태워버렸다고 해요. 그가 많은 사람들의 구설에 오르는 것을 바라지 않았기 때문이죠."

나는 엘레나에게 구스타프 클림트의 여성 편력에 관해 이야기했다.

"반면, 구스타프 클림트는 매우 자유로운 성생활을 했던 사람이에요. 그에게 있어 여자의 의미는 성녀 아니면 창녀였다고 해요. 그의 작품을 이해하기 위해서는 이러한 부분도 간과할 수 없어요. 그는 결혼하지 않고 평생 많은 여인들과 관계를 맺었어요. 그가 죽자, 14명의 여인들이 친자 확인 소송을 했다고 해요. 그 여자들은 대부분 모델이었다고 하네요. 이렇게 여러 여인들과 관계를 맺었던 것은 진정한 사랑을 찾지 못했기 때문이지 않을까 생각해요. 플라토닉 사랑을 하는 에밀리 플뢰게가 있었지만 말이에요."

구스타프 클림트의 '키스'

엘레나는 나에게 분리파에 관해 물었다.

"분리파는 사실 구스타프 클림트에 의해 처음 일어난 운동은 아니에요. 1892년 독일의 프란츠 폰 슈투크를 중심으로 뮌헨 분리파가 생겨나고, 1893년 막스 리베르만을 중심으로 베를린 분리파가 생겨나죠. 분리파가 형성되면서 클림트의 작품 세계가 바뀌게 되는데, 특히 이곳 비엔나에서 집중적인 조명을 받게 돼요. 주지하다시피 비엔나 분리파는 '시대에는 그 시대의 예술을, 예술에는 자유를'이라는 표어를 내걸면서 매너리즘에 빠진 미술가 협회에 맞서요. 그 당시 비엔나 미술가 협회는 보수적이고 권위적인 작품만을 인정했지요.

1897년 구스타프 클림트와 함께 활동한 사람으로는 앞서 이야기했듯이 그래픽 디자이너이자 공예가 콜로먼 모저, 건축가 오토 바그너, 요제프 마리아 올브리히 등을 들 수 있어요. 분리파는 미술에만 한정된 것이 아니라 건축, 공예, 디자인 등과 같은 모든 부분에 해당하는 것이었어요."

나와 엘레나는 구스타프 클림트의 또 다른 그림인 유디트[Judith] 앞에 섰다. 정확하게 이야기하면 유디트 I이다.

나는 엘레나에게 이야기했다.

"이 그림은 [28]팜므파탈의 전형적인 모습을 보여준다고 해요. 팜므파탈은 '파멸로 이끄는', '치명적인'이라는 의미를 내포하고 있죠. 유디트도 그러한 내용을 담고 있어요. 그림을 보면 알지만, 화려한 색채 속에 에로티시즘을 표현하고 있어요. 구약성서에 나오는 아름다운 이스라엘 여인, 유디카가 우리나라의 논개와 같이 아시리아의 적장이자 명장인 홀로페르네스Holofernes를 유혹해 목을 베고 나라를 구하는 영웅으로 여러 화가들에 의해 그려지죠. 하지만 구스타프 클림트는 조금 다르게 유디트를 표현해요. 젖가슴을 풀어헤치고 누군가를 유혹하는 듯한 눈빛, 그리고 승리감에 젖어 도취돼 있는 여인으로 표현하지요. 어찌 보면 에로틱한 모습이기도 해요. 클림트의 유디트는 성스러운 여인을 퇴폐적인 여인으로 바꿔 놓았어요. 이는 구스타프 클림트의 도발이기도 해요.

다른 곳에 전시된 유디트 II, 29살로메Salome도 이와 비슷해요. 두 그림의 공통점은 여성이 남성의 목을 가지고 있다는 것이에요. 살로메의 목은 남성의 거세 혹은 여성의 섹슈얼리티를 상징한다고도 해요. 이 그림은 거의 등신 크기이고, 클림트의 특징인 색과 문양, 그리고 현상이 잘 표현된 작품이죠.

유디트는 많은 화가들의 단골 소재였고, 이들의 표현 방식도 제각각이었어요. 30카라바조Caravaggio는 유디트를 가녀리고 청순한 이미지로 표현했지만, 클림트는 농염하고 뇌쇄적인 요부로 표현했어요.

엘레나는 구스타프 클림트와 에곤 실레 중 누가 더 매력적이라고 생각하나요?"

"저는 개인적으로 에곤 실레에게 끌리는 편이에요. 왜냐하면 그에게는 삶을 대하는 인간의 모습이 보이는 것 같아서요."

"그렇군요. 에곤 실레는 구스타프 클림트와 같은 시대 사람이죠. 뭉크와 같은 표현주의 화가로 비엔나 분리파 회원으로 활동했던 인물이기도 해요. 그는 16살 때 비엔나 미술 학교에 입학해요. 그의 예술적 재능은 매우 뛰어났다고 해요. 하지만 보수적인 분위기 등으로 인해 학교를 그만둬요. 그는 그 당시 아르누보, 즉 유겐트스틸 양식을 선호하면서 이 시기에 구스타프 클림트를 만나는데, 그들은 서로 천재라는 것을 바로 알아보죠.

1908년에 이르러 그는 비엔나 분리파의 주요 구성원이 되지요. 초기에는 구스타프 클림트의 영향을 받아 그래픽적인 요소를 가미한 그림을 그려요. 하지만 시간이 지날수록 점차 클림트의 영향권에서 벗어나 죽음에 대한 공포와 인간의 마음속에 내재돼 있는 관능적인 욕망, 즉 성Sex을 회화를 통해 보여줘야 한다고 생각해요. 그의 성과 죽음은 적나라할 정도로 솔직하고 생생하죠.

그는 인간의 삶과 고통에 관심을 기울이는 예술가이기도 했어요. 인간을 소재로 한 것이 유독 많았다고 해요. 그의 그림은 거의 불안에 싸인 인간의 왜곡되고 뒤틀린 모습을 거칠게 묘사하고 있어요.

나와 엘레나는 에곤 실레의 그림 '포옹Die Umarmung' 앞에 섰다. 노란 담요, 구겨진 흰 시트, 그리고 그곳에 한 쌍의 연인이 팔을 감은 채 엉켜 있었다. 남자의 어깨에 손을 올리고 있는 베개 너머 여자의 얼굴, 남자는 야윈 모습 때문에 에곤 실레인줄 금세 눈치챌 수 있었다.

나는 엘레나에게 이 그림을 보면 어떤 것이 느껴지는지 물었다.
"그림은 다 벗고 있는 남녀가 서로 끌어안고 있는 모습이지만, 포르노그래피와 같은 느낌은 들지 않아요."

"이 그림은 다른 에곤 실레의 그림과는 또 다른 느낌이 듭니다. 부드러운 일체감이라고 할까요? 에곤 실레는 1915년 에디트 하름스$^{Edith\ Harms}$와 결혼해요. 이때 세계대전이 일어나 군대에 가게 되는데, 군대에서도 그의 재능을 인정받아 작업실에서 그림을 그리며 출퇴근할 수 있었어요. 이러한 생활에 대한 그의 만족감을 그림에 표현한 것이죠.

그러나 세계대전 후 유럽을 휩쓴 스페인 독감으로 임신 6개월의 아내가 사망하고, 그도 3일 후에 숨을 거두게 되지요. 그의 나이 28세였어요."

에곤 실레의 '포옹'

엘레나가 나에게 물었다.

"이 아이는 누구일까요? 태어나지 않은 에곤 실레의 아이일까요?"

"맞아요. 1918년에 클림트가 사망한 후, 에곤 실레는 그해 3월에 열린 전시회가 성공을 거두면서 경제적으로 안정되고, 오스트리아를 이끄는 예술가의 자리에 오르게 되죠. 이 시기에 배 속에 있는 아기를 기다리며 '가족'이라는 이 작품을 완성해요."

"클림트의 여성 편력은 이야기를 들어 알지만, 에곤 실레도 클림트와 같은 여성 편력가였나요?"

"에곤 실레의 생활은 건전한 편이었다고 해요. 하지만 얼마나 많은 여자와 관계를 했느냐가 중요한 것이 아니라, 그의 삶 속에서의 이중적인 가치관이 중요하다고 생각해요.

에곤 실레의 여자로는 발리 노이질Wally Neuzil과 에디트 하름스Edith Harms를 들 수 있어요. 발리 노이질은 에곤 실레의 모델이자 동거녀, 애인이었어요. 그녀는 17살에 클림트의 모델 일을 하고 있었어요. 그러다 에곤 실레를 만나게 되지요. 4년 동안 동거하면서 그의 적극적인 후원자 역할을 해요. 그의 그림을 이야기하는 데 있어 빠질 수 없는 여자예요. 그녀는 에곤 실레의 그림을 예술로 승화시킨 여자라고도 할 수 있어요. 그녀가 없었더라면 그의 작품이 빛을 볼 수 없었을 거예요.

그녀는 에곤 실레의 그림에 에로틱한 환상을 불러일으키는 원천이었어요. 그녀는 요염한 눈빛과 자세로 에곤 실레를 사로잡았지요. 발리 노이질에게 불행이 찾아온 것은 에곤 실레가 이웃집에 살고 있는 철도 공무원의 딸 하름스 자매를 알게 되면서부터죠. 에곤 실레는 그녀에게 심지어 연애편지를 전해 달라는 부탁까지 했다고 하네요.

하름스는 에곤 실레를 사랑하게 됐고, 집안의 반대를 무릅쓰고 에곤 실레와 결혼하게 되지요. 하름스는 발리 노이질에게 떠나라고 해요. 이를 알게 된 에곤 실레가 아무런 반응이 없자, 결국 발리 노이질은 그의 곁을 떠나요. 이때 에곤 실레는 그녀에게 마지막 편지를 써요. 편지의 내용은 매년 여름 에디트 하름스 없이 함께 휴가를 보내자는 것이었어요. 발리 노이질은 그것이 불가능하다고 여기고, 그를 영영 떠나요. 그 후로 두 사람은 만나지 않았다고 해요. 에곤 실레에게 버림받은 그녀는 간호사로 일하다가 1917년 야전 병원에서 숨을 거둬요."

나와 엘레나는 비엔나에서의 투어 중 마지막인 중앙 묘지로 향했다. 중앙 묘지는 비엔나의 남동쪽 외곽에 위치하고 있다. 이곳은 묘지임에도 불구하고 많은 관광객이 찾는 곳 중 하나다.

나와 엘레나는 31A 구역의 2문에 도착했다. 이곳에 베토벤Beethoven, 슈베르트Schubert, 모차르트Mozart, 브람스Brahms, 요한 슈트라우스Johann Strauss 와 기타 음악가들, 그리고 주위에는 오스트리아의 역대 대통령과 예술가의 묘지가 함께 있었다.

나와 엘레나는 2문을 통과해 가로수 길을 따라 걸었다. 이정표에 '음악가Musiker'라는 글자가 쓰여 있었다. 나는 천천히 음악가의 묘지를 향해 걸으며 엘레나에게 이야기했다.

"이곳은 세계적인 천재 음악가들이 잠들어 있는 묘지죠. 이 중앙 묘지는 1874년 시내에 흩어져 있는 다섯 군데의 묘지를 한곳에 모아 조성했어요. 이곳은 약 240만m²예요. 평으로 환산하면 72만 6,000평이고, 헥타르로 환산하면 240헥타르예요. 35만 개 정도가 안장돼 있다고 해요. 놀라운 것은 19세기인 1874년에 2000년대의 비엔나 인구수를 계산해 조성됐다고 해요. 그리고 이곳은 영화《제3의 사나이》의 배경이 된 곳이기도 해요."

우리는 음악가의 묘지 앞에 도착했다. 음악가의 묘지에는 많은 꽃들이 놓여 있었다. 가운데에는 모차르트의 가묘가 있고, 그 뒤편 왼

베토벤의 묘

모차르트의 묘

쪽에는 베토벤, 오른쪽에는 슈베르트의 묘가 있었다.

엘레나는 나에게 왜 모차르트의 묘는 가묘인지 물었다.
"모차르트는 죽은 후 가장 하급 장례식을 치러 여러 사람과 함께 묻혔는데, 그게 어디인지를 모른다고 해요. 그래서 가묘가 있는 것이지요.

주위를 보면 악성樂聖 베토벤을 흠모한 음악가가 있었는데, 그가 바로 가곡의 황제 슈베르트예요. 죽어서도 그의 곁에 묻히기를 바랐기 때문에 지금도 그의 곁에 있다고 해요. 그리고 스승의 아내를 사랑한 브람스, 피아노를 배운 사람이면 모두 알고 있는 31카를 체르니Carl Czerny, 그리고 비엔나 사람들이 사랑하는 요한 슈트라우스의 무덤 등 많은 천재 음악가들의 묘지가 모여 있지요."

음악가의 묘지를 둘러본 후 다시 큰길로 나왔다. 앞에 큰 성당이 보였다. 엘레나는 성당을 향해 걸으며 물었다.
"저 성당의 원래 이름은 칼 보로메우스Karl Borromäus Kirche인데, 이는 페스트병의 수호성 이름이죠. 그런데 많은 이들에게 이 성당은 칼 뤼거 성당Karl Lueger Gedächtniskirche으로 알려져 있어요. 이것은 당시 묘지를 집대성한 비엔나 시장이었던 칼 뤼거를 기념한다는 의미도 있기 때문에 이렇게 불린다고 해요."
나와 엘레나는 성당을 한 바퀴 둘러본 후, 차가 있는 곳으로 향했다.

26 **부조**_ 평면상에 형상을 입체적으로 조각하는 조형기법으로 그리스 시대부터 시작되었다.

27 **마리 앙투아네트(Marie Antoinette)**_ 프랑스 왕 루이 16세의 왕비. 오스트리아 여왕 마리아 테레지아의 막내딸

28 **팜므파탈(Femme fatale)**_ 프랑스어로 '치명적인 여자'라는 뜻으로 남성을 유혹해 죽음, 고통의 극한 상황으로 만드는 여성을 뜻한다.

29 **살로메(Salome)**_ 성서에 나오는 헤롯의 아내이자 헤로디아의 딸

30 **카라바조(Caravaggio, 1573~1610)**_ 이탈리아 초기 바로크의 대표적 화가. 빛과 그림자의 대비를 잘 표현했고 근대 사실주의 길을 개척했다.

31 **카를 체르니(Carl Czerny)**_ 오스트리아의 피아노 연주자이자 작곡가, 음악 교육가. 리스트, 레셰티츠키 등과 같은 많은 제자들을 가르쳤다.

TIP 오스트리아의 달콤한 디저트 이야기

오스트리아에서 비엔나 커피말고 또 빼놓을 수 없는 것이 바로 디저트이다. 대표적으로 자허토르테(Sachertorte)와 아펠슈트루델(Apfelstrudel)이 있다.

자허토르테는 초콜릿 스폰지 케이크 사이에 살구잼을 넣고 그 위에 다시 진한 초콜릿을 입힌 케이크이다. 달콤하면서도 씁쓸한 초콜릿과 새콤한 살구의 맛을 동시에 느낄 수 있으며, 휘핑크림을 곁들여 먹기도 한다. 매년 12월 5일은 자허토르테의 날로 지정될 정도로 오스트리아 사람들의 자허토르테에 대한 자부심과 애정은 대단하다. 나폴레옹 이후 유럽의 질서 재편을 위해 유럽 각국의 정상들이 모였던 오스트리아 비엔나 회의에서 처음 선보였는데, 당시 오스트리아 외상이었던 메테르니히가 각국 대표들이 놀랄 만한 디저트를 준비하라는 지시로 만들어진 케이크라고 한다.

아펠슈트라델은 애플파이와 비슷한데, 얇고 여러 겹인 페이스트리 안에 사과와 견과류를 채워 구운 파이다. 바삭한 페이스트리와 대조되는 부드럽고 달콤한 맛이 특징이다. 디저트나 아침식사로 주로 먹는 아펠슈트루델은 차게 먹기도 하고 따뜻하게 먹기도 하는데, 막 구워서 따끈따끈할 때 바로 먹는 것이 가장 맛있다. 위에 슈거파우더를 가볍게 뿌리거나 바닐라 소스, 바닐라 아이스크림, 또는 휘핑크림을 곁들여서 따뜻한 커피와 함께 먹는다. 오스트리아의 축제나 행사 때에 빠지지 않고 등장한다.

Day 4
모차르트의 도시, 잘츠부르크

잘츠부르크는 알프스 산 북부 잘차흐 강 양안의 평평한 유역에 자리 잡고 있는 도시다. 원래 켈트 족의 부락과 로마 도시인 주바붐이 있던 곳이었다.

나와 엘레나가 호텔에서 출발한 시간은 오전 7시였다. 고속도로를 타기까지는 생각보다 많은 시간이 걸렸다. 잘츠부르크Salzburg로 출발한 지 한 시간쯤 지났을까? 멜크Melk라는 이정표가 보였다. 멀리 노란색의 멜크 수도원이 보였다.

"멜크 수도원은 오래전, 약 10세기쯤 오스트리아 문화의 정신적인 중심지였어요. 신성로마제국의 제후가 된 레오폴트 1세Leopold I가 바벤베르크Babenberg 왕조의 거주지로 이 멜크성을 세우게 되지요. 약 100년 후 레오폴트 2세Leopold II는 이 성을 성 베네딕트 수도회Ordo Sancti Benedicti에 주고 수도회의 규율에 따라 운영해요. 그 후 12세기에 학교와 도서관이 세워지고, 15세기에 접어들어서는 중세 수도원 개혁의 시발점이 됩니다."

"아, 멜크 수도원은 이탈리아의 철학자인 작가 '움베르토 에코Umberto Eco'가 52세에 발표한 첫 번째 장편 소설 '장미의 이름Il Nome della

Rosa'이라는 책의 배경이 됐던 곳이라고 들었어요. 장미의 이름은 아리스토텔레스Aristoteles의 '시학' 제2권의 내용을 다룬 추리소설이자 역사소설이에요."

이러한 이야기를 하는 동안, 차는 멀리 보이는 멜크 수도원을 뒤로 하고 목적지로 향하고 있었다.

엘레나는 나에게 물었다.

"중세의 의미가 무엇인가요?"

"중세라는 말은 한자 풀이도, 영문 표기도 같은 의미를 지니고 있어요. 즉, 중간 세기를 의미해요. 로마제국이 멸망하는 476년 5세기

잘츠부르크 풍경

멜크 수도원

부터 동로마제국이 멸망하는 1453년 15세기까지의 약 천년의 기간을 말해요."

유럽은 중세를 빼놓고 이야기할 수 없는 곳이다.

차는 미끄러지듯 고속도로를 달렸다.

"우리가 지금 향하고 있는 잘츠부르크의 최고 명품은 아마도 모차르트일 거예요. 그가 가지고 있는 브랜드 가치는 수조 원에 달한다고 해요. 또 유명한 잘츠부르크 음악회는 1771년 대성당 앞의 돔 광장에서 시작됐어요."

엘레나는 빨리 보고 싶다고 했다. 차는 그 이후 한 시간 정도를 더 달려 휴게소에 멈췄다. 차를 멈춘 휴게소가 위치한 곳은 지대가 조금 높은 듯했다. 멀리 보이는 풍경이 아름다웠다. 하늘의 구름이 좀 더 가까이 있는 것 같았다. 휴게소 안으로 들어갔다. 전통 복장을 한 여자들이 우리를 맞이했다. 따뜻한 햇살이 반쯤 비추고 있는 창 쪽에 자리를 잡았다. 봄 햇살과 평화로움이 이곳에 내려앉아 있었다.

다시 고속도로를 따라 출발했다. 햇살은 오전보다 따갑게 느껴졌다. 얼마나 갔을까? 호수가 보이고 잘츠부르크가 얼마 남지 않았다는 표식이 보였다. 고속도로를 빠져나와 가까운 주차장으로 향했다. 주차장은 커다란 바위산 아래를 깎아 동굴처럼 만들었다. 주차장에서는 미라벨 정원과 궁전이 가까웠고, 걸어서 15분 거리에 구시가의 중심이 있었다.

나와 엘레나는 미라벨 정원Mirabell Garten으로 향했다. 정원 근처에 도착해 조그만 입구를 통해 안으로 들어갔다. 정원은 미라벨 궁전과 함께 있었다. 바로크풍의 미라벨 궁전이 있고, 정원은 한쪽에 가로수로 서 있는 보리수나무와 물, 불, 공기, 흙 세상을 구성하고 있는 네 가지 원소를 상징하는 동상이 있었다. 그리고 멀리 높은 구릉에는 흰색의 호헨 잘츠부르크성Festung Hohensalzburg이 보였다.

"한쪽에는 장미 정원이 있고, 다른 한쪽에는 디자인한 듯한 모양의 한 꽃들이 심어져 있어요. 이 모양은 주교님의 문장이라고 해요.

그리고 이곳은 영화 《사운드 오브 뮤직》에서 마리아가 아이들과 함께 정원을 배경으로 도레미송을 불렀던 곳이에요."

나와 엘레나는 정원에 있는 벤치에 앉았다. 큰 보리수나무, 프랑스 풍의 정원으로 꾸며진 미라벨 정원, 그리고 멀리 보이는 호헨 잘츠부르크성은 한마디로 엽서 사진 속의 풍경, 그 자체였다.

나는 엘레나에게 미라벨 궁전과 정원에 관해 이야기했다.
"원래 이 미라벨 궁전은 알테나우Altenau 궁전이라고 불렸다고 해요. 1606년 그 당시 이곳의 대주교였던 볼트 디트리히Wolf Dietrich 대주교가 그녀가 사랑하는 여인 살로메 알트를 위해 지어줬어요. 그 둘은 얼마나 금실이 좋았는지 아이도 15명이나 낳았어요. 성직자가 애인을 두고 아이까지 낳은 것은 지탄의 대상이 되지만, 한편으로는 그 당시의 모습을 살펴볼 수 있는 기회이기도 해요.

궁전은 18세기에 요한 루카스 본 힐레브란트Johann Lukas Von Hidebrandt에 의해 개축되지요. 그때까지만 하더라도 '미라벨 궁전'이라고 불리지 않았어요. 볼트 디트리히 대주교의 후임이었던 조카 마르쿠스 시티쿠스에 의해 미라벨 궁전이라는 이름으로 바뀌었지요. 정원은 1690년 바로크 건축의 대가인 요한 피셔 폰 에를라흐Johann Fischer Von Erlach가 조성했어요. 하지만 1818년 화재가 일어나면서 정원과 궁전은 개축되지요. 19세기 화재 이후 오늘날의 모습을 가지게 됐고, 1959년 이후 시청사로 사용하고 있어요. 초기 바로크 양식의 건물은 고전 양식의 건물로 바뀌었고, 이 궁전 안에는 모차르트가 6살 때 대주교를 위해 연주했던 대리석의 방 Marmorsaal 도 있죠. 오늘날에도 여전히 이곳에서 실내악 연주회가 열리곤 해요."

나는 엘레나에게 볼트 디트리히 대주교가 사랑했던 살로메 알트의 동상을 본 후 구시가로 가자고 했다. 엘레나는 살로메 알트의 동상을 보더니 아이를 15명 난 엄마 같은 느낌이 든다고 했다. 우리는 천천히 걸어 정원을 빠져나왔다.

엘레나에게 차길 건너편 오스트리아 국기가 걸린 집을 가리키며

미라벨 정원과 궁전

이야기했다.

"저 집은 17살 이후 모차르트가 살던 집이에요. 어린 시절의 많은 작품이 여기에서 만들어졌고, 비엔나로 완전히 떠나기 전까지 이곳에서 살았다고 해요."

건물의 모퉁이를 돌아 길을 건넜다. 길을 건너자 오른쪽에 지휘자 32헤르베르트 폰 카라얀Herbert von Karajan의 집이 눈에 들어왔다. 바로 앞에는 잘차흐Salzach 강이 흐르고 있었다. 잘츠부르크는 강을 중심으로 구시가와 신시가新市街로 나뉜다. 강변을 따라 자전거 도로가 나 있는데, 이 길이 비엔나까지 연결돼 있다. 잘차흐 강에 걸쳐 있는 마카르트 다리Makartsteg에는 많은 연인의 사랑의 열쇠가 걸려 있었다. 천천히 다리를 건넜다. 멀리 왼편 언덕 위에는 호헨 잘츠부르크성과 성당의 돔이 보였다. 나는 다리를 건너면서 엘레나에게 잘츠부르크에 관해 이야기했다.

"이곳의 인구는 15만 명 정도이지만, 1년에 찾아오는 관광객은 150만 명 정도 된다고 해요. 이 도시는 696년 루퍼스 대주교가 바바리아 공작인 테오도로부터 선물을 받은 '주바붐Juvavum'이라는 황량한 땅에 대주교가 관할하는 도시를 세우면서부터 발전했어요. 이때부터 소금성이라는 의미의 잘츠부르크로 불리면서 번성의 길로 들어서지요."

횡단보도를 건너 골목 안으로 들어갔다. 구시가는 건물과 건물 사이에 있는 작은 골목에 있었다. 골목길에는 식당과 가게들이 있었다. 골목을 빠져나오니 잘츠부르크의 번화가인 게트라이드가세^{Getreide} ^{Strasse}가 나타났다. 일직선상의 거리에는 옥외 간판이 화려하게 줄지어 있었다. 나는 엘레나에게 이야기했다.

"게트라이드가세는 오래전 문맹률이 높을 때 어떤 상점인지 바로 알 수 있도록 옥외 간판을 사용했다고 해요."

나와 엘레나는 천천히 게트라이드가세를 걸었다. 우리는 노란색 건물에 오스트리아 국기가 걸려 있는 모차르트 생가 앞에 멈춰 섰다. 엘레나는 건물 앞에 서서 말했다.

"모차르트에 관해서는 많은 사람들이 잘 알고 있죠. 이곳 생가에서 17년을 살고, 그의 마지막 인생 10년은 비엔나에서 보내요. 그의 작품은 삶의 후반부에 완성되지요. 그 대표적인 예로 '마술피리^{Die} ^{Zauberflöte}'를 들 수 있어요. 이것이 그의 마지막 오페라죠. 이는 귀족이 아니라 서민을 위해 만들어진 작품이에요."

"모차르트에 대해 이야기할 때마다 여행에 관련된 이야기를 하게 되지요. 왜냐하면 모차르트는 매년 연주와 작곡 여행을 했기 때문이에요. 다른 말로 이야기하면 그의 음악은 길 위에서 만들어졌다고 해도 과언이 아니죠. 1756년에 태어난 모차르트는 독일, 벨기에, 오스트리아, 네덜란드, 이탈리아, 스위스, 프랑스, 체코, 슬로바키아, 잉글랜드까지 10개 나라 약 2,000개의 도시를 여행해요. 첫 연주 여행은 1762년이에요. 독일 뮌헨을 여행한 후 그해 10월 오스트리아 비엔나에

머물면서 쉰브룬 궁전의 마리아 테레지아 앞에서 연주를 하기도 했어요. 이후 모차르트는 많은 여행을 하지요.

모차르트가 어렸을 때 그의 아버지 레오폴트는 잘츠부르크 대주교의 부악장이었어요. 어린 모차르트의 천재성을 발견한 아버지는 모차르트를 직접 가르쳤어요. 많은 공연과 연주를 하면서 그 당시 생각했던 것 이상으로 돈을 벌게 되지요. 모차르트는 성인이 되는 17세까지 아버지의 손에 이끌려 다녔어요.

모차르트는 이탈리아에서도 공부를 한 적이 있어요. 이곳에서 교황으로부터 '황금 박차' 훈장을 받게 되는데, 이때가 그의 나이 14살이었어요. 이는 후작의 작위를 받는 수준의 상이에요.

22살이 된 그는 홀로 여행을 하던 중 젊은 여가수 알로이지아 베버 Aloysia Weber 와 사랑에 빠지게 되지만, 그해 어머니의 죽음과 파리에서의 비참한 생활은 그에게 많은 상실감을 안겨주지요. 유럽 궁전에 고용돼 일하고 싶어 했던 모차르트는 소원을 이루지 못해요. 그는 파리에서 대외적인 업적도, 음악적인 업적도 이루지 못했어요.

비엔나를 떠나 26살이 되던 1782년에 모차르트는 콘스탄체 베버 Constanze Weber 와 결혼하지요. 그들이 처음 만난 것은 그녀가 15살이었을 때였어요. 두 사람은 잠시 헤어졌다가 4년 후 다시 만나 결혼해요. 모차르트가 30살이 되던 1786년에 드디어 오페라 '피가로의 결혼 The Marriage of Figaro'을 작곡해요. 피가로의 결혼은 4막으로 구성돼 있어요. 스토리가 복잡하게 얽혀 있기는 하지만 전하는 메시지는 사랑이죠. 역사상 최고의 오페라로 선정되기도 한 이 작품은 비엔나 부르크 극장

Wien Burgttheater에서 1786년에 초연을 해요. 배경은 스페인 세비야Sevilla 인근 알마비바Almaviva예요. 또한 이 작품은 프랑스 혁명의 불씨를 제공한 작품 가운데 하나이기도 해요.

1787년에는 오페라 '돈 조바니Don Giovanni'를 작곡하고 그해 아버지가 돌아가시죠. 35살이 되던 1791년에 오페라 '마술 피리'를 작곡하고, '레퀴엠Requiem'을 작곡하던 도중 모차르트는 사망해요.

영화, 뮤지컬 《아마데우스Amadeus》 아시죠? 이 작품에는 모차르트가 파리로의 여행이 시작되는 시점에서부터 그가 죽는 순간까지가 담겨 있어요. 모차르트의 삶에 있어서 그의 중요한 사건을 중심으로 이야기가 펼쳐지는 작품이에요."

"아, 그렇군요. 모차르트의 최고 걸작으로 손꼽히는 피가로의 결혼, 돈 조반니, 그리고 코지 판 두테Cosi Fan Tutte의 대본은 누가 썼나요?"

"코지 판 두테의 한국어 제목은 '여자는 다 그래'예요. 이 작품들의 대본은 바로 33로렌초 다 폰테Lorenzo Da Ponte라는 작가에 의해 쓰여지는데, 그는 젊은 시절에 34임마누엘 칸트Immanuel Kant, 35장 자크 루소Jean Jacques Rousseau, 그리고 36볼테르Voltaire의 영향을 받아요. 모차르트 또한 아무리 뛰어난 천재라도 좋은 대본이 없으면 쉽게 성공하지 못한다는 것을 알고 있었겠죠. 그래서 모차르트는 그를 만나 37보마르셰Beaumarchais의 희곡 '피가로의 결혼'을 극으로 만들어 보자고 제의했고, 로렌초 다 폰테가 수락하여 탄생하게 됩니다. 이를 계기로 그들은 돈 조반니와 코지 판 두테도 함께 작업하게 된 것이죠."

거리에는 상점들이 즐비했다. 기념품 가게에는 많은 상품이 놓여 있었다. 모차르트의 얼굴이 보이는 초콜릿이 상품의 표지였다. 초콜릿이 눈에 유독 많이 보였다.

"모차르트 초콜릿은 이곳 잘츠부르크의 기념품인데, 1890년 처음 만들어진 모차르트 쿠겔른Mozart Kugeln은 제과제빵사 폴 퓌르스트가 만들었어요. 두 가지의 상품을 판매하고 있는데, 빨간색은 공장에서 대량 생산한 미라벨 초콜릿이고, 파란색은 쿠겔른 초콜릿이에요. 파란색 초콜릿은 단 세 군데에서만 팔아요."

모차르트 생가

나와 엘레나는 레지덴츠Residenz에 도착했다.

"신성로마제국 시대에는 잘츠부르크 영주가 교회의 대주교를 겸했는데, 레지덴츠는 그들이 살았던 궁이에요. 한마디로 대주교의 거처지입니다. 이 레지덴츠는 16세기 말 볼트 디트리히 통치 기간 중에 공사를 시작해 마르쿠스 시티쿠스 때 완성해요. 르네상스 양식의 건물로 17세기에 지어졌고, 일부 북쪽 건물은 18세기에 지어져요. 180개 정도의 방과 3개의 안마당이 있어요. 1615년에는 최초로 베르디의 오페라가 공연되기도 했지요. 또한 10살인 모차르트가 [38] 오라토리오를 공연한 곳이기도 해요."

궁 입구에 있는 광장에는 바로크 양식의 분수대가 물을 뿜고 있었고, 손님을 기다리는 마차가 줄지어 서 있었다. 레지덴츠 건너편에 있는 신레지덴츠 종탑에서는 매일 종이 3번 울리는데, 35개의 크고 작은 종들이 화음을 이뤄 모차르트의 '돈 조반니'에 나오는 미뉴에트Minuet 등을 연주한다.

나와 엘레나는 바로 옆에 있는 잘츠부르크 대성당으로 향했다. 엘레나에게 잘츠부르크 페스티벌에 관해 이야기했다.

"잘츠부르크 페스티벌은 유럽 3대 음악제 중 하나예요. 독일의 바이로이트 페스티벌Bayreuth Festival과 스코틀랜드의 에든버러 국제 페스티벌Edinburgh International Festival과 함께요. 잘츠부르크 페스티벌은 매년 7월 중순에서 8월 말까지 열려요. 한 해를 놓고 보면 1월은 모차르트 주간, 3월은 현대적인 음악 축제인 잘츠부르크 비엔날레, 이어서 바로크 음악 중심의 부활절 음악제, 여름의 잘츠부르크 페스티벌, 가을의 잘츠부르크 재즈 축제등 거의 1년 내내 음악 축제가 열리는데, 축제 기간 내내 독주회, 오페라, 연극, 교회 음악, 실내악, 관현악 등 약 200여 회의 음악회가 열리죠. 매년 이곳을 찾는 사람은 약 25만 명 정도나 된다고 해요.

이 음악회는 19세기 말 '국제 모차르테움 재단International Mozarteum Foundation'이 개최한 잘츠부르크 음악 축제에서 유래했어요. 잘츠부르크 페스티벌은 1920년 8월 22일 휴고 폰 호프만슈탈의 연극 '[39]예더만Jedermann' 공연을 시작으로 잘츠부르크 대성당 앞 광장인 돔 플라츠 Domplatz에서 열렸고, [40]막스 라인하르트가 연출했어요. 1922년에는 모차르트의 작품 '돈 조반니'가 처음으로 공연됐지요. 그리고 제2차 세계대전 이후 축제를 이끌어 온 것은 지휘자 '헤르베르트 폰 카라얀'이에요."

우리는 대성당 앞에 도착했다.
"음악 축제는 돔플라츠, 펠젠라이트슐레, 모차르트 하우스, 대축제극장, 잘츠부르크 주립 극장, 카피텔 플라츠 광장, 그리고 대학 강당 등에서 열렸어요. 펠젠라이트슐레는 본래 승마 학교로 쓰였고, 1,500석 정도의 좌석이 마련돼 있는 곳으로, 영화 《사운드 오브 뮤직》에서 합창 경연 대회 장면을 촬영한 곳이기도 해요."

나는 엘레나에게 대성당 앞 한쪽에 있는 벤치에 앉자고 했다. 성당에 드나드는 사람들이 보였다.

엘레나는 우리가 알고 있는 그 시대의 모든 것을 상상하면 여행이 더욱 즐거워질 수 있다고 말하면서, 유럽의 많은 구시가를 다닐 때는 그때로 돌아가 그 시대의 사람들이 말을 타고 좁은 구시가를 돌아다니는 모습을 상상한다고 했다.

나는 성당 입구를 손으로 가리키며 입구 정문에 써 있는 774, 1628, 그리고 1959에 대해 이야기했다.

"774년은 아일랜드 출신 수도원장이었던 성 비르길 주교에 의해 봉헌된 최초의 대성당이 건축된 연도예요. 1598년 대화재가 일어난 후 대성당은 완전히 소실돼요. 대주교였던 마르쿠스 시티쿠스의 명으로 현재의 돔 형태로 건축을 시작하게 돼요. 1628년은 후임 대주교 파리스로스론에 의해 건축이 완공된 연도예요. 1944년 10월 16일 연합군의 폭격으로 성당의 돔이 파괴됐는데, 대주교인 안드레아스 로어야가 자재를 구하기도 힘든 악조건 속에서도 대성당의 복구를 추진해 결국 1959년 5월 1일 현재의 돔 성당을 완공하는데, 마지막으로 그 연도를 표시한 숫자예요. 잘츠부르크 대성당 정면의 동정녀 마리아상은 1771년에 제작된 바로크풍의 석상이고요."

엘레나는 성당 안으로 들어가 보자고 했다. 벤치에서 일어나 성당을 향해 걸었다.

"대성당의 청동문은 '믿음, 소망, 사랑'을 상징하고, 입상의 동상은 사대복음 '마태, 마가, 누가, 요한'을 나타내요. 이 성당은 1996년 세계문화유산에 등록된 구시가의 중심에 위치하고 있죠. 왼쪽 첫 번째 예배당은 700년 전인 1321년에 제작된 [41]세례반인데, 모차르트가 세례를 받은 곳이에요. 그리고 이 성당에는 유럽에서 가장 큰 6,000개의 파이프로 제작된 오르간이 있어요."

좀 더 안쪽으로 걸어 들어가자 바로크풍으로 지어진 성당의 천장이 나타났다. 아치형의 천장에 화려한 그림들로 성서의 각종 이야기가 채워져 있었다. 나는 엘레나에게 위를 쳐다보라고 했다.

"높은 공간감이 느껴지지 않아요?"

잘츠부르크 대성당

"네, 느껴져요. 돔의 가운데에는 비둘기 모습을 하고 있는 성령이 보이고, 복음서를 지닌 성인들이 네 귀퉁이에 있네요."

성당을 천천히 둘러본 후 밖으로 나왔다. 나는 엘레나에게 호엔 잘츠부르크Festung Hohensalzburg 성에 가보자고 했다. 우리는 모차르트 광장을 지나 페스퉁스Festungs 거리로 향했다.

"호엔 잘츠부르크 성은 1077년 게브하르트 대주교가 건설한 중세의 고성으로 높이 120m에 세워졌어요. 구시가의 남쪽에 자리 잡고 있죠. 이곳은 잘츠부르크의 랜드마크로, 11세기 후반 로마 교황과 독일 황제가 서임권 문제를 놓고 대립하고 있을 무렵, 게브하르트 대주교가 남부 독일 제후의 공격에 대비해 건설한 것이에요. 이 성은 종교적으로 중요한 의미를 지니고 있어요."
"아, 그런데 서임권이 뭐죠?"
"서임권은 임명할 수 있는 권리를 말해요. 11세기 후반에서 12세기에 걸쳐 주교와 대수도원장, 즉 고위 성직자들에 대한 임명권을 말하는데, 독일을 중심으로 한 신성로마제국 황제와 로마 교황 사이에 야기된 분쟁이에요."

나는 엘레나에게 걸어서 올라갈지, 역에서 페스퉁스반Festungsbahn을 타고 갈지 물었다. 엘레나는 시간이 얼마나 걸리느냐고 물었다. 나는 걸어서는 20분, 반을 타고 올라가면 2분이라고 말했다. 엘레나는 반을 타고 올라가자고 했다. 역에서 티켓을 끊고 반을 타고 위로 올라갔다. 눈 깜짝할 사이에 도착했다. 반에서 내려 오른쪽으로 돌자, 카페와 계단이 보였다. 계단을 오르니 오른쪽에 전망대가 있었다. 전망대에서는 멀리《사운드 오브 뮤직》의 대령 집이 보였다.

"이 성은 만들어진 이후 17세기까지 여러 차례에 걸쳐 개축되고 확충됐어요. 파괴되지 않고 보존된 성 중에서는 가장 커요. 성 내부에는 대주교의 거실, 옛날 무기, 고문 기구, 중세 대포들이 남아 있어요. 매우 오래전 성은 대주교의 거주지와 요새로 사용됐다고 보면 되지요. 그리고 군대 막사, 감옥 시설로도 사용됐다고 해요. 이 성의 수용 인원은 약 3,500명 정도예요. 미라벨 궁과 관련된 볼트 디트리히

호엔 잘츠부르크 성

대주교가 조카 마르쿠스 시티쿠스에게 5년간 감금돼 1617년 숨을 거둔 장소이기도 해요.

성 안에는 3개의 콘서트홀이 있는데 이곳에서는 실내악 행사가 열리고, 18세기 후반 비엔나 고전파를 대표하는 교향곡의 아버지 프란츠 요제프 하이든Franz Joseph Haydn과 모차르트가 사용했다는 수동식 파이프 오르간이 있어요. 200개의 파이프로 만들어졌고, '잘츠부르크의 황소'라고 불려요."

나와 엘레나는 오른쪽으로 향했다. 오른쪽 전망대에서는 《사운드 오브 뮤직》에서 마리아가 수녀 생활을 했던 곳이자 714년에 세워진 독일에서 가장 오래된 수녀원인 논베르크 수녀원을 볼 수 있다고 했다. 하지만 어쩐지 잘 보이지는 않았다.

"호엔 잘츠부르크 성에서는 미라벨 궁전과 마찬가지로 음악회가 열려요. 음악회는 성에서 가장 꼭대기에 위치한 '왕자의 방'에서 열리죠. 저녁 식사 여부와 등급에 따라 가격이 다르다고 해요. 매우 오래전에 가보았는데 무척 더워서 고생했어요. 음악회에 있던 사람들은 대부분 오스트리아인들이 아닌 외국인들이었고, 그 당시 홀을 채운 사람들은 거의 영국인이었죠."

우리는 구시가의 정면에 있는 전망을 볼 수 있는 곳으로 향했다. 그곳에는 많은 사람들이 있었다. 위에서 내려다보는 잘츠부르크의 모습은 시내에서 바라본 느낌과는 사뭇 달랐다.

대성당은 십자가 모양을 하고 있었고, 구시가와 신시가가 확연하게 잘차흐 강으로 나뉘어 있었다. 예쁜 수채화 그림에 입체감을 준 느낌이었다.

벌써 저녁 시간이었다. 엘레나는 내려가서 맥주와 함께 저녁을 먹자고 했다. 다시 반을 타고 아래로 내려왔다. 무엇을 먹을까 고민하다가 슈니첼과 함께 잘츠부르크 맥주인 슈티글Stiegl을 마시기로 했다.

32 **헤르베르트 폰 카라얀**(Herbert von Karajan, 1908~1989)_ 베를린 국립 오페라 극장과 베를린 필하모닉 상임지휘자, 그리고 비엔나 국립 오페라 극장과 잘츠부르크 음악제의 총감독

33 **로렌초 다 폰테**(Lorenzo Da Ponte, 1744~1838)_ 이탈리아의 시인이자 극작가

34 **임마누엘 칸트**(Immanuel Kant, 1724~1804)_ 비판철학의 창시자로 독일 관념처락의 기호를 세운 프로이센의 철학자

35 **장 자크 루소**(Jean Jacques Rousseau, 1712~1778)_ 계몽사상 좌파로 철학자, 사회학자, 미학자, 교육 학자로, 물질과 정신은 함께한다는 이원론자

36 **볼테르**(Voltaire, 1694~1778)_ 프랑스의 철학자, 문학자, 역사가이며 계몽주의 선구자

37 **보마르셰**(Beaumarchais, 1732~1799)_ 프랑스의 극작가

38 **오라토리오**(Oratorio)_ 성악의 일종으로 줄거리가 있는 종교적 극음악

39 **예더만**(Jedermann)_ 16세기 영국 배경으로 한 도덕극 에브리맨(everyman)을 호프만스탈이 각색

40 **막스 라인하르트**(Max Reinnardt)_ 오스트리아 출신의 독일 연출가

41 **세례반**_ 세례성사 때 사용될 세례수를 담아 보관해 두는 저장 용기

TIP 500년 역사를 가진 잘츠부르크의 맥주

잘츠부르크에는 오스트리아 최대 규모의 스티글 맥주 양조장 겸 박물관이 있다. 스티글 맥주 박물관은 잘츠부르크 카드로 무료 이용이 가능하며, 입장권에는 세 잔의 무료 맥주 시음권과 선물 교환권도 포함돼 있다. 모차르트 맥주로 유명한 스티글(stiegl)은 1492년 잘츠부르크 구시가의 '계단이 있는 작은 집'에서 맥주를 빚기 시작한 유서 깊은 맥주다.

잘츠부르크에는 1621년에 생긴 수도원의 비밀 레시피로 만든 맥주, 아우구스티너 브로이(Augustiner Brau)가 있다. 중세 시대 전염병이 돌며 평민들이 일반 물을 먹지 못하자, 수도승들이 맥주를 만들어 싼값에 팔던 것에서부터 유래했다고 한다. 성 아우구스티너 수도원 안에 위치한 브루어리에서는 17세기부터 이어온 전통 방식 그대로 수작업으로 맥주를 만든다. 오크통에서 직접 따라주는 맥주를 맛보기 위해서는 맥주잔을 직접 물에 씻어야 한다. 이곳에서는 시원한 맥주는 물론 슈니첼, 소시지, 야채구이 등 오스트리아 전통 음식도 맛볼 수 있다.

잘츠부르크는 문화적으로 이탈리아의 영향을 많이 받은 도시다. 하지만 음식은 지리적으로 가까운 독일 뮌헨의 영향을 받아 밀 맥주와 붉은빛의 라거, 메르첸도 유명하다. 메르첸이란, 냉장고가 없던 시절 뮌
헨에서 봄에 만들어 가을 맥주 축제 '옥토버페스트(Octoberfest)' 때 마시던 맥주를 말한다. 잘츠부르크 맥주 역시 독일과 마찬가지로 맛이 좋고, 종류도 다양하다.

잘츠부르크 카드

잘츠부르크 시내에 있는 대부분의 관광지에 입장할 수 있으며, 대중교통도 마음대로 탈 수 있다. 잘츠부르크 맥주인 스티겔(Stiegel) 맥주 양조장을 관람할 수도 있다.

Day 5
알프스의 수도, 인스브루크

인스브루크는 '인 강'과 '부르크 다리'라는 뜻의 독일어를 합친 단어에서 유래돼 인강 위에 놓인 다리라는 뜻을 지니고 있다. 인스브루크는 로마 시대부터 동부 알프스의 교통의 요지로 발전했다.

하루 더 잘츠부르크에 머물기 위해 나와 엘레나는 이른 아침 출발했다. 조금 일찍 출발해 인스브루크에 갔다가 다시 이곳으로 와 하루 더 머물고, 내일 아침 잘츠카머구트로 가는 게 더 좋을 것 같았다.

오랜만에 짐 없이 홀가분하게 차를 타고 움직였다. 고속도로에서 내비게이션을 보니 165km가 남아 있었다. 가다가 휴게소에서 한 번 쉬더라도 2시간 정도면 도착할 수 있을 것 같았다.

A1 고속도로에 인스브루크와 독일 뮌헨Munich 방향 이정표가 보였다. E55와 합류했다. 독일 구간으로 달리다가 다시 A93의 오스트리아로 들어섰다. 한 시간 정도 지났을까? 인스브루크 동쪽으로 들어가는 이정표가 보였다. 인스브루크로 들어서면서 동부 알프스의 모습이 보였다. 병풍처럼 둘러싸인 산 아래로 도시가 보였다. 그리고 인 강이 흐르고 있었다. 알프스 산이 인스브루크를 감싸고 있었다.

산 위에는 흰 눈이 아직 남아 있었다.

"일반적으로 알고 있는 만년설이나 빙하는 몇 미터 이상에서 만들어지는지 아세요?"

"저기 보이는 흰 눈이 만년설 아닌가요?"

"저 산 위의 눈은 만년설은 아니에요. 만년설은 3,000m 이상의 산에서 생깁니다. 산의 빙하도 마찬가지예요. 알프스 산맥의 평균 높이는 1,800~2,400m로 저 산의 높이도 3,000m가 되지 않아요. 알프스 산맥의 평균 높이는 1,800~2,400m라고 해요. 인스브루크의 산들은 스키를 타기 좋은 높이죠."

인 강에서 바라본 인스브루크 풍경

차는 시내 중앙으로 향했다.

"이곳 인스브루크는 인 강에 놓인 다리라는 의미를 지니고 있어요. 매우 오래전 로마 시대부터 동부 알프스 교통의 요지로 발전하지요. 인스브루크에서 브레네 고개Brenner pass를 넘으면 바로 이탈리아와 연결되요. 브레네 고개는 이탈리아와 연결된 매우 가까운 지역이어서 매우 오래전 로마 시대 상인과 군인들이 오가면서 만들어집니다. 이탈리아에서 이 고개를 넘어오면 골짜기 속에 인스브루크가 숨어 있어요. 바로 옆에는 인 강이 흐르고 있고요."

어느덧 차는 목적지 주차장에 이르렀다. 나와 엘레나는 주차를 한 후 구시가를 향해 걸으며 느낀 인스부르크는 산으로 된 병풍 속에 잘 형성된 도시의 모습을 하고 있었다.

"인스브루크는 해발 574m에 형성된 도시예요. 그래서 산이 그리 높게 보이지 않죠. 인스브루크 인구는 14만 명 정도 돼요. 오스트리아에서 비엔나, 그라츠, 린츠, 잘츠부르크 다음으로 큰 도시죠.

이 도시는 중세의 마지막 기사라는 별명을 가지고 있는 막시밀리안 황제에 관해 알면 이해하기 쉬워요. 1490년 막시밀리안 1세Maximilian I의 황실이 옮겨오면서 발전하는데, 그는 신성로마제국의 황제였기 때문에 그가 오면서 이곳이 문화와 정치의 중심지가 되지요.

이곳의 구시가는 12세기에 건설됐다고 해요. 막시밀리안 1세는 두 차례의 결혼을 통해 합스부르크 가문의 세력을 확장시켜 나가지요. 그러한 흔적이 남아 있는 곳이 바로 이곳 인스브루크예요.

두 가문은 바로 돌진공이라 불리던 프랑스 동쪽의 부르고뉴Bourgogne 지방의 공작 샤를의 딸 마리 부르고뉴와 결혼해 아들을 하나 두지요. 그게 바로 미남 왕 필립이에요. 그는 후에 스페인 왕이 되고, 그의 아들 카를은 스페인 왕이자 신성로마제국의 황제가 돼요. 막시밀리안 1세는 그의 첫 번째 아내인 마리가 죽자, 두 번째 부인을 맞이하는데, 그녀는 이탈리아 밀라노의 스포르차 가문의 비앙카 마리아 스포르차Bianca Maria Sforza예요. 하지만 그녀는 막시밀리안에게 사랑받지 못했다고 해요. 인문주의자였던 막시밀리안 1세는 사보이에서 제대로 교육을 받지 못한 그녀에게 별 관심을 가지지 않았어요."

인스브루크 구시가의 풍경

이야기를 나누는 동안, 구시가 입구의 인 강이 흐르는 다리 가까이에 도착했다. 구시가의 입구는 매우 아름다웠다. 입구에 들어서자, 작지만 화려한 인스브루크의 구시가 모습이 눈에 들어왔다. 조금 떨어진 곳에 황금 독수리 호텔의 황금 지붕이 보였다. 많은 사람들이 거리의 테라스에서 커피를 마시거나 맥주를 마시고 있었다.

　나는 엘레나와 함께 황금 독수리 호텔 앞으로 갔다. 쌍독수리 문장이 있는 황금 독수리 호텔 앞에는 5개의 석판이 놓여 있었다. 이곳에는 막시밀리안 1세를 비롯한 모차르트, 사르트르, 알베르 카뮈, 괴테 등과 같은 유명인들의 흔적이 남아 있었다.

　"석판 위에 새겨진 이름과 날짜는 600년간 수많은 인사가 머물렀다는 것을 보여줍니다. 이 호텔은 1390년에 만들어졌어요. 모차르트가 밀라노를 다녀올 때 네 번이나 머물렀던 곳이기도 하고, 괴테가 이탈리아 여행을 할 때 머물렀던 곳이기도 해요."

　엘레나는 천천히 석판을 읽었다.

　"이곳의 첫 번째 유명인은 막시밀리안 1세인가 봐요. 석판의 맨 위에 이름이 있네요."

　우리는 바로 앞에 있는 황금 지붕을 향해 걸었다.

　황금 지붕 앞에서 관광객들이 가이드의 설명을 듣고 있었다.

　"이 건물은 1420년 티롤 영주 프리드리히 4세가 저택 겸 집무실로 사용하던 곳이에요. 16세기에 들어서면서 신성로마제국의

황금 독수리 호텔의 황금 지붕

황제인 막시밀리안 1세가 현재의 모습으로 증축했지요. 이 건물에 있는 발코니는 이 광장에서 열리는 행사를 관람하기 위해 만들었다고 해요.

발코니 지붕 위에 금박의 기와 2,657개가 있어 '황금 지붕'이라 불리는데, 이는 합스부르크 가문의 위엄과 힘을 상징해요. 발코니에는 막시밀리안 1세의 두 아내의 모습과 문장을 부조로 세밀하게 새겨 놓은 것을 볼 수 있어요.

1층 난간에 부조돼 있는 6개의 장식은 문장이에요. 왼쪽에서 오른쪽으로 오스트리아 문장, 헝가리 문장, 쌍독수리는 신성로마제국, 머리 하나 달린 독수리와 황금 양털은 독일 왕국, 그리고 막시밀리안의 아들 천사 필립을 의미하죠.

2층 난간을 보면 1명의 남자와 2명의 여자가 있는데, 이는 바로 막시밀리안 1세와 마리 부르고뉴, 그리고 비앙카 마리아 스포르차이에요. 그리고 막시밀리안 참모와 익살꾼, 곡예사도 부조돼 있어요."

날이 좋아 그런지 황금 지붕이 더 환하게 빛났다. 엘레나는 나의 이야기를 듣더니 지금은 이곳이 어떤 용도로 사용되는지 물었다.

"지금 이곳은 막시밀리안 1세의 가족들의 초상화, 갑옷 및 각종 장식물을 전시하는 박물관으로 사용되고 있어요. 연회홀도 있고요. 오래전에는 축제나 기마 시합 등이 열릴 때 초대자들의 숙소로 사용되기도 했어요."

황금 지붕은 18세기 귀족 취향인 헤블링 하우스Hölblinghaus다. 이는 바로크 양식의 건물에 로코코 스타일의 장식미가 가해진 건물로, 창이 건물 바깥으로 나와 있는데, 이는 겨울에는 해가 너무 일찍 지기 때문에 빛을 좀 더 많이 받기 위한 것이라고 한다.

헤블링 하우스가 있는 마리아 테레지아 거리에는 구시청 탑Stadtturm이 있다. 이 종탑은 구시청사의 일부로 남아 있는데, 탑 기둥의 동판을 보니 1442/1450이라고 적혀 있었다. 숫자는 이 탑이 건립된 연도다. 이 탑은 원래 고딕 양식의 건물이었고, 지금과 같은 르네상스 양식의 둥근 양파 모습으로 바뀐 것은 1560년이다. 148개의 계단을 따라 위로 올라갈 수 있고, 높이는 51m다.

헤블링 하우스

"종탑이 한 도시에서 가지는 의미는 망을 본다는 의미도 있지만, 도시의 부를 나타내기도 해요. 즉, 부자 도시는 종탑의 높이가 높고 화려하지요."

나와 엘레나는 황금 지붕과 호프부르크Hofburg 왕궁이 연결되는 옆길로 들어섰다. 길의 양쪽에는 기념품 가게가 들어서 있고, 길이는 대략 100m 정도 돼 보였다.

"이 호프부르크 왕궁은 처음에는 지그문트Zygmunt 대공과 막시밀리안 1세가 후기 고딕 양식으로 지었지만, 마리아 테레지아가 웅장한 바로크 양식의 건물로 재건했어요. 이곳은 마리아 테레지아의 아들 레오폴트 2세가 마리아 루도비카Maria Ludovika와 결혼한 곳이기도 해요. 마리아 루도비카는 독일식 발음이고, 마리아 루이사Maria Luisa라고도 불립니다. 그녀는 그 당시 스페인 국왕이었던 카를로스 3세의 딸이에요. 그리고 마리아 테레지아의 남편 프란츠 1세가 죽음을 맞이한 곳이기도 하지요."

골목길을 걸어 호프부르크 앞까지 왔다. 나와 엘레나는 왕궁 성당에 가보기로 했다.

성당은 막시밀리안 1세 황제 부부의 영묘를 모시는 곳이라 그런지 성당 내부에 있는 28개의 청동상이 인상적이었다. 막시밀리안의 유해는 비엔나의 카푸친 납골당에 안치돼 있고, 이곳에는 영묘가 있다.

"이 성당은 1555년부터 시작해 약 10년 동안 르네상스 양식으로 지은 왕궁 성당이에요. 보시다시피 28개의 청동상이 있는 게 특징이죠. 실물 크기보다 크게 만들었다고 해요."

나와 엘레나는 성당을 둘러본 후 호프브로이 모퉁이를 돌아 성 야콥 성당 Dom zu St. Jakob 으로 발길을 돌렸다. 안으로 들어가자 제단 화가로 유명한 루카스 크라나흐 Lucas Cranach 의 '구원의 성모' 성화가 눈에 들어왔다. 중앙 제단의 좌측에는 막시밀리안 3세의 묘가 있었다. 그리고 다시 왕궁 골목길로 들어선 후 엘레나와 함께 '지혜의 샘'으로 갔다. 지혜의 샘은 좁은 골목길에 4개의 책을 펴 놓은 모양을 하고 있었다. 이 책은 네 가지 복음서를 의미한다.

호프부르크 왕궁

왕궁 성당 내부의 청동상

나는 엘레나에게 이곳에 있는 인스브루크 대학에서 4명의 노벨상 수상자를 배출한 것이 '물이 좋기 때문'이라는 말도 있다고 하면서 흐르는 물을 마셨다. 물에서는 약간 단맛이 느껴졌다.

골목길을 따라 오른쪽으로 걸어갔다. 골목에는 잘츠부르크의 게트라이드가세 정도는 아니지만, 옥외 간판들이 늘어서 있었고 그 길 끝으로 나오니 마리아 테레지아 거리와 연결돼 있었다. 오른쪽에 황금 지붕이 보였다. 황금 지붕의 반대편으로 걸었다. 맥도날드 패스트푸드점과 스와로브스키 매장이 보였다. 길을 따라 버스와 트램이 다니는 곳으로 올라갔다. 마리아 테레지아 거리의 황금 지붕과 마주 보고 있는 노르트케테Nordkette 산맥이 아름답게 느껴졌다. 길 건너 마리아 테레지아 거리에 성 안나Annasäule의 동상도 보였다.

"이 동상은 사실 황금 지붕과 함께 이곳을 대표하는 랜드마크예요. 성 안나는 티롤Tirol의 수호 성인이고요. 이 동상은 1703년 티롤을 침공한 남부 독일인 바이에른과 프랑스 연합군을 물리친 것을 기념하기 위해 시민들이 자발적으로 성금을 모아 건립했어요. 탑을 보면 성모상과 성녀 안나상이 묘사돼 있어요. 성 안나 기념탑으로 이름 지어진 이유는 전쟁에서 승리한 날과 성 안나의 축일이 같은 날이었기 때문이에요."

인스브루크 성 안나 동상

나와 엘레나는 개선문까지 올라가 보기로 했다. 개선문Triumphpforte은 도시를 남북으로 관통하는 마리아 테레지아 거리와 막시밀리안 거리가 만나는 곳에 위치하고 있다.

"개선문은 1765년 마리아 테레지아 여제가 아들 레오폴트 2세와 마리아 루이자의 결혼식을 기념해 건립한 것이에요. 그래서 앞면인 남쪽에는 축하의 의미를 담아 화려하게 조각하고 뒷면인 북쪽에는 그녀의 남편 프란츠 슈테판 폰 로트링겐 죽음의 애도를 표현했어요."

엘레나는 배가 고프다며 식사를 하러 가자고 했다. 점심 시간이 훨씬 지나 있었다. 주변에 있는 식당에서 감자와 고기 등을 넣고 볶은 티롤 그로스틸Tiroler Gröstl이라는 티롤 지방의 전통 음식을 먹었다. 그런 다음, 다시 잘츠부르크로 향했다.

인스브루크 개선문

TIP 오스트리아의 알프스 설원의 낭만지, 인스브루크

인스브루크는 평균 해발고도가 600~700m로 우리나라의 평창과 비슷한 데다 동계올림픽을 두 번(1964년, 1976년)이나 치른 곳이다. 인스브루크는 지형적인 특성상 겨울 스포츠를 즐기기에 좋은 조건을 고루 갖추고 있다. 겨울은 물론이고 여름에도 근교의 몇몇 휴양지에서는 스키를 즐길 수 있다.

인스브루크는 깊은 산속의 요새와 같은 지리적 이점 때문에 제2차 세계대전 당시 전쟁에서 부상당한 병사들의 치료와 요양을 겸한 시설들이 건립됐다. 장기간 이곳에 머무는 병사들이 무료함을 달래기 위해 스키를 타기 시작했고 소문이 나기 시작하면서 스키와 겨울 스포츠의 중심도시로 점점 이름을 떨치기 시작한 것이라고 한다.

동계올림픽을 두 번씩이나 개최한 설원의 도시답게 주민들 삶에 스키를 비롯한 다양한 겨울 스포츠가 생활의 일부로 자리한 지 오래다. 인스브루크는 한 여름에도 해발 3,000m가 넘는 산에서 스키를 즐길 수 있어 세계 각지에서 관광객들의 발길이 끊이지 않는다. 인구 14만 명의 작은 도시이기 때문에 항공기 직항 노선도 없어 대부분 독일 프랑크푸르트나 뮌헨, 오스트리아의 비엔나 공항 등을 거치거나 독일의 뮌헨(200km), 오스트리아의 잘츠부르크(180km), 이탈리아 밀라노 등지에서 열차를 타고 찾아온다. 인스브루크와 인근 25개 마을에서 6~10월에 숙박하는 여행자라면 누구나 인스브루크 관광청에서 운영하는 마운틴 하이킹에 무료로 참여할 수 있다. 겨울에는 스키, 스노보드, 크로스컨트리, 스케이팅, 봅슬레이, 눈썰매 등 다양한 스포츠를 맘껏 즐길 수 있다.

세계 스키 애호가들이 인스브루크에 열광하는 가장 큰 이유는 '스키패스' 때문이다. 해발 2,344m의 노르드케테(Nordkette), 스투바이 빙하(Stubaier Gletscher) 등을 포함해 모두 9개의 스키장 슬로프를 연결하면 총 285km에 달한다. 하지만 스키패스 한 장이면 9개의 스키 리조트, 총 길이 285km의 슬로프를 자유롭게 이용할 수 있다.

구시가에서 바라본 인스브루크 풍경

Day 6
아름다운 호수 마을, 잘츠카머구트

잘츠카머구트는 비엔나에서 잘츠부르크까지 이어지는 잘츠부르크 주, 오버외스터라이히 주, 슈타이머 마르크 주에 걸쳐 있는 지방을 일컫는다. 알프스 산맥과 크고 작은 70여 개의 호수가 있다.

이른 아침 호텔을 출발해 우리가 가장 먼저 향한 곳은 할슈타트 Hallstatt였다. 고속도로를 달리다가 국도로 빠져나왔다. 꼬불꼬불한 국도를 따라가니 장크트 길겐Sankt Gilgen, 바트이슐Bad Ischl 등의 이정표가 보였다. 할슈타트는 이곳을 지나 좀 더 가야 했다. 장크트 길겐에서 약 40분 정도 더 소요되는 것 같았다. 나와 엘레나는 할슈타트와 볼프강, 그리고 모차르트의 외가가 있는 동네인 장크트 길겐을 둘러보고 헝가리의 부다페스트로 이동하기로 했다.

"잘츠카머구트는 소금의 의미를 지니고 있는 '잘츠Salz'와 창고의 의미를 지니고 있는 '카머구트Kammergut'가 합쳐진 말이에요. 매우 오래전 잘츠카머구트를 비롯한 소금 광산은 그 지역을 지배하는 영주나 왕실의 소유였어요. 즉, 소금 광산을 소유하면 많은 부를 누릴 수 있었지요. 그 대표적인 예가 바로 '잘츠부르크'예요. 잘츠부르크는 소금을 생산하면서 발전한 도시지요. 합스부르크 가문은 소금을 독점하면서 큰 부와 권력을 가졌던 가문이기도 해요."

차는 좁은 도로를 따라 계속 달렸다. 왼편에 빙하가 녹기 시작하면서 형성된 볼프강 호수 Wolfgangsee가 보였다. 볼프강 호수는 장크트 길겐과 장크트 볼프강 사이에 있다. 면적은 13km이고, 수심은 가장 깊은 곳이 114m이다.

차는 할슈타트 방향으로 향했다. 호수를 끼고 좀 더 가니 터널이 나왔다. 터널을 지나자 우리의 목적지 할슈타트에 도착했다. 나와 엘레나는 주차한 후 호수 앞에서 할슈타트를 배경으로 사진을 찍었다.

볼프강 호수

마을 입구에 있는 인포메이션을 지나 안으로 걸어 들어갔다.

"할슈타트의 할^{Hall}은 켈트 어로 '소금'을 뜻해요. 그리고 슈타트^{Statt}는 '도시'를 뜻하죠. 이곳은 3억 년 전에 소금층이 형성된 도시예요."

우리는 호수를 끼고 천천히 걸었다. 할슈타트의 호수는 다른 곳의 호수보다 조금 어둡고 무게감이 느껴졌다.

"이곳은 세계 최초로 소금 광산이 개발된 곳이에요. 학자들에 따르면 대략 2,000군데 정도에서 소금을 채취한 흔적이 있다고 해요."

"이곳의 소금은 어떻게 팔려 나갔나요? 소금이 일반 서민들이 먹을 수 있을 만큼 싸지는 않았을 텐데…."

할슈타트 풍경

"무역로를 따라 팔려 나갔어요. 영어로 월급을 '샐러리Salary'라고 부르죠? 이 단어는 소금이라는 의미의 '살트Salt'에서 유래했어요. 오래전에는 월급을 소금으로 주었지요.

이곳은 기원전 8세기부터 기원전 6세기 동안 켈트 문화의 원형이 발견된 곳이에요. 그리고 유럽의 후기 청동기 문화와 초기 철기 문화가 나타난 곳이기도 하고요. 현재 이곳에는 1,000명 정도의 인구가 호수를 끼고 있는 마을에 살고 있어요.

이곳은 합스부르크 가문의 주목을 받았던 곳이에요. 실질적으로 1856년 프란츠 요제프와 황후인 엘리자베트가 이곳을 방문했다고 해요. 그리고 1997년에 유네스코 세계문화유산에 등재됐어요. 19세기 후반까지는 배를 타고만 올 수 있었는데 강가의 바위를 부수면서 길이 열려 오게 된 것이지요."

이야기를 하다 보니 길이 갈리는 곳까지 왔다. 나는 엘레나에게 해골 성당을 보러 가자고 했다. 왼편으로 걸어 올라가니 매우 좁은 골목이 나타났다. 이 골목을 지나 약간 언덕진 곳으로 향했다. 그곳에 성당이 있었다. 성당 뒤로는 묘지가 있었고, 왼편에 해골 성당이 있었다.

"이 납골당은 12세기경에 생겼어요. 그리고 약 7,000년 전부터 켈트 족이 문화를 형성하고 살았어요. 이곳에서 소금을 생산하다 점차 문화가 발달하면서 사람이 모여들었던 것이죠. 사람이 모이면 거주지가 필요하지만, 보시다시피 주위는 온통 바위로 둘러싸여 있었어요. 돌을 깎아 부지를 만들기는 했지만 마땅한 장비가 없었지요."

 마을 부지는 적고 사람은 많고, 그래서 생각해낸 게 바로 납골당이에요. 납골당이라는 말은 고대 라틴어로 카르나리움Carnarium이라는 단어에서 유래했어요. 그러다가 카르니스Carnis로 변하지요. 이 말은 '신선하다'라는 의미를 지니고 있다고 해요. 그들은 사람이 죽으면 바로 아래에 있는 묘지에 묻고 시간이 10~20년 정도 지난 후에 다시 그 묘지를 파서 유골을 깨끗이 씻은 후 밖에서 몇 주 동안 말려요. 그리고 유골을 흰색으로 칠하고 장의사나 화가에게 맡겨 꽃으로 장식한 후 다시 납골당에 안치했어요."

 납골당으로 들어가면서 엘레나가 나에게 물었다.
 "왜 하필 꽃으로 장식하는 거지요?"
 "꽃장식은 가족들이 죽은 이들을 사랑한다는 의미를 지니고 있어요. 이러한 전통은 1720년부터 시작됐다고 해요. 이 납골당에는 1,200여 구의 해골이 안치돼 있어요. 이 중 610구에는 그들이 죽은 날짜와 그들의 가족 이름을 적어 놓기도 했어요. 이 해골 성당에 마지막으로 안치된 것은 1995년도예요."
 "십자가 아래에 있는 두 유골은 좀 색다른데요? 뱀 그림으로 장식돼 있네요?"
 "죽음, 아담과 이브의 원죄를 표현한 것이에요. 그리고 떡갈나무의 잎은 영광을, 담쟁이 넝쿨은 삶을, 월계수는 승리를, 그리고 장미는 사랑을 상징하고 있죠."

성당 위에서 아래를 내려다 보니 조그만 배가 호수를 오가는 것이 보였다. 나와 엘레나는 차를 타고 볼프강 마을에 가보기로 했다.

우리는 왔던 길을 따라 다시 달렸다. 30분 정도 지나자 장크트 볼프강Sankt Wolfgang 마을 입구 주차장에 도착했다. 차에서 내리자 호수가 보였다. 길을 따라 마을로 내려갔다.

엘레나가 마을에 대해 물었다.

"독일 바이에른 주에 있는 가장 오래된 도시 중 하나인 레겐스부르크Regensburg의 주교였던 볼프강이 이 마을에 오면서 시작됐고, 그는 이곳에 성당을 처음 세웠다고 해요. 레겐스부르크는 바이에른 주의 도나우 강과 레겐 강이 합류하는 지점에 위치한 도시인데, 그곳에서 종교 개혁이 일어나고 신교를 받아들이게 되자, 볼프강은 종교의

할슈타트 납골당

자유, 풍요로운 터전과 삶을 찾기 위해 이곳에 정착해요. 그는 1052년 성인으로 추대되고, 마을 이름도 볼프강으로 바뀌지요."

이야기하는 사이 언덕을 내려와 마을 성당 앞에 도착했다. 엘레나와 함께 성당 마당으로 들어가자 많은 사람들이 성당 앞 벽의 아치형 창에서 호수를 바라보고 있었다. 호수는 짙은 초록색 물감을 풀어 놓은 듯했다. 나는 손으로 모차르트의 외가가 있는 동네를 가리켰다.

엘레나는 나에게 성당에 들어가 보자고 했다. 성당 안은 조금 어두웠다. 천장의 나무에는 조각돼 있었고, 채색도 돼 있었다. 조각과 장식은 황금빛이었다. 성당 안의 성모 손에는 많은 묵주가 걸려 있었다.

할슈타트 마을

나와 엘레나는 황금 제단 앞으로 가까이 다가갔다.

"이 황금 제단은 미하엘 파허Michael Pacher라는 독일의 화가이자 조각가에 의해 1471년부터 1481년까지 약 10년에 걸쳐 제작된 것이에요. 그는 고정 관념을 파괴한 새로운 조각의 대부로도 알려져 있죠. 황금 제단은 성모 마리아의 대관식을 묘사한 작품이에요. 아, 그리고 이 성당은 마을 사람들이 직접 만든 것이라고 해요."

성당을 나와 마을을 둘러보기로 했다. 마을의 벽에는 벽화가 많이 그려져 있었다. 호수 주위와 마을 안에는 기념품 가게가 많았다.

"이 마을은 '사운드 오브 뮤직'에서 아이들과 마리아가 산을 오르기 위해 탄 열차가 운행되는 곳이기도 해요. 열차를 타고 35분 정도 올라가면 양의 산이라고 부르는 샤프베르크Schafberg 산꼭대기에 이르게 되지요. 산 정상에는 호텔이 운영되고 있고요. 이곳까지의 높이는 1,782m예요. 정상까지 오를 때는 톱니 궤도 철도인 래크레일식Rack railway을 이용해요."

나와 엘레나는 다시 주차장으로 발길을 돌렸다. 주차장에서 장크트 길겐 마을까지는 20분 정도면 도착할 것 같았다.

볼프강 호수는 볼프강 마을과 장크트 길겐 마을 사이에 있다. 호수를 끼고 길겐 마을로 향했다. 인구 3,000명의 길겐 마을은 볼프강과 달리 매우 조용한 느낌이었다. 길겐 마을에 도착해 호수 선착장으로 갔다. 호숫가 앞 벤치에는 노인 부부가 햇빛을 받으며 앉아 있었다.

"이곳이 모차르트의 외가 동네예요. 모차르트의 어머니 안나 마리아 발부르가 1720년에 이 마을의 재판관 딸로 태어나 모차르트의 아버지와 결혼할 때까지 살았어요. 위로 조금만 더 가면, 바로 그의 외갓집이 나와요."

노란색 건물 벽에 모차르트 하우스라고 적혀 있었다. 마을 안으로 좀 더 걸어 들어갔다. 성당을 지나 마을 사무소가 있는 곳까지 가니 모차르트 동상이 있었다.

"이곳은 독일 통일 당시 총리였던 헬무트 콜이 해마다 여름 휴가를 보내는 곳이기도 하죠."

마을을 한 바퀴 돈 후, 차가 주차된 곳으로 향했다. 부다페스트까지는 대략 535km 정도고, 약 6시간 정도 소요될 것이므로 지금 출발하면 저녁 9시 반에서 10시 정도에는 도착할 것 같다.

TIP 낭만과 음악이 흐르는 오스트리아를 만끽하는 방법

오스트리아는 슈베르트, 브람스의 고향이자 하이든, 모차르트, 베토벤 등 세계적인 음악가가 활동한 곳이자 동유럽의 낭만 국가이다.

그중 비엔나와 잘츠부르크 사이에 위치한 잘츠카머구트는 알프스의 산자락과 70여 개의 호수를 품은 오스트리아의 대표적인 휴양지이다. 영화 《사운드 오브 뮤직》의 배경으로도 나왔고, 영화 속 마리아와 아이들이 뛰어놀던 바로 그곳이다. 모차르트와 하이든, 슈베르트, 브람스, 말러에 이르는 대작곡가들이 이 일대에서 휴가를 보내며 푸른 대자연을 영감의 원천으로 삼았다.

이 지역의 중심지인 바트이슐에는 19세기 말~20세기 초 유행한 가벼운 오페라 '오페레타'의 대표자였던 프란츠 레하르가 살았던 집과 휴양하러 온 귀족들이 그의 작품을 보기 위해 객석을 메웠던 오페라 하우스가 있다.
또한 1997년 유네스코 세계문화유산으로 등재된 옛 소금 광산 마을인 할슈타트(Hallstatt)를 비롯해 모차르트 어머니의 생가가 있는 장크트길겐과 호수의 성으로 유명한 그문덴, 영화 《사운드 오브 뮤직》의 마리아와 폰 트라프 대령이 결혼식을 올렸던 장소로 유명한 몬트제 교구 성당, 영화의 주요 배경지가 된 샤프베르크까지 모두 만나볼 수 있다.

부다 왕궁

HUNGARY

동유럽의 보석 같은 문화 중심지,
헝가리

헝가리는 유럽 중동부에 위치한 내륙 국가로, 도나우 강이 흐르고 있으며 895년 마자르족이 헝가리 평원에 정착했다. 독일 왕 오토 1세에게 패한 후 기독교를 국교로 받아들였다. 1241년에는 몽골의 침입을 받았고, 16세기에는 오스만 제국의 침입으로 분할됐다가 17세기 말 오스트리아 합스부르크 가문이 헝가리 전체를 통치하게 됐다. 그 후 1867년 협정을 통해 오스트리아 자치 왕국이 됐다.

Day 7
유목민의 건국 신화와 도나우 강의 아름다움이 있는 부다페스트

부다페스트는 1873년 도나우 강을 끼고 동쪽의 페스트와 서쪽의 부다, 그리고 북쪽의 오부다가 통합돼 현재까지 발전해 왔다. 오늘날 헝가리의 수도이자 정치, 경제, 사회, 문화의 중심지다.

어제 부다페스트 호텔에 도착한 시간은 밤 9시 30분이었다. 호텔로 가는 차 안에서 부다페스트의 밤을 왕궁과 어부의 요새, 그리고 호텔 정면에 있는 국회의사당의 야경은 여자가 화장한 모습처럼 화사했다. 예약한 호텔은 국회의사당 정면에 있었다.

조금 여유롭게 일어나 호텔에서 아침 식사를 했다. 식사를 한 후, 오전 9시에 부다 언덕을 먼저 가보기로 했다. 부다 언덕은 호텔에서도 가까워 걸어갈 수 있었다. 부다페스트는 차를 이용하는 것보다 대중교통이나 도보로 투어하기로 했다.

나와 엘레나는 왕궁이 있는 부다로 향했다.
"헝가리는 '발명의 나라'라고 할 수 있어요. 비로 형제에 의해 볼펜이 발명되기도 했고, 세계 최초로 파프리카에서 비타민 C를 추출

했어요. 그리고 영어로 코치라고 부르는 중세 마차, 전기 모터, 전기 발전기를 발명했고, 최초의 컬러 TV도 개발했죠. 원자탄 개발의 핵심인 '핵 연쇄 반응'을 밝혀냈고, 컴퓨터의 아버지라 불리는 존 폰 노이만John von Neumann은 컴퓨터 중앙 처리 장치의 내장형 프로그램을 고안했죠. 인구는 1,000만 명인데, 노벨상을 무려 15명이나 받았어요.

이런 이야기를 하고 있는 동안 어부의 요새와 세체니 다리 입구로 나뉘는 곳에 이르렀다.

"부다에 있는 왕궁은 13세기부터 헝가리 왕들이 거주했던 곳이에요. 올라가 보면 알겠지만, 전망이 매우 좋아요."

오전이라 그런지 올라가는 길이 시원하다는 생각이 들었다. 나와 엘레나는 세체니 다리Széchenyi Lánchid에 있는 쿠니 쿨라를 타고 올라갈까 하다가 어부의 요새 앞으로 걸어 올라가기로 했다. 어부의 요새Halászbástya는 매우 독특한 모양을 하고 있었다. 엘레나는 그 모습을 보고 고깔 모양처럼 생겼다며 탄성을 질렀다. 어부의 요새는 강을 사이에 두고 부다에 위치하고 있다. 우리에게 영어로는 다뉴브 강이라고 알려졌고, 독일어로는 도나우 강, 그리고 헝가리어로는 두나 강이다. 이 강은 독일 남부 슈바르츠발트Schwarzwald 지방에서 발원한다.

강 건너편의 페스트 지구를 바라보고 있었다. 계단을 통해 위로 올라갈 수 있었다.

나는 천천히 계단을 올라가면서 어부의 요새에 관해 이야기했다.

"어부의 요새는 생각 보다 오래되지 않았어요. 이곳이 만들어진 것은 19세기 말경이에요. 보시다시피 매우 독특한 모양으로 생겼지요. 건축 양식으로 구분하면 네오 로마네스크와 네오 고딕 양식이 잘 어우러져 있어요. 고깔 모양의 탑이 7개 있는데, 이 탑은 이곳에 정착해 살기 시작한 7개의 부족을 상징해요. 그 당시 어부들은 군인이었어요. 시민군이라고나 할까요? 이들은 적들을 막기 위해 어부의 요새라는 이름을 붙였다고 해요. 그리고 중세 시대 때 생선 시장이 있던 자리라고 해요. 어부의 요새는 1988년에 세계문화유산에 등재됐어요."

어부의 요새

어부의 요새 위로 올라오니 성 삼위일체 광장Szentháromság tér이 있고, 그곳에는 마차시 성당Mátyás templom, 이슈트반 대왕의 동상, 그리고 페스트 기념비가 있었다. 나와 엘레나는 천천히 어부의 요새와 그 주변을 둘러보았다.

"마차시 성당은 헝가리 국왕들의 대관식이 열렸던 곳이에요. 또한 그들의 결혼식이 열렸던 곳이기도 해요. 성모 마리아 성당이라고도 불립니다. 이 성당은 대관식을 했던 장소이니만큼 이들의 역사와도 매우 밀접한 관계가 있어요.

이 성당은 역사적으로 여러 가지 일이 일어나요. 한때 헝가리 왕위를 탐냈던 체코왕 벤첼Vencel을 영접한 곳이기도 하고, 1302년에 이곳에서 부다 시민들이 로마 교황을 부정했다고 해요. 그리고 마차시 왕이 왕으로 선출된 후 이곳에 모여 축하 감사 예배를 올렸고, 그의 두 번의 결혼식이 행해지기도 했어요.

1526년에는 오스만 투르크, 즉 터키와의 전쟁으로 일부 성당이 소실됐지만 바로 복구됐고, 오스만의 수중에 들어간 유럽의 많은 기독교 교회와 마찬가지로 이슬람교 사원으로 사용되지요. 그러다가 1686년 9월 2일 부다 성을 탈환하면서 프란체스코 교단, 그리고 이어 예수회 교단에서 사용하게 됐어요. 그러다 1723년 화재로 성당이 파괴되고, 1873년부터 1896년까지 슐렉 프리제슈Schulek Frigyes에 의해 성당 복원 작업이 이뤄지죠. 현재의 모습은 19세기 말에서 20세기 초에 갖춰지게 됐고요."

나는 엘레나에게 손짓을 했다.

"그리고 저 앞에 서 있는 기마상은 바로 헝가리 건국 시조인 이슈트반^{Szent István király} 대왕이에요. 그는 헝가리 초대 왕이기도 하죠. 그는 바이에른의 하인리히 2세의 딸인 기젤러와 혼인해요. 그리고 이 대왕에 의해 법에 의한 통치와 왕권의 계승을 명문화하면서 국가의 틀을 잡게 되지요. 또한 헝가리의 부족 국가 형태가 붕괴되면서 왕국으로서의 헝가리가 성립되고 아르파드 왕가는 한 국가의 왕가로서 자리 잡게 되요. 이슈트반 대왕의 더 중요한 점은 바로 기독교를 받아들인 것이에요.

마차시 성당

헝가리의 기독교는 유럽의 다른 기독교와는 다른 형태를 가지고 있어요. 그는 헝가리에 기독교를 전파한 공으로 교황 그레고리오 7세Gregorius VII로부터 헝가리 사도 왕이라는 직위를 받게 돼요.

그리고 저기 탑 위에 십자가가 있는 기념비는 페스트 기념비예요. 부다 시민들이 페스트, 즉 흑사병이 휩쓸고 간 1711년부터 1714년을 잊지않기 위해 세운 기념비죠. 바로크 양식의 조각상으로 운글라이히 퓔롭Ungleich Fülöp의 작품이에요. 부조상은 외르게르 안딸Hörger Antal이 제작했어요."

이슈트반 대왕의 기마상

우리는 커피를 마시며 이야기를 이어나가기 위해 기념비 근처에 있는 카페 테라스에 앉았다.

나는 엘레나에게 헝가리 가톨릭은 매우 독특한 특징을 가지고 있다고 말했다. 엘레나는 헝가리 가톨릭이 로마 가톨릭과 무엇이 다른지 물었다.

"헝가리와 로마는 같은 가톨릭이지만 교구가 다르고 다른 기독교 국가와는 다른 파를 형성하는데, 그것은 이슈트반 대왕이 헝가리 왕국을 건국할 때 가톨릭을 받아들이면서 시작되지요. 그들 모두 가톨릭으로 개종하는데, 그들의 전통을 지키면서 가톨릭을 믿는 것이에요.

로마 교회에 속하지 않은 독자적인 추기경을 두고, 그들 스스로의 교구를 만들겠다고 교황에게 요구해요. 즉, 교회의 수장으로 교황을 모시되 추기경과 주교 등의 임명권은 그들 스스로가 가지고 있는 것이죠. 교황을 선출하는 곳에 나갈 수도 있고, 투표권도 가질 수 있어요. 그 당시 로마 교황은 유럽을 전쟁에서 구한다는 명분이 있었고, 이를 통해 권위를 높일 수 있기 때문에 그것을 인정하게 되는 것이지요. 무력을 통해서도 해결하지 못한 것을 해결할 정도였죠.

좀 더 구체적으로 말하면 그들의 전통인 삼태극, 까마귀 등이 헝가리 성당 등에 나타난다는 것이에요. 로마 교황청의 입장에서 보면 이교도를 섬기는 것이라고 볼 수도 있는 거죠."

나와 엘레나는 카페에서 한숨 돌리고 왕궁이 있는 방향으로 향했다.

"사실 부다는 외적의 침입을 방어할 목적으로 만들어진 도시예요. 13세기 몽골 침략이 도시가 만들어지는 근거가 됐고, 평지에서 생활하는 몽골군은 높은 지역의 성채를 탈환하기가 쉽지 않았어요. 이러한 이유로 도시가 만들어진 것이죠."

나와 엘레나는 타르노끄 거리Tárnok Utca를 따라 왕궁이 있는 디스 광장으로 향했다. 거리에는 다채로운 중세 건물이 남아 있었다. 중세 건물 중 바로크와 로코코 양식의 건물은 터키가 이곳을 지배한 이후의 건물이다.

"아르파드Árpád 가문의 대가 끊어진 후 앙주Anjou 가문이 시작되요. 그리고 그 이후 앙주 가문이 시작한 건축 사업을 신성로마제국의 황제이자 보헤미아와 헝가리의 왕인 1지기스문트Sigismund가 계속 이어가는데, 그는 당시 부다 왕궁을 유럽에서 가장 견고한 왕궁 중 하나로 만들어요. 이때부터 부다 왕궁은 진짜로 왕들의 거처가 됐다고 해요.

새로운 왕궁이 생긴 것은 15세기 초인 1424년인데, 이때 성벽과 요새를 좀 더 견고히 만들었고, 그 후 왕위에 오른 마차시 왕은 새로운 건물을 짓기보다 현존하는 기존 건물을 튼튼히 하고 장식하고 발전시키지요. 또한 외부 방어 시설을 좀 더 보강하고요. 마차시 왕이 죽은 후, 1541년 오스만 투르크 족, 즉 터키의 공격을 받아 그 후 150년간 그들의 지배를 받아요. 다시 훗날 기독교 연합군들이 이곳을 탈환했을 때는 건물이 많이 파괴된 상태였어요."

나와 엘레나는 왕궁을 향해 걸었다.

"이들도 아시아에서 온 민족이기 때문에 고추와 마늘을 먹는 모양이네요. 아까 오다 보니 기념품 가게에 빨간 고추가 걸려 있던 데요?"

"네, 맞아요. 저처럼 고추와 마늘을 먹죠."

부다 왕궁Budavári Palota에 도착했다. 부다 왕궁은 부다 언덕의 남쪽에 위치하고 있다. 점점 햇살이 뜨거워지고 있었다.

왕궁 입구에 거대한 청동상이 보였다.

엘레나는 손으로 가리키며 저 큰 독수리 같은 새는 무엇이냐고 물었다.

"저 새는 헝가리 민족의 상징이라고 이야기하는 전설의 새 '투룰Turul'이에요. 마자르 족의 민족 지도자가 꿈에 나타나 독수리에게 공격받는 그들의 말을 구하고 지금의 헝가리 땅으로 인도했다는 전설이 있어요. 이 청동 작품은 천년을 기념해 세운 것으로, 도나드 줄러Gyula Donáth의 작품이에요."

"부다 왕궁에는 헝가리 국립미술관Magyar Nemzeti Galéria, 국립 세체니 도서관Országos Széchényi Könyvtár, 부다페스트 역사 박물관Budapesti Történeti Múzeum 등이 있는데, 현재는 왕궁의 의미보다 박물관으로 사용되고 있죠. 국립미술관은 여러 단체가 수집해 놓은 작품과 유물을 1851년에 인수하면서 시작됐고, 1957년부터 현재의 모습을 띠게 돼요.

국립 세체니 도서관은 1985년 이전에는 헝가리 국립박물관에 속해 있었어요. 이 도서관에는 약 500만 권의 장서가 있어요. 헝가리 최초의 필사본과 마차시 왕이 수집한 장서 등이 보관돼 있어요. 이 도서관은 헝가리 오페라 하우스Magyar Allami Operahaz를 만든 이블 미끌로시Miklós Ybl가 1890년에 시작해 1902년에 건립하지요."

부다 왕궁에서 바라본 두나 강과 페스트의 모습은 어부의 요새에서 바라본 것과 다른 느낌을 주었다. 나와 엘레나는 부다 왕궁을

전설의 새, 투룰 동상

뒤로 하고 나왔다. 내려가서 트램을 타고 갈까, 버스를 타고 갈까 고민하다가 걷기로 했다. 걸어서 부다페스트의 전망을 볼 수 있는 겔레르트 언덕 Gellért Hegy 으로 향했다. 대략 30분 정도 소요됐다. 걸으면서 겔레르트에 관한 이야기를 했다.

"이 언덕은 부다와 페스트, 그리고 두나 강을 한눈에 볼 수 있는 곳이기도 해요. 12세기에 기독교를 전파한 이탈리안 출신의 성 겔레르트가 순교한 장소인데, 그의 이름을 따서 붙여진 이름이죠."

이야기하고 있는 사이 어느덧 겔레르트 언덕에 도착했다. 언덕에 도착하니 단체 관광객이 많이 보였다. 우선 부다와 페스트 그리고 두나 강이 모두 보이는 곳으로 자리를 옮겼다.

"이곳은 중세 시대 때 '마녀들 Boszorkányszombat 의 장소'였다고 해요. 그리고 뒤로 보이는 것은 합스부르크 제국이 헝가리인들을 위협하기 위해 쌓은 성, 시타델라 Citadella 예요. 길이는 200m, 높이는 4~6m, 벽의 두께는 1~3m 정도예요. 1848년부터 2년 동안 헝가리인들의 독립 전쟁이 있었는데, 이를 감시하기 위해 만들었어요. 이곳에서 보면 페스트가 한눈에 보이죠. 합스부르크 가문이 철수한 이후에는 헝가리의 요새로 사용됐어요."

나와 엘레나는 성곽을 한 바퀴 돌기로 했다. 그곳에는 해방 기념비가 있었다.

"이 해방 기념비는 헝가리 조각가 끼스펄루디 슈트로블 지그몬드

Zsigmond Kisfaludi Stróbl의 작품이에요. 1947년도에 만들어진 것으로, 높이는 40m예요. 팔을 위로 뻗어 종려나무를 들고 있는 것은 승리를 뜻하는데, 이는 소련군이 마침내 승리했음을 의미한다고 해요. 그러다가 공산주의가 무너지고 헝가리 사람들은 이것을 철거할 것인지, 말 것인지를 놓고 논쟁했고, 결국 보존하기로 했어요. 아마도 보존을 통해 다시는 과거와 같은 과오를 저지르지 않겠다는 의미가 아닐까 하는 생각을 해요."

성인 겔레르트 동상은 부다 강을 바라보며 서 있었다. 그 자리는 바로 겔레르트가 11세기에 순교했던 장소이기도 하다. 이 동상은 1904년에 세워졌는데, 한 손에는 십자가를 들고 있고, 이 교도였다가 개종한 사람들이 겔레르트의 발밑에 무릎을 꿇고 있었다.

언덕 산책로의 모퉁이를 돌아 아래로 내려왔다. 세체니 다리로 가는 도중 오른쪽으로 흰색의 엘리자베트 다리가 보였다.

엘리자베트에 대해서는 엘레나가 이야기했다.

"우리가 알고 있는 시시SiSi의 본명이 바로 엘리자베트죠. 그녀는 합스부르크 가문의 마지막 황후예요. 흰색의 다리는 부다 강을 가로질러 페스트와 연결돼 있어요. 엘리자베트는 비엔나의 황실 생활에 적응하지 못하고 황실을 떠나 유럽을 여행했는데, 유난히 헝가리를 좋아했고, 헝가리의 독립을 위해 많은 노력을 했어요. 이러한 노력 덕분에 1867년도에 헝가리가 오스트리아와 거의 동등한 자격으로 헝가리-오스트리아 제국이 될 수 있었던 거예요.

이 다리는 1897년 공사가 시작됐는데, 엘리자베트는 그다음 해 스위스 레만 호수에서 이탈리아 무정부주의자에게 칼을 맞고 한 시간 후에 숨을 거두게 돼요. 결국 이 다리는 엘리자베트를 추모하는 다리가 됐지요."

엘레나는 잠시 말을 멈추었다가 엘리자베트의 몸무게가 얼마쯤 될 것 같으냐고 물었다.

"글쎄요?"

"몸무게 45kg, 키는 1m 73cm 정도였다고 해요. 그래서 그녀를 서양의 양귀비라고도 부르지요. 허리둘레가 개미허리라고 할 정도로 가늘었다고 해요."

겔레르트 언덕에서 바라본 풍경

우리는 두나 강을 따라 천천히 걸었다. 얼마 지나지 않아 오전에 올라갔던 어부의 요새와 나뉘는 곳에 있는 세체니 다리에 도착했다. 다리 앞에 커다란 2개의 사자상이 있다는 이유로 이 다리를 '사자다리'라 부르기도 하고, 쇠사슬로 연결돼 있다는 이유로 '쇠사슬 다리'라 부르기도 한다. 세체니 다리는 1839년에 공사를 시작해 10년 동안 이어지는데, 두나 강에 놓인 8개의 다리 중 가장 아름답다고 한다. 부다와 페스트를 이어주는 최초의 다리로도 유명하다.

나와 엘레나는 다리를 건너 페스트로 가기로 했다. 세체니 다리는 영화 《글루미 선데이Gloomy Sunday》에 나왔던 곳이다. 나는 엘레나에게 '글루미 선데이'라는 영화와 음악에 관해 이야기했다.

"부다페스트를 배경으로 한 영화가 있어요. 영어로는 '글루미 선데이', 그리고 헝가리어로는 '소모루 바사르나프Szomoru Vasarnap'라고 해요. 음악은 작곡가이자 피아니스트인 레조 세레스Rezsco Seress가 만들었어요. 부다페스트에서 가장 아름다운 연인 헬렌이 자기 곁을 떠나자 실연의 아픔을 견디지 못해 작곡한 음악이라고 해요.

이듬해 세계적인 지휘자 레이 벤츄라Ray Ventura가 이끄는 오케스트라가 파리 콘서트에서 이 음악을 연주할 때 드러머가 권총으로 자신의 머리를 쏘고, 금관악기 연주자는 자신의 가슴에 칼을 꽂고, 바이올린 연주자는 스스로 목을 매는 사건이 일어나요. 그뿐만 아니라 레코드가 출시된 후 187명이 8주 만에 자살을 하기도 했어요. 작곡가인 레조 세레스도 1968년 자신이 만든 음악을 들으며 고층 아파트에서 투신 자살을 해요. 이 이야기를 바탕으로 만든 영화가 바로 《글루미 선데이》입니다.

이 영화를 만든 사람은 롤프 슈벨Rolf Schubel이라는 다큐작가인데, 그는 이 영화로 장편 영화감독에 데뷔해요. 1942년생으로 독일에서 태어났고 함부르크 대학교Universität Hamburg 사회학과와 튀빙겐 대학교Eberhard Karls Universität에서 문학을 전공했어요. 그는 사회학과 문학을 공부한 사람답게 영화를 통해 색다른 사랑과 2 홀로코스트Holocaust를 전달하죠.

이 영화의 주인공은 레스토랑을 경영하는 '자보', 그의 사랑하는 여인 '일로나', 그리고 그들에게 찾아온 피아니스트 '안드라스'예요. 이 세 명은 매일 같은 공간에서 일을 하게 되지요. 일로나는 자신이 작곡한 글루미 선데이를 연주하는 안드라스를 보고 안드라스에 대한 사랑을 확인하죠. 그날 저녁 또 다른 인물 '한스'가 등장하는데, 한스는 일로나에게 청혼을 하지만 거절을 당하고 두나 강에 몸을 던지는데, 자보가 그를 구해요. 다음 날 안드라스와 밤을 보내고 온 일로나에게 자보는 '당신을 잃느니 반쪽이라도 가지겠어'라는 말을 하지요. 나머지 내용은 영화를 보세요."

이야기를 하는 동안 다리를 거의 다 건넜다. 다리 건너편에는 포시즌 호텔이 있고, 오른쪽으로는 소피텔 호텔이 있다. 부다를 등지고 란지히드를 건너 페스트로 향했다. 미국의 프랭클린 루즈벨트Franklin D. Roosevelt를 기념하기 위해 만든 광장인 루즈벨트 광장은 바로 중심지인

5구역 시티 센터, 즉 벨바로시Belvaros라 불리는 곳이다. 조금 더 내려가면 헝가리의 시인이자 작가의 이름을 따서 만든 버러시미티 광장 Vörösmarty tér을 만나게 되는데, 이곳은 바로 유럽 대륙 최초의 지하철인 ³1번 지하철M1의 시발점이자 최대 번화가인 바치Váci 거리의 시작점이다.

나와 엘레나는 먼저 성 이슈트반 대성당Szent István Bazilika으로 가기로 했다. 그리고 문화의 거리이자 파리의 샹젤리제를 연상시키는 언드

세체니 다리

라시 거리Andrássy út의 끝에 있는 영웅광장으로 가기로 했다. 대성당으로 향하면서 나는 엘레나에게 헝가리 역사에 관해 이야기했다.

"헝가리 건국 역사는 유럽에서 오랜 역사를 가지고 있지요. 게르만의 왕국이었던 메로빙거Merovingian 왕조의 뒤를 이어 카롤링거Carolingian 왕조인 프랑크 왕국Frankenreich이 분할 상속에 의해 분할되지요. 독일과 프랑스의 공동 조상이 되는 샤를마뉴Charlemagne는 독일어로 '카를마뉴Karlmagnus'라고 불리는데, 그의 아들 루트비히 1세Ludwig I가 죽은 후 843년 베르됭Verdun조약에 의해 세 나라로 분열돼요. 이것이 현재의 독일, 프랑스, 그리고 이탈리아의 전신이죠.

53년 후 896년 헝가리가 건국하지요. 그들은 4판노니아 평원Pannonia Plain에 자리 잡아요. 판노니아라는 말은 '축축한 땅'을 의미해요. 슬로바키아, 우크라이나, 루마니아, 세르비아, 크로아티아, 슬로베니아, 오스트리아, 보스니아, 헤르체고비나가 헝가리와 국경을 접하고 있는데, 이 국가들은 판노니아 평원에 자리 잡고 있어요. 물이 많은 나라라서 그런지 헝가리는 온천수가 발달했죠. 약 60% 이상의 땅에서 온천물이 나온다고 해요.

헝가리 국명은 훈 족을 지칭하는 '훈Hun'과 땅을 나타내는 '가리Gary'에서 유래했어요. 이 단어는 '훈 족의 땅'이라는 의미를 지니고 있지요. 하지만 헝가리 학회에서는 896년에 이주해 온 마자르 족이라고 규정짓고 있어요. 그들이 부르는 정식 명칭은 마자르오르사그Magyarorszag인데, 마자르Magyar는 '말갈 족', 오르사니Orszag는 '땅'이라는 의미예요. 즉, '말갈 족의 땅'이라는 의미지요."

"그럼 훈 족과 마자르 족은 같은 혈족인가요?"

"네, 맞아요. 훈 족과 마자르 족은 같은 혈족이라고 해요. 아틸다의 후손인 에메세와 투룰 사이에서의 아이가 마자르 족 7개 부족의 수장인 아르파드Arpad 집안의 조상이 되죠. 에메세의 예견대로 마자르 족을 이끌고 투룰을 따라 헝가리 땅으로 오게 된 것이지요. 따라서 훈 족과 마자르 족은 같은 혈족이라고 할 수 있어요. 마자르 족과 훈 족의 시조는 투룰이고, 오스트리아에 남아 있는 기록에 따르면 초대 왕은 훈 족이었다고 해요."

엘레나는 고개를 끄덕이며 걸었다. 어느덧 이야기를 하다 보니 성 이슈트반 대성당Szent Istvan Bazilika 앞에 도착했다. 대성당 앞의 광장에는 많은 사람들이 오가고 있었고, 한쪽 커피숍 테라스에는 사람들이 음료를 마시며 앉아 있었다.

"이 성당이 부다페스트에서 가장 큰 성당이에요. 내부의 원형 돔 높이는 86m이고, 바깥의 십자가까지는 96m라고 해요. 이 높이는 마자르 족이 자리 잡은 896년을 의미하죠. 원형 돔의 지름은 22m이고, 종탑은 무려 9t에 달해요. 원래 이 성당은 1848년에 기공식을 했지만, 헝가리 독립 전쟁으로 공사를 중단하고 1851년에 재개해 1906년에 완성돼요. 요제프 힐드가 짓기 시작해서 그가 죽은 후 미클로시 이블이 완성했어요. 건축 양식은 전형적인 네오 르네상스 양식이고,

전체적인 구조는 십자가 형태로 돼 있어요. 그리고 두나 강을 바라보고 서 있어요. 이 대성당은 헝가리 초대 왕이자 로마 가톨릭 교회의 성인 성 이슈트반을 기리기 위해 만든 것이에요."

나와 엘레나는 성당 안으로 들어갔다. 성당 안에는 많은 사람이 있었다. 예수님이 계셔야 할 중앙 제단에 성 이슈트반이 있는 것이 조금 낯설었다. 이 성당은 성 이슈트반 왕 서거 900주기인 1938년에 대성당의 지위를 얻게 됐다. 그리고 헝가리 로마 가톨릭의 보물이자 유물인 성 이슈트반의 오른손을 모신 예배당^{Szent Jobb-Kápolna}이 있다.

성당을 둘러보고 나왔다. 엘레나는 좀 쉬면서 시원한 음료를 한잔 마시자고 했다. 성당 밖에 있는 커피숍에 앉아 음료를 마시며 광장을 바라보았다.

나와 엘레나는 헝가리 건국 천년을 기념해 만들었다는 영웅광장에 가기로 했다. 영웅광장에 가기 위해 안드라시 거리를 따라 걸었다. 거리를 따라 걷다 보니 헝가리 국립 오페라 하우스^{Magyar Állami Operaház}가 보였다. 헝가리 국립 오페라 하우스는 1875년부터 짓기 시작해 1884년에 오픈했는데, 오스트리아-헝가리 제국 시절 프란츠 요제프 황제가 자금을 지원해 만들어졌다고 한다. 이것을 설계한 사람은 성 이슈트반 대성당을 완성한 미클로시 이블로, 300년의 역사를 가지고 있다. 나는 엘레나에게 혹시 헝가리 음악가 프란츠 리스트^{Franz Liszt}에 관해 아느냐고 물었다.

성 이슈트반 대성당

"네, 알고 있어요. 헝가리 출신이고 우리가 많이 듣는 피아노 독주회라는 것을 만든 분이죠. 한마디로 피아노의 거장이라고 할 수 있어요.

그는 피아노를 위한 새로운 작곡 기법을 고안해 근대 피아노 연주법에 중대한 기초를 마련했지요. 그리고 그의 사위인 바그너의 작품인 로엔그린, 탄호이저, 괴테, 헝가리 집시 음악에 관한 책을 쓰기도 했어요. 대표적인 작품으로는 12개의 교향시와 2개의 피아노 협주곡이 있고요.

그는 5살에 피아노 레슨을 받은 후 8세 때 작곡을 시작했고 9살 때 피아니스트로서 처음으로 공개 연주회를 가져요. 이로 인해 헝가리 귀족들의 후원으로 6년간 정식 음악 교육을 받지요.

1830년부터 1832년까지 그의 음악에 영향을 미치는 3명의 음악가를 만나게 되는데, 그게 누구인지 아세요?" 엘레나가 물었다.

"1830년에 베를리오즈 Louis Hector Berlioz의 '환상 교향곡'의 초연을 듣고 그에게 악마적 표현법과 관현악법을 배웠고, 그다음 해인 1831년에는 니콜로 파가니니 Niccolò Paganini의 환상적인 바이올린 연주 기법을 피아노로 표현해보리라는 결심을 하게 되지요. 그리고 마지막으로 만난 사람이 바로 프레데리크 프랑수아 쇼팽 Frédéric Francois Chopin이에요. 그에게는 시적인 음악 양식을 영향받게 돼요."

길을 걸으며 안드라시 길에 옥토콘 Oktogon 사거리에서 엘리자베트 거리를 따라 조금 걸어가면 있다는 카페 뉴욕 Cafe NewYork에 대해 이야기했다.

"카페 뉴욕이 어떤 의미가 있나 보죠?"

"카페 뉴욕은 1894년도에 오픈했어요. 이 카페가 유명한 것은 화려함 때문이에요. 르네상스, 바로크 양식에 기초한 실내 장식이 매우 화려해요. 대리석과 청동을 사용해 만들었기 때문에 카페라기보다 왕궁 같은 분위기지요. 그래서인지 세계에서 가장 아름다운 카페라는 찬사를 받아요.

이곳이 유명해진 것은 바로 20세기 초반의 부다페스트 예술인과 지식인 덕분이었어요. 서유럽의 카페 문화, 살롱 문화가 이곳에서 잉태됐다고도 표현할 수 있지요. 이곳은 많은 예술가들과 문인, 지식인들의 토론장이기도 해요. 헝가리 부다페스트 출신의 극작가이자 소설가인 몰나르 페렌츠Molnár Ferenc가 모든 예술가들에게 24시간 이곳을 개방한다면서 자신의 가게 열쇠를 도나우 강에 집어 던진 일화로 유명하죠."

"영화《카사블랑카Casablanca》로 유명한 감독 마이클 커티즈Michael Curitz는 헝가리 부다페스트 출신으로, 이곳에서 예술가 수업을 받고 1912년 국립극장에서 연극 연출 및 배우로 데뷔해요. 하지만 헝가리가 사회주의로 넘어가면서 가장 아름다운 창고가 돼버려요. 그러다 2006년 이탈리아 보스콜로Boscolo 그룹에 의해 다시 재탄생하지요. 그들은 그 당시 화려한 장식을 다시 재현하고 현대적인 디자인을 도입해 예전의 명성을 다시 이어가게 돼요."

이야기하는 동안 목적지에 도착했다. 카페로 들어가는 호텔 입구에는 이탈리아 국기가 휘날리고 있었고, 입구에는 3명의 직원이 서 있었다. 카페 안은 명성대로 화려했다. 차를 한잔 마신 후 원래의 목적지로 향했다. 길의 끝에는 천년의 헝가리 역사를 기념하기 위해 만든 영웅광장이 있었다.

우리가 도착한 영웅광장은 헝가리 역사 속의 위대한 인물을 기리기 위해 국가에서 만든 상징적인 곳이다. 엘레나는 반원형 구조물을 손으로 가리키며 물었다.

"광장 위는 반원형 열주로 돼 있고, 왼쪽, 오른쪽에 각 7명씩 각

영웅광장

14명으로 된 청동 입상이 서 있지요? 이는 두 가지로 나뉘어 서 있는 것이에요. 왼쪽은 전쟁, 노동, 재산을 상징하고, 오른쪽은 평화, 명예, 영광을 상징해요. 14명 중 가장 중요한 영웅은 국부로 추앙받는 성 이슈트반과 5성 라슬로 1세Szent László I예요. 이 중 성 라슬로는 국토를 현재의 크로아티아까지 확장하고 기독교를 보급하지요.

네 번째 입상은 벨라 4세Bela IV예요. 벨라 4세 때는 매우 어려운 시기였어요. 왕권을 강화하려다 실패하고 몽골의 침입을 받아 아드리아 해안까지 도망가는 수모를 겪은 왕이기도 해요. 하지만 이후 제2의 건국을 주도하며, 수도를 부다로 옮기고, 중세 헝가리 왕국을 완성시킨 왕이기도 하지요.

그는 머르기트Margit 섬의 주인공인 머르기트 공주의 아버지예요. 헝가리가 몽골의 침략을 받았을 때 벨라 4세의 왕비는 임신 중이었다고 해요. 신앙심이 깊은 벨라 4세는 전쟁이 무사히 끝난다면 태어날 아기를 하느님께 바치겠다고 기도해요. 전쟁이 무사히 끝나고 머르기트 공주가 태어나자 벨라 4세는 자신이 하나님과의 약속을 지키면 공주가 수도원에 갇혀 살게 될 것이라는 사실 때문에 마음 아파해요. 하지만 머르기트 공주는 이 사실을 알고 망설임 없이 실천에 옮겨요. 벨라 4세는 딸을 위해 도미니크 수도원과 교회를 세워요. 그리고 공주는 교황청에 의해 성녀가 돼요.

다섯 번째 입상인 마티아스Matthias는 헝가리의 왕이자 보헤미아의 왕이고 신성로마제국의 황제였어요. 그는 헝가리의 종교 자유를 보장했어요."

날개 모양으로 줄지어 서 있는 입상은 헝가리 역사를 보여주고 있었다.

"오른쪽에는 왕과 함께 헝가리 독립을 추구했던 인물들이 등장해요. 맨 마지막 네 번째에 있는 라요시 코수트Lajos Kossuth는 민족주의 지도자예요. 그는 오스트리아에서 반란을 주도했던 인물이에요. 하지만 러시아군에 의해 좌절되지요.

하단에는 헝가리 역사의 명장면이 부조돼 있어요. 이슈트반 동상 아래에 걸린 부조는 6교황 실베스테르 2세가 보낸 아스트릭Astrik 주교에게 왕관을 수여받는 장면인데, 이것은 헝가리가 기독교를 받아들임으로써 유럽의 한 부분이 됐다는 것을 보여주는 것이에요.

네 번째 부조는 헝가리가 십자군에 참여하는 장면이고, 열 번째 부조는 오스만 투르크와의 전쟁에서 대승을 거둔 1552년 에게르Eger 전투예요. 그리고 아래 세 번째 부조는 헝가리의 왕관이 비엔나으로부터 들어오면서 헝가리의 주권이 서는 장면, 열네 번째 부조는 오스트리아 헝가리 제국의 프란츠 요제프의 대관식 장면이에요."

엘레나는 열주 기념물 뒤에 있는 시민 공원을 가리켰다.

"이곳은 시민들의 휴식처예요. 겨울에는 호수에서 스케이트도 타고요. 저기 보이는 성채는 바이다훈야드Vajdahunyad 성인데, 마자르의 오스만 투르크 항쟁을 주도했던 후녀디 야노시Hunyadi János가 현재의 루마니아에 있는 성을 복제해 지은 건물이에요. 1904년에 시작해 1908년에 완성한 건물로 로마네스크, 고딕, 르네상스, 바로크 등과 같은 모든 건축 양식이 복합된 건축물이죠."

나는 엘레나에게 택시를 타고 호텔로 가자고 했다. 호텔까지는 얼마 멀지 않았다. 호텔로 돌아와 각자의 방에 들렸다가 식사를 하기로 했다. 호텔 식당에서 에그리 비카베르Egri Bikavér라는 레드 와인 한 병을 시키고 식사 대신 치즈를 주문했다. 오스만 투르크가 침략을 했을 때 먹을 게 없었던 헝가리군은 지하에 있던 레드 와인을 마시고 나가 싸웠는데 옷과 얼굴에 붉은색 와인이 묻은 것을 본 오스만 투르크군은 황소를 잡아먹고 피가 묻은 줄 알았다고 한다. 그래서 붙여진 이름인 에그리 비카베르는 '황소의 피'라는 의미를 지니고 있다. 호텔

코슈트 러요시 광장

식당에서 보이는 국회의사당은 아름다웠다. 나는 엘레나를 바라보면서 국회의사당에 관해 이야기했다.

"저 국회의사당은 영국 국회의사당에 이어 세계에서 두 번째로 큰 규모죠. 뾰족한 365개의 첨탑은 1년 365일을 상징하고 건국 천년을 기념해 세워진 외벽에는 헝가리 역대 통치자 88명의 동상이 세워져 있어요. 그리고 우리나라 김춘수 시인의 '부다페스트에서의 소녀의 죽음'의 배경이 됐던 곳이 바로 국회의사당 앞 코슈트 러요시 광장 Kossuth Lajos tér이에요."

헝가리의 국회의사당

주

1 **지기스문트**(Sigismund, 1387~1437)_ 신성로마제국의 황제이자 크로아티아, 보헤미아의 왕

2 **홀로코스트**(Holocaust)_ 인간이나 동물을 대량으로 태워 죽이거나 대학살하는 행위를 총칭하지만, 고유명사로 쓸 때는 제2차 세계대전 중 나치스 독일에 의해 자행된 유대인의 대학살을 말한다.

3 **1번 지하철**(M1)_ 1896년 개통 정식 이름은 황제의 이름을 따서 프란츠 요제프, 혹은 밀레니엄 언더 그라운드라고 부른다.

4 **판노니아 평원**(Pannonia Plain)_ 서쪽의 알프스 산맥과 동쪽의 카르파티아 산맥 사이에 형성된 땅

5 **성 라슬로**(Szent László, 1040~1095)_ 초기 헝가리 왕국의 왕. 헝가리 왕국의 내적 안정과 경제적 안정을 도모했다.

6 **교황 실베스터 2세**(Sylvester II, 999~1003)_ 교회 세력과 정치 세력의 협업을 찾으려 했던 로마의 교황

TIP 헝가리의 맛 이야기

헝가리 음식은 조미료를 많이 쓰고, 국물 요리를 즐긴다는 점에서 우리나라 음식과 비슷한 점이 많다. 특히, 헝가리의 많은 음식은 파프리카로 맛을 낸다. 파프리카는 우리나라 음식의 고추와 비슷한 역할을 한다. 헝가리 음식에서 파프리카는 중요한 조미료로, 식당마다 소금, 후추와 함께 내놓는다.

굴라시

추운 날씨가 대부분인 헝가리 지역에서 즐겨먹는 소울푸드 굴라시(Gulyás). 헝가리어로는 구야시라고 하며, '소떼'라는 뜻의 구야(Gulya)에서 유래했다. 소고기와 양파, 감자, 당근이 주재료여서 한 끼 식사로 먹기에 든든하며, 빵은 물론 밥과 함께 즐기기 좋은 수프의 일종이다.

유목민이었던 선조 마자르 족의 양치기와 소몰이꾼들이 보그라취(Bogracs)라고 하는 통에 끓여 먹었다고 한다. 현대 헝가리 음식에는 마자르 족의 전통이 거의 남아 있지 않지만, 이 굴라시는 지금도 가정 식단에 2주에 한 번은 오를 만큼 사랑받고 있다.

펄러친터(Palacsinta)

헝가리식 디저트로 일종의 크레페이다. 크레페는 동유럽 국가에서 디저트로 많이 먹는 음식인데, 헝가리의 펄러친터가 원조이다. 얇은 밀전병에 과일, 햄, 치즈 등을 넣고 초콜릿이나 꿀을 넣어 먹는 디저트이다.

슬로바키아 타트라 풍경

SLOVAKIA

중세 유럽의 고혹적인 이미지가 살아 숨쉬는,
슬로바키아

헝가리 20명의 왕의 대관식이 열렸던 슬로바키아의 수도는 브라티슬라바(Bratislava)로, 산악 지대 나라, 원시림이 잘 보존된 9개의 국립공원을 가진 나라, 그리고 보헤미안의 소박함이 있는 나라로 유명하다.

Day 8
세계에서 역사가 가장 짧은 수도, 브라티슬라바

브라티슬라바는 보헤미아의 고요하고 조용한 흔적이 남아 있는 곳이다. 합스부르크의 본궁이 있는 비엔나, 유목민의 흔적이 남아 있는 부다페스트의 향수와 멀어지고 색다른 향수가 있는 곳이다.

호텔에서 목적지인 브라티슬라바까지의 거리는 200km가 조금 넘었다. 잘 발달된 기술 덕분에 이전의 여행지보다 목적지를 보다 쉽게 찾아갈 수 있었다. 시내를 빠져나오는 데는 그리 오래 걸리지 않았다. 헝가리 고속도로를 빠져나와 슬로바키아로 들어가기 전 휴게소에서 슬로바키아 고속도로 티켓을 산 후 자동차에 붙였다. 헝가리와 오스트리아 국경을 지나기 전 슬로바키아 브라티슬라바 이정표를 보고 방향을 바꿨다.

나는 엘레나에게 브라티슬라바를 독일어와 헝가리어로 무엇인지 아느냐고 물었다.

"독일어로는 프레스부르크 Pressburg, 그리고 헝가리어로는 포조니 Pozsony라고 부르죠. 아마도 그들의 지배 역사에서 생겨난 지명이 아닐까 생각돼요."

헝가리에서 출발해 이곳까지 오는 동안 밭과 도로 사이에 펜스를 쳐 놓은 곳에 앉아 있는 매를 네 마리나 보았다. 밀과 옥수수, 그리고 해바라기밭이 보이고 멀리 풍력기가 줄지어 서 있었다. 얼마 지나지 않아 브라티슬라바에 도착했다.

주차를 하고 제일 먼저 간 곳은 해발 150m에 세워진 브라티슬라바 성이었다. 성에서는 신도시와 구도시가 함께 내려다보였다.
"이 성은 해발 150m에 세워졌어요. 처음에 이곳에는 켈트인들이

브라티슬라바 구시가 풍경

정착해 살았지요. 그리고 로마인과 게르만인이 들어와 쟁탈전을 벌였던 곳이기도 해요. 이곳에 처음으로 요새가 만들어진 것은 로마 시대예요. 당시 ¹두나이 강은 로마 민족과 북방 민족의 경계선이었지요. 강이 흐르는 것을 보면 강은 시대를 가로지르는 역사적인 증인 역할을 하고 있는 것 같아요.

9세기에 들어와 슬라브인들이 이곳을 들어오게 되지요. 그리고 이곳에 모라비아Moravia 왕국을 건설해요. 성을 건축하고 이곳 브라티슬라바를 수도로 삼지요. 현재의 성은 10세기에 만들어진 것이예요. 15세기 신성로마제국의 황제인 지기스문트 황제의 명으로 1431년부터 1434년까지 고딕 양식으로 바꾸고, 그 이후 4개의 탑이 더해져

브라티슬라바 성

지금의 모습으로 바뀌게 돼요. 1740년에는 마리아 테레지아가 거처로 삼았던 곳이기도 하고, 11명의 합스부르크 왕의 대관식이 열렸던 곳이기도 해요. 1811년 대화재가 일어나서 1950년에 들어와 복원했고, 현재는 박물관, 콘서트 홀, 행사장으로 사용되고 있어요."

이곳의 랜드마크인 모스트 SNP^Most Slovenskeho Narodneho Povstania 다리와 유에프오^UFO 타워가 있는 유에프오 다리가 파노라마처럼 펼쳐졌다.

엘레나가 고개를 돌리며 나에게 말했다.

"부다페스트 왕궁처럼 야경이 유명한 곳이라고 하던데요?"

"네, 아마 호텔에서 보일 거예요."

"지기스문트 황제라면 신성로마제국의 황제이자 보헤미아와 헝가리의 왕, 그리고 종교 지도자 얀 후스를 화형에 처했던 그 황제를 말하는 건가요?"

나는 고개를 끄덕였다.

"종교개혁에 관한 이야기는 얀 후스 동상이 있는 중앙 광장에서 나누도록 하죠."

나와 엘레나는 성을 내려와 성 마르틴 성당^Dom Sv. Matina 으로 향했다.

성 마르틴 성당에 도착하자 나는 엘레나에게 말했다.

"이 성당은 원래 로마네스크 양식의 성당이 있던 자리에 세워졌어요. 13세기 초에 건축이 시작돼 15세기에 완공하게 되는데, 15세기에 건축된 고딕 양식의 성모 마리아 예배당과 300년이 흐른 후에

성 마르틴 성당

만들어진 요한 세례당 ^Sv. Ján Almužnik^으로 구성돼 있어요."

나와 엘레나는 성당 입구로 들어섰다. 입구 문 위에는 [2]홀리 트리니티^Holy Trinity^를 묘사한 조각이 있었다. 안으로 들어서자 대형 파이프 오르간과 헝가리 제국의 왕관 모조품, 그리고 납골당이 있었다.

"이 성당은 브라티슬라바가 1563년부터 1830년까지 헝가리 왕국의 수도 역할을 했을 때 20명의 헝가리 왕 대관식이 열렸던 곳이에요. 그래서인지 브라티슬라바에서 가장 오래되고 가장 신성한 성당으로 알려져 있어요.

이곳은 베토벤의 작품과 관련이 있고, 그가 1823년에 작곡했던 성악곡 19세기 '장엄미사^Missa Solemnis^'를 초연했지요. 최대 미사곡의 걸작 중 하나라고 알려져 있어요. 원래는 1820년 루돌프 대공의 즉위식에서 연주될 미사곡이었는데, 조금 늦게 완성됐어요."

납골당으로 내려가는 계단은 매우 가팔랐다. 나와 엘레나는 납골당을 둘러봤다.

"이곳의 납골당은 1895년까지 사용돼요. 그리고 이곳에는 슬로바키아의 최초 소설가의 무덤이 있다고 해요. 성직자나 대귀족들만 있는 줄 알았는데 말이죠. 바로 '르네의 모험'이라는 소설을 쓴 요셉 이그나츠 바이자^Jozef Ignác Bajza^라는 소설가예요. 300kg짜리 왕관에 관해서는 첨탑을 보면서 이야기를 나누기로 하죠."

나와 엘레나는 성당을 둘러보고 나왔다. 나는 첨탑을 가리키며 말했다.

"첨탑의 높이는 85m로, 상층부에는 19세기에 설치된 1m 높이의 300kg 무게가 나가는 스테파노St. Stephen의 왕관 모형이 있어요. 아마도 십자가 대신 왕관이 있는 것은 헝가리 가톨릭의 영향이 아닐까 생각해요. 이 첨탑은 15세기에 축성된 것으로 마을을 방어하는 역할을 했어요."

나는 엘레나에게 이전의 왕들이 걸었던 길을 걸어보자고 제안했다.

"이곳에서 대관식이 끝나면 구시가에 있는 막시밀리안 분수, 프란치스코 교회, 그리고 미하엘 탑문을 지나 행렬을 했어요. 우리도 그렇게 한번 걸어보죠. 매년 6월이면 대관 행렬이 연례 축제로 열려 많은 사람들이 귀족과 제후 분장을 하고 나오죠."

우리는 가로수가 있는 길을 따라 걸었다. 걷다 보니 커다란 동상의 뒷모습이 보였다. 그 동상은 슬로바키아의 시인 파볼 오르사그 흐베즈도슬라브Pavol Országh Hviezdoslav였다. 이 광장의 이름도 그의 이름에서 유래한 것이다.

"이 시인은 헝가리어와 체코어 시절 자국어인 슬로바키아어로 문학 활동을 했어요. 그는 민족적이고 민주적인 사상을 고무시켰어요. 대표적인 작품은 '피투성이가 된 소네트'라고 해요."

천천히 동쪽으로 좀 더 올라갔더니 국립극장Národné divadlo이 나타났다. 구시가가 시작되는 곳이기도 하다. 국립극장은 네오 고딕 양식의 건물로 우아한 자태를 뽐내고 있다. 앞에 있는 분수대는 가니메데스Ganymedes, 술 시중을 드는 소년 분수로 유명한 곳으로, 이곳 브라티슬라바 출신의 조각가 빅토르 틸그너Viktor Tilgner의 작품이라고 한다.

나는 엘레나에게 가니메데스를 아느냐고 물었다.

"가니메데스는 그리스 신화에서 트로이의 왕 트로스Tros와 칼리로에Callirrhoë 사이에서 태어난 세 아들 중 한 명이죠. 고대 그리스의 서사 시인 호메로스Homeros는 그의 작품인 '일리아스Ilias'에 가니메데스를 '인간 중에서 가장 잘생긴 미남'이라고 기록했어요."

우리는 구시가 입구에 있는 맥도날드에 들어가 간식을 먹기로 했다. 맥도날드는 사람들로 붐볐다. 구시가로 들어서는 길에는 많은 사람들이 오가고 있었다.

"이 도시는 참 재미있어요. 도시 곳곳을 엿보는 동상 추밀Cumil, 멋쟁이 나치Schone Naci, 나폴레옹Nopoleon과 같은 여러 조형물이 관광객을 끌어모으고 있어요."

아니나 다를까 맨홀에서 몸을 반쯤 내놓고 무언가를 훔쳐보고 있는 '맨 앳 워크Man at work'이라는 조형물에 사람들이 몰려 있었다.

"지나가는 사람을 훔쳐본다는 의미의 '추밀'이라는 조형물이죠. 어찌 보면 팔을 걸치고 쉬고 있는 모습 같기도 하고, 지나가는 사람을 훔쳐보는 것 같기도 하고요. 이곳에는 이런 조형물이 여러 개 있는데, 여행자들은 이것을 찾아보는 것만으로도 재미를 느끼지요."

나와 엘레나는 좀 더 안쪽으로 들어갔다. 중앙 광장 옆 마이어^{Mayer} 카페 앞에는 연미복을 입고 지나가는 사람에게 미소를 짓고 있는 '멋쟁이 나치'가 서 있다.

"이 사람의 이름은 '이그나츠 라마르^{Ignc Lamar}'라고 해요. 그는 젊었을 때 무대 보조, 구두장이, 빵집 도제 등을 하면서 살았는데, 매우 착하고 점잖은 멋쟁이였다고 해요. 그는 사랑하는 사람을 만나 결혼을 하게 됐는데, 결혼식 날 신부가 나타나지 않았다고 해요. 신부를 계속 기다리다가 결국 실성을 하게 되지요. 비록 실성을 하기는 했지만 항상 말끔한 차림으로 지나가는 행인들에게 모자를 들어 인사를 하고, 아름다운 여인에게는 꽃을 주었다고 해요. 이 조형물은 사랑 때문에 실성을 하고 착하게 살다간 그를 기리기 위해 만들어진 것이에요."

중앙 광장 분수대 근처 의자 뒤에는 팔을 기대고 있는 조형물이 있었다. 이름은 '나폴레옹'인데, 이 조형물에 얽힌 이야기도 전해 내려온다.

"나폴레옹이 이곳 브라티슬라바를 공격했을 때 그의 부하 중 한 명인 위베르^{Hubert}가 부상을 당하게 되고, 그를 간호하던 여인과 사랑에 빠지게 됐어요. 그는 이곳에 살면서 프랑스의 샴파뉴 와인을 생산하는 방법을 배워 스파클링 와인을 생산해요. '샴페인'이라는 말

중앙 광장

은 프랑스 샹파뉴 지방에서 특허를 가지고 있기 때문에 샴페인이라는 브랜드를 사용하지 못하고 스파클링 와인이라는 말을 사용해요. 슬로바키아의 유명한 샴페인, 즉 스파클링 와인이 바로 위베르Hubert 예요."

광장은 그리 크지 않았다. 구시청사와 종탑이 보이고 중앙에는 롤란도Roland 분수가 있었다. 나는 중앙에 있는 분수대의 기둥 꼭대기를 가리키면서 엘레나에게 말했다.

"갑옷을 입고 왼손에는 칼을, 오른손에는 방패를 쥐고 있는 동상이 보이지요? 저 동상의 이름은 '롤란도', 프랑스어로는 '롤랑'이라고 하지요. 크로아티아의 두브로브니크에서 본 '두브로브니크의 팔꿈치'라고 불리는 올란도 동상과 같은 사람이에요. 그는 8세기경 현재의 프랑스와 독일의 공동 조상이 되는 샤를 대제를 섬기는 12명의 기사들 중 대장이었지요. 중세 유럽 최대의 서사시 '롤랑의 노래'에 등장하는 비극적인 영웅이기도 하죠. 그 당시 스페인 땅이었던 롱스보 협곡에서 그가 이끌던 2만 명의 군대와 40만 명의 스페인 대군이 결전을 벌여 전사하게 되는데, 그 당시의 전투를 묘사한 게 바로 '롤랑의 노래'예요. 이 분수는 1572년에 화재 진압용으로 활용하기 위해서 세워졌다고 해요."

나는 엘레나에게 롤랑의 노래는 영웅의 이야기답게 유럽 각지에 있다고 말하면서 뒤를 가리키며 이야기했다.

"뒤편으로 보이는 것은 구시청사와 종탑이에요. 구시청사의 종탑에는 나폴레옹 군대가 두나이 강 건너편에서 이곳 구시가로 쏜 포탄이 박혀 있어요. 이 구시청사의 건물 거울의 방에서 나폴레옹이 1805년 12월 26일 프레스버그조약 Treaty of Pressburg에 서명했죠. 이는 러시아, 오스트리아 연합군, 프랑스의 전쟁에서 오스트리아가 발을 뺀다는 조약이에요. 그리고 이 건물 2층에는 16세기 영국에서 만들어진 3태피스트리 Tapestry가 있어요."

중앙 광장은 흘라브네 나메스티에 Hlavne Namestie라고 하는데, 다른 도시의 중앙 광장보다 그리 크지 않았다. 광장의 분수를 중심으로 사람들이 모여 있었다.

나와 엘레나는 구시청사를 향해 걸었다. 시청사는 4개의 건물로 이뤄져 있었고, 안쪽에는 뜰이 있었다.

구시청사Stara Radnice는 이곳 시정의 중심이자 사람이 모이는 곳이었다. 지금도 마찬가지다. 구시청사는 현재 박물관으로 사용되고 있는데, 브라티슬라바에서는 가장 오래된 석조 건물이자 고딕과 바로크 양식이 혼합된 양식이다. 나와 엘레나는 미카엘 문Michalská Brána으로 향했다.

"미카엘 문은 구시가로 가기 위한 5개의 문 중 하나예요. 4개는 사라지고 하나만 남았죠. 원래는 로마네스크 양식의 건물이었는데,

미카엘 문

14세기 고딕 양식, 16세기에 르네상스 양식으로 바뀌었어요. 그리고 1758년에는 바로크 양식의 지붕으로 재건축됐는데, 여기에 용과 미카엘상이 더해지면서 오늘날과 같은 모습이 됐지요. 탑의 높이는 51m이고, 약 7개 층으로 구성돼 있어요. 현재는 무기 전시관으로 사용되고 있고요."

미카엘 문은 그리 멀지 않았다. 그곳으로 가는 길에는 많은 노천카페가 있었다.

문 안으로 들어가니 커다란 금색 원이 그려져 있었고, 그 원에는 여러 도시의 거리명이 적혀 있었다. 이곳에서 서울까지의 거리는 8,138km였다. 미카엘 문을 통과하자 이곳 브라티슬라바에서 가장 오래된 다리가 나왔다. 이 다리는 1727년에 나무와 벽돌로 만들어졌다. 나와 엘레나는 미카엘 문을 돌아 다시 구시가로 가기로 했다. 문을 통과하자 정말 조그만 케밥 집이 나타났다. 이 케밥 집 건물의 폭은 130cm로, 중부 유럽에서는 가장 폭이 좁은 건물이라고 한다.

주변에는 중세의 분위기를 가진 건물이 둘러싸고 있었다. 미카엘 문 근처에 있는 약학 박물관은 이곳에서 가장 오래된 약국을 개조해 만들었다고 한다. 중세에 사용했던 약국 처방전, 역병, 조제 도구 등이 전시돼 있다. 골목은 잘 다듬어지지 않았지만, 왠지 정렬된 느낌이 들었다.

블루교회

나와 엘레나는 프랑스 대사관을 지나 다시 중앙 광장으로 되돌아왔다. 그런 다음, '블루교회'로 발길을 옮겼다. 블루교회는 국립극장으로부터 두 블록 떨어진 곳에 있었다. 우리는 교회의 대각선 방향에서 교회를 바라봤다.

"많은 사람들이 이 교회를 블루교회라고 부르지만, 정식 이름은 '성 엘리자베스 교회'예요. 높이는 36.8m로, 아르누보 건물이죠. 지붕은 푸른색 유약 도자기 타일로 이뤄져 있어요. 옅은 파란색이 매우 독특한 느낌을 주는 건물인 것 같아요."

교회 안의 신도 좌석도 파란색이었다. 재단까지는 빨간색 양탄자가 깔려 있었다.

나와 엘레나는 교회를 나와 주차한 곳으로 향했다. 이곳에서 좀 더 여유로운 시간을 가지고 내일 아침 폴란드의 크라쿠프Kraków로 향하기로 했다.

브라티슬라바의 야경

1 **두나이 강**_ 다뉴브 강, 도나우 강, 두나 강의 슬로바키아 이름
2 **홀리 트리니티**(Holy Trinity)_ 성 삼위일체. 기독교 교리의 핵심적인 개념으로, 성부, 성자, 성령은 삼위로 존재하지만 동일한 본질을 공유하는 한 하나님이라는 교리
3 **태피스트리**(Tapestry)_ 여러 가지 색실로 그림을 짜 넣은 직물. 또는 그런 직물을 제작하는 기술

TIP 자세히 보면 더 아름다운 슬로바키아의 고성 투어

'중부 유럽의 보석'이라고 불리는 슬로바키아에 성이 많다는 사실을 경험하는 것은 어렵지 않다. 수도 브라티슬라바를 떠나 북동쪽으로 차를 몰다 보면 십여 분도 지나지 않아 언덕 위에 우뚝 솟은 성들이 나타나기 시작한다.

이 많은 성들은 누가, 언제 세운 것일까? 헝가리 통치자들은 오스만 제국을 비롯한 외적을 방어하기 위해 슬로바키아 전역에 성을 축조했다. 13세기에는 그 숫자가 150여 개에 이르렀을 정도다. 쓰임새를 잃은 성들은 맥없이 방치돼 현재 슬로바키아에는 120여 개 정도의 성이 불완전한 모습으로 존재한다. 그중 몇 개의 성들만이 관광명소로 개발됐고, 드물게 최고급 호텔이나 레스토랑으로 활용하고 있는 경우도 있다.

보이니체 성

중부 유럽에서 가장 아름다운 성 중 하나로 꼽히는 슬로바키아 보이니체 성(Bojnice Castle). 디즈니월드에 등장할 것 같은 외관의 아담한 성이다. 고딕 양식과 르네상스 건축 양식이 잘 남아 있으며, 첨탑과 녹색과 빨간색의 지붕이 동화 속 성 같은 모습을 하고 있다. 처음에는 목재 성곽이었으나 13세기 이후 석조 건물로 바뀌었다. 마지막 성주의 유언으로 대중을 위한 박물관과 결혼식장으로 이용되고 있다. 그중 천장이 순금으로 장식된 '황금의 방'은 꼭 들러야 한다. 천사 184명의 얼굴이 정교하게 조각돼 있다.

슈피슈스키 흐라드(Spissky hrad)

레보차 남쪽, 해발 614m 바위산 위에 축조된 중부 유럽에서 가장 큰 석조 성. 1780년 세금을 피하기 위한 성주의 고의 화재로 성은 소실됐지만 성터의 흔적은 아직 그대로 남아 있어 1993년 유네스코세계유산에 등재됐다. 성 위에서 내려다보는 풍경도 일품으로 영화의 단골 촬영지이다.

크라쿠프 풍경

POLAND

문학과 예술 그리고 가톨릭의 나라,
폴란드

피아노의 시인 쇼팽의 나라이자 요한 바오로 2세 전 교황의 나라. 영화《쉰들러 리스트》,《피아니스트》의 배경이 됐던 나라이기도 하다.

Day 9
잿빛의 고즈넉한 도시, 크라쿠프

용의 전설로 탄생한 크라쿠프. 바르샤바로 천도를 하기 전까지 558년간 폴란드의 수도였던 곳으로, 신성로마제국 시절 유럽의 문화 중심지였다.

나와 엘레나는 호텔에서 조금 서둘러 떠났다. 도로의 번잡함을 피하기 위해서였다. 브라티슬라바에서 크라쿠프Krakow까지는 5시간 30분 정도 소요된다. 목적지 호텔까지 약 460km 정도였다.

출발한 지 한 시간 반 정도 지나 체코 국경을 넘었다. 이정표를 보고 오스트라바Ostrava 방향으로 달렸다. 휴게소에서 한 번 쉬고 3시간 30분 정도 지나자 폴란드Poland가 나타났다. 그 후로 한 시간 정도 지나자 7번 국도에 들어섰다. 크라쿠프와 현재 수도인 바르샤바Warszawa 이정표가 보였다.

아침에 일찍 출발하느라 식사를 하지 못한 탓에 배가 고팠다. 우리는 체크인을 먼저 한 후에 식사를 하기로 했다. 호텔은 구시가를 알리는 원형 요새 바르바칸Barbakan에서 멀지 않은 곳에 위치하고 있었다. 나는 엘레나에게 바르바칸을 지나 중세 성벽으로 둘러싸여 있는 구시가로 들어가 식사를 하자고 했다.

바르바칸과 플로리안스카^{Floriańska} 문을 지나니 넓은 구시가 중앙시장 광장$^{Rynek Glowny}$이 나타났다. 엘레나와 식사할 수 있는 곳을 찾기 위해 광장을 가로질러 갔다. 많은 사람이 광장 주변의 카페와 레스토랑에서 맥주나 음료를 마시고 있었다. 원형 모양의 광장을 중심으로 골목길이 나 있었다. 골목 안에 있는 한 식당에 들어가 자리를 잡고 앉았다. 나와 엘레나는 전통음식을 먹어보기로 했다.

나는 플라키^{Flaki}라는 소의 내장으로 만든 전통 수프를 주문했고, 엘레나는 고기와 뼈를 삶아 우려낸 닭고기 수프인 로우 즈 쿠르차카$^{Rot\ z\ Kurczaka}$를 주문했다. 그리고 메인 메뉴로 돼지 다리 살을 뼈째 삶거나 구운 요리 골롱카^{Golonka}를 주문했다.

플라키는 한국의 내장탕과 비슷한 맛을 냈고, 로우 즈 쿠르차카는 추운 지방에서 많이 먹는 수프 같았다. 골롱카는 한국의 족발 같은 느낌이 들었다. 우리는 족발에는 그래도 맥주가 있어야 한다며 맥주를 주문했다. 오코침^{Okocim}이라는 맥주인데, 깔끔하면서 진한 맛을 가지고 있었다.

"우리가 먹고 있는 폴란드 전통음식 외에도 양배추를 잘게 썬 후 식초에 절여 소고기, 소시지, 돼지고기 등을 넣어 끓여 만든 비고스^{Bigos}와 한국의 순대와 매우 비슷한 카샨카^{Kaszanka}도 있는데, 돼지의 피나 기름을 넣어 만든 검은 순대로 폴란드식 만두인 피에로기^{Pierogi}와 비슷해요."

이런저런 이야기를 나누면서 식사를 끝내고 다시 중앙시장 광장으로 나왔다. 광장에는 구시청사 탑Wieża Ratuszowa, 성 마리아 성당Bazylika Mariacka 그리고 직물회관Sukiennice이 모여 있었다.

　직물회관으로 걸어가면서 중앙시장 광장에 있는 건물에 관해 이야기했다.

　"이 광장은 현재 유럽에 남아 있는 중세 광장 중에서 가장 크죠. 바로 앞에 보이는 긴 건물은 바로 직물회관이에요. 이 건물은 직물 거래소로 사용됐고, 고딕과 르네상스 양식이 혼재돼 있어요."

중앙시장 광장

나와 엘레나는 직물 거래소 안으로 들어갔다. 높이는 약 100m 정도로 안에는 많은 기념품 가게들이 즐비했고, 2층에는 국립미술관이 있었다. 나와 엘레나는 천천히 1아케이드Arcade를 걸으면서 이야기를 계속했다.

"현재 이 건물은 14세기에 만들어졌어요. 하지만 16세기 중반 큰 화재가 나면서 건물이 소실되고, 19세기에 들어서 현재의 아케이드가 만들어집니다. 그러면서 많은 기념품 가게가 들어오죠. 2층에는 폴란드 화가들의 작품이 전시돼 있어요."

우리는 직물회관을 빠져나와 옆에 있는 구시청사 탑으로 갔다. 이곳은 크라쿠프 전망을 볼 수 있는 곳이다. 엘레나와 나는 각각 8즈워티즈를 내고 구시청사 탑을 올라갔다.

"구시청사 탑의 높이는 70m이고, 지금은 전망을 볼 수 있는 곳으로 바뀌었죠. 탑 아래에는 지하 감옥이 있었는데, 현재는 와인하우스, 카페 등으로 사용하고 있어요."

구시청사 탑에서 바라보는 크라쿠프의 풍경은 아름다웠다. 우리는 한동안 풍경을 바라보다 크라쿠프의 얼굴마담이라고 할 수 있는 성 마리아 성당에 가기로 했다.

중앙시장 광장으로 내려와 천천히 성 마리아 성당으로 향했다. 광장에 있는 성 마리아 성당은 2개의 첨탑을 가지고 있다.

"왼쪽의 높은 탑은 81m, 오른쪽의 낮은 탑은 69m로 서로 다른 기능을 하고 있어요. 높은 탑은 감시 기능을 하고, 5개의 종탑으로 이뤄진 작은 탑에서는 매시간 나팔 소리가 울려 퍼집니다."

"나팔을 부는 이유가 있나요?"

"옛날 몽골 족이 크라쿠프를 침략했을 때, 이 사실을 알리기 위해 나팔수가 나팔을 불다가 몽골 족이 쏜 화살을 맞고 숨을 거두었는데, 그를 애도하기 위해 지금까지도 계속 나팔을 불게 됐다고 해요. 이 첨탑에 관련된 이야기도 전해 내려오는데, 첨탑을 만든 형제 중 동생이 형보다 훌륭한 첨탑을 만들자, 이를 본 형이 동생을 살해하게 되죠. 결국 형도 이 첨탑에서 효수형을 당해요."

나와 엘레나는 성당에 들어가려고 했지만, 행사가 있어 안으로 들어가지 못했다.

나는 엘레나에게 천재 조각가 비트스트보슈^{Witstwosz}가 12년 동안 만든 승천 제단과 아름다운 스테인드글라스, 벽과 천장이 있는데 보지 못해 아쉽다고 이야기했다.

우리는 바벨 성^{Wawel Castle}으로 향했다.

"바벨 성은 폴란드가 형성되면서 첫 번째 왕인 [2]미에스코 1세^{Mieszko I}가 바벨 언덕을 요새로 삼은 데서 유래했다고 해요. 그리고 그의 뒤를 이어 장자인 블레스와프 1세^{Boleslaw I}의 대관식을 포함해 35명의 역대 왕들의 대관식이 거행됐죠.

이곳은 로마네스크, 르네상스, 바로크 양식의 혼합된 건축 양식을 가지고 있어요. 그리고 폴란드가 [3]3국에 의해 분할됐을 때 오스트리아가 이곳을 군인 병원으로 사용했다고 해요. 이후 파괴된 것을 복구하려 했지만, 제2차 세계대전 시 독일군이 바벨 성을 본부로 사용하면서 계획에 실패하죠."

나와 엘레나는 바벨 성 언덕을 올라 티켓 오피스로 향했다. 티켓 오피스는 인포메이션 센터 역할을 하는 곳이다. 이곳 전광판에는 각 전시별로 입장 가능한 인원이 실시간으로 표시되고 있었다. 티켓 오피스 뒤편에는 성당이 있고, 그 옆에 성벽 전시관에는 왕의 개인 아파트, 보물실, 그리고 용의 동굴이 있다. 왕의 개인 아파트는 로컬 가이드가 있어야 볼 수 있고, 보물실은 시간이 맞지 않았다. 당장 볼 수

비스와 강에서 바라본 바벨 성

있는 곳은 용의 동굴뿐이었다.

"우리가 지금 가고 있는 이곳은 16세기 발견 이후 창고와 사창가로 사용됐어요. 무시무시한 용이 살았다는 전설이 있는 곳이기도 하죠. 학자들에 따르면 이 동굴은 2500만 년 전에 형성됐다고 해요. 그런데 16세기에 발견되면서 많은 전설이 생겨난 것이지요."

나와 엘레나는 동굴에 도착해 석회암 기암을 따라 몸을 낮추고 걸었다. 동굴의 길이는 250m가 넘는다고 했다. 나와 엘레나는 '도둑들의 탑'이라고 알려진 오래된 벽돌 우물 안의 135개 계단을 따라 내려갔다. 우물은 1830년대 만들어졌다. 내부로 들어가니 용의 동굴을 이루고 있는 3개의 방 중 하나가 나왔고, 길을 따라가자 두 번째 방과 창고로 사용되던 시기에 만들어진 돔 모양의 천장도 보였다. 그리고 석회암 기암과 흐릿한 조명을 따라가 보니 암석 돌기와 벽돌 굴뚝이 있었다. 밖으로 나오자 바싹 마른 용의 동상이 있었다.

"아주 오래전 이곳에는 나쁜 용이 살고 있었다고 해요. 한 달에 한 번 용에게 여자를 제물로 바쳐야 했는데, 바치지 않을 경우 마을 사람들을 잡아먹었지요. 왕은 고민 끝에 용을 물리치는 사람을 공주와 결혼시키겠다는 공고를 했어요. 여러 사람들이 용을 죽이려 했지만 실패했죠.

그러던 중 신발 도제공인 크라크Krak는 말도, 갑옷도, 칼도 없이 용을 물리치겠다고 나섰지요. 그에게는 용을 물리칠 계획이 있었어요. 그는 죽은 양을 구해 신발을 제작할 때 사용하는 칼로 양의 배를 가른 후 그 안에 유황을 가득 넣고 다시 배를 봉합했어요. 그리고 밤에 용이 사는 동굴로 가서 용이 먹도록 해 놓고 다음 날 아침까지 지켜보았지요. 용이 양을 먹자 양 속에 있는 유황이 용의 뱃속에서 갈증과 불을 일으켰고, 타는 속을 달래기 위해 강물을 마신 용의 배가 풍선처럼 부풀어 올랐지요. 이때 크라크가 나타나 약을 올렸고, 용이 화가 나서 불을 뿜다가 배가 더 커져서 결국 죽게 되지요. 이렇게 크라크는 공주와 결혼을 하게 되고, 왕위도 계승했어요. 이 도시는 그의 이름을 따서 크라쿠프가 됐다는 전설이 있어요."

Day 10
소금 광산 비엘리치카와 아픔의 역사가 있는, 오슈비엥침

유네스코 세계문화유산 1호 비엘리치카 소금 광산을 둘러본 후 우리에게 아우슈비츠로 잘 알려져 있고, 영화 《쉰들러리스트》의 배경이 되기도 했던 오슈비엥침을 보면 전쟁의 참혹상을 그대로 느낄 수 있다.

비엘리치카

나와 엘레나는 호텔에서 체크 아웃하고 난 후 소금 광산인 비엘리치카Wieliczka로 향했다. 비엘리치카는 크라쿠프에서 13km 정도 떨어져 있다. 이곳은 세계에서 가장 오래된 소금 광산이 있는 곳으로, 세계문화유산 1호로 지정된 곳이다. 총 길이는 300km가 넘고, 광산의 범위는 동서 5km, 남북 1km, 그리고 지하의 최대 깊이는 327m다.

지하 110m로 광산 가이드와 함께 64m 나무 계단을 따라 내려갔다. 광산 가이드는 비엘리치카가 개발되기 시작한 것은 13세기부터라고 말했다. 1290년 프세미시우 2세Przemysl에 의해 건설되기 시작했고, 그 후 광부들의 여러 작품들이 더해지면서 현재까지 보존되고 있다고 한다. 그리고 광산 내부 공기에 포함된 마그네슘과 미네랄 때문에 200m 지하에는 천식 환자를 위한 요양소도 있다. 이곳의 평균 기온은 1년 내내 14~16℃ 정도라고 한다.

그리고 이곳에서 생산된 크리스탈 소금은 중세 귀족이 사용했고, 지금도 소금을 만든다고 한다. 물론 이전의 방식을 사용하는 것이 아니라 물을 정제해 만드는 방식을 사용한다. 광산의 소금은 도르래를 이용해 지상으로 끌어올린다.

광산 안 우리가 걷는 통로는 지반을 유지하기 위해 나무가 광산을 받치고 있었다. 나무의 종류는 참나무와 자작나무이고, 이 나무는 소금을 파고 난 빈 공간에 적재해둔다. 바닥은 시멘트였는데, 이것

소금 광산 안 통로

역시 지반을 유지하기 위한 것이라고 한다.

엘레나가 이곳에서 일하는 사람이 몇 명인지 묻자, 약 200명 정도라고 대답했다. 뒤를 이어 내가 어떻게 이곳에 소금 광산이 형성됐냐고 물어보았다.

"이 소금 광산은 침식과 침강 작용에 의해 형성됐지요. 알다시피 유럽 대륙은 아프리카 대륙이 생기면서 바다에 있던 땅이 위로 올라와 생긴 것이에요. 폭탄의 발명으로 이 소금 광산의 생산량이 급격히 늘어났어요."

광산 가이드의 뒤를 따라 도착한 곳은 소금으로 조각한 치마를 입은 니콜라우스 코페르니쿠스Nicolaus Copernicus 동상이었다.

소금 광산의 도르래

문학과 예술 그리고 가톨릭의 나라, 폴란드

"코페르니쿠스는 야기엘론스키 대학^{Uniwersytet Jagielloński} 출신으로, 지동설을 주장했죠. 지동설은 천문학계와 사상계의 혁신을 가져왔습니다. 혹시 '코페르니쿠스적 전환'이라는 말을 들어보셨는지요? 그 시대가 바로 르네상스 시대죠. 이 시대에는 말 그대로 모든 것이 변화했지요. 정치, 경제, 사회, 종교, 문화, 그리고 과학이 매우 큰 변화를 가져오게 되는, 다시 말해 코페르니쿠스적 전환을 이루게 되지요. 사고의 혁명적 전환이 이뤄진 시기이기 때문에 이러한 말이 생겨난 게 아닐까요? 코페르니쿠스의 작품 『천구의 회전에 관하여』는 1616년 로마 교황이 금서로 지정했다고 해요. 그리고 이 조각은 탄생 500주년 기념으로 제작했어요."

나와 엘레나는 광부들의 휴게소를 지나 킹가 공주의 조각상이 있는 곳에 도착했다. 그곳에는 머리에 관을 쓴 여자 공주에게 사내가 무릎을 꿇고 무엇인가를 바치는 모습을 한 조각상이 있었다.

광산 가이드는 킹가 공주가 13세기 헝가리에서 시집을 온 소금 광산의 수호성인이라고 설명했다. 그리고 이 광산에는 2,400개의 공간이 있는데, 20여 개만 관광용으로 개방하고 있다는 말도 덧붙였다.

"킹가 공주는 헝가리 벨라 4세^{Béla IV}의 딸로, 폴란드의 브로츠와프^{Wrocław} 왕과 결혼해 폴란드로 오게 되지요. 그녀는 아버지에게 소금이 나지 않는 폴란드를 위해 헝가리의 소금 광산을 결혼 지참금으로 달라고 부탁해요. 아버지는 헝가리 왕국에 있는 4마라무레슈^{Máramaros} 광산을 결혼 지참금으로 줘요. 그녀는 떠나기 전 소금 광산으로 가서 그녀가 가지고 갈 결혼반지를 소금 웅덩이에 던져요. 그리고 신랑이 있는 폴란드로 떠나지요. 비엘리치카에 다다르자 공주는 행렬을 멈추고 우물 하나를 가리키며 이곳을 파보라고 해요. 그러자 신기하게도 헝가리에서 소금 광산 웅덩이에 던진 공주의 반지가 암염 덩어리에 싸여 나왔다고 해요."

나와 엘레나는 광산 가이드의 뒤를 따랐다. 광산 가이드는 이곳에서 다양한 소금 모양의 형태가 나오고 있고, 광산을 받치고 있는 나무는 소금 때문에 단단해져서 지금까지 보존되어 250년이나 됐다고 설명했다.

우리는 다음 투어 장소로 이동했다. 그곳에는 막대기에 솜 뭉치를 들고 있는 광부가 있었다. 이는 공기 중의 메탄가스를 제거하기 위한 것이라고 한다. 폭발의 위험이 있기 때문에 공기 중의 가스를 정기적으로 제거한 후에 작업을 한다고 한다.

계속 걸어서 이동하는 도중에 성화를 발견했는데, 이는 왕이 기증한 것이라고 했다. 그리고 한쪽에는 광부들이 기도하던 곳과 소금을 실어 나르기 위한 레일도 보였다. 광산 가이드를 따라 아래로 내려가기 전 말이 돌리던 도르래가 있었는데, 무려 3톤 정도까지 돌렸다고 한다.

이곳에는 카지미에르Kazimierz 동상도 있었다. 이 동상은 왕의 서거 600주년을 기념해 광부가 1968년에 만들었다고 했다. 카지미에르 대왕은 소금 광산을 위해 많은 법을 개혁했다.

"대왕은 오래된 관습법과 광산에 관계된 법을 개편하고 소금 캐는 법, 소금에 관한 무역법을 개정했다고 해요. 개정했다고 해요. 그리고 광부에게 이익을 주고 원한다면 세습할 수 있는 우선권을 줬다고 해요. 소금 광산 광부들이 자유롭게 일할 수 있었던 것은 바로 이 때문이에요."

이전의 광부들이 사용했던 수금으로 만든 계단은 1990년에 사용이 금지됐다. 나와 엘레나가 내려가고 있는 이 계단은 제2차 세계대전 후에 관광용으로 만들었다고 한다. 지하 64m에서 광부를 따라 지하 90m로 내려갔다. 내려가는 길에 소금 광산의 광부를 지키는 난쟁이 동상이 있었다. 90m 아래에는 물이 흐르고 있었고 배수로도 있었다. 이 배수로는 물레방아와 연결돼 있으며, 소금물을 위로 올려 정제하는 방법으로 소금을 만든다고 했다. 소금 광산에서는 물이 소금을 녹여 지반을 약하게 하기 때문에 위험한 존재라고 했다. 물레방아와 배수로를 이용해 물을 위로 올리는 작업을 하는 이유는 바로 이 때문이었다. 흐르는 물을 손으로 찍어 맛을 보았는데 무척 짰다.

성녀 킹가의 성당에 도착했다. 처음 도착한 곳은 성당 아래가 내려다보이는 커다란 발코니가 있는 지점이었다. 소금으로 만들어졌다고는 믿기 어려울 만큼 웅장한 모습을 띠고 있었다. 이 성당은 5개의 샹들리에 십자가 모양을 하고 있었다. 19세기 말부터 20세기 초까지 68년간 3명의 광부가 조각을 했다고 한다.

"이곳은 신부님이 미사를 드리는 성당이에요. 콘서트장, 결혼식장으로도 사용되지요. 성당이 만들어진 지는 100년 정도 됐어요. 길이 54m, 높이 10~12m 정도이고, 폭은 17m 정도예요. 이 성당은 약 22,000톤의 소금을 제거한 후에 생긴 공간에 만들어진 것인데, 지상으로부터 101m 깊이에 있어요.

이곳에 성당을 만들 계획을 세운 것은 1895년도예요. 이 성당을 조각하기 시작한 사람은 광부 출신의 요셉과 토마스 마르코브스키 형제예요. 형은 4년이나 걸려 주제단과 성녀 킹가를 조각했고, 동생

킹가 성당

은 1902년 성당 벽면을 돌아다니면서 예수의 일대기를 조각했어요. 1927년 동생이 죽고 잠시 중단됐다가 안톤 비로데크라는 젊은 광부 조각가에 의해 '⁵최후의 만찬'이 조각되지요. 이 소금 광산이 1978년도에 세계문화유산에 등록되는 데 공헌한 사람은 조각가 토마스 마르코브스키의 손자인 이그나시 마르코브스키Ignacy Markowsky라고 해요. 이곳 벽면을 살펴보면 동방박사, 최후의 만찬, 가나의 혼인 잔치, 돌아가신 예수님, 부활하신 예수님 등 성서에 관련된 것들이 벽에 조각돼 있어요."

나와 엘레나는 에라즘 바라체스Erazim Baracza 호수로 발길을 돌렸다. 지하에 있는 여러 호수 중 하나로 길이가 9m라고 한다. 거대한 소금 기둥은 호수의 바닥과 연결돼 있었다. 이 호수는 소금물을 더 이상 녹이지 못하는 과포화 상태라고 했다.

보통 물 1l에 320g의 소금이 녹아 있어 1m²의 물을 증발시키면 320kg의 소금을 얻을 수 있다고 한다. 아직도 지하수에는 많은 소금물이 흐르고 그 지하수를 이곳으로 보내 다시 지상으로 끌어올려 증발시켜 소금을 얻는다고 설명했다.

나와 엘레나가 다음으로 도착한 곳은 드로즈도비체Drozdowice라고 하는 방이었다. 높이는 20m이고, 공간은 12,800m²이다. 통나무 열주가 들보를 지탱하면서 대칭적으로 배열돼 있었다.

이곳에 있는 크리스탈 소금판에는 광부들의 인사인 '신의 영광을'

이라는 글이 새겨져 있었다. 이는 작업을 하는 광부들에게 신의 영광이 있기를 바라는 마음과 광부들에게 경의를 표현하는 마음이 담겨 있다고 한다. 다른 쪽에는 크라쿠프의 야길로니아 대학과의 관계가 기록돼 있었다. 한 가지 재미있는 사실은 이 대학의 설립자인 카지미에르 대왕이 교수들에게 급료로 소금을 줬다는 것이다.

나와 엘레나는 [6]유제프 피우수트스키 Józef Piłsudski의 동상이 있는 방을 지나 보석 지킴이가 있는 방에 도착했다.

"이곳에는 보석을 지키는 요정이 있어요. 이는 소금 광산의 오랜 전설로, 이 요정들은 소금 광산 지하세계의 보석을 지킨답니다. 하얀 수염을 기른 노인의 모습을 한 요정이 안 좋은 일이 생길 것 같은 광부 앞에 나타나 반대편으로 가라는 말을 한다고 해요. 또한 반짝이는 눈으로 광부를 무섭게 노려보면서 가스 폭발이나 동굴의 함몰 등과 같은 위험을 광부에게 미리 알려줘 피하도록 해준다고 해요."

이렇게 이야기하는 동안 우리는 지하 125m에 위치한 휴게소에 도착했다. 이곳에는 기념품을 파는 곳, 식당, 카페가 있었다. 우리는 아래로 좀 더 내려가 복식으로 돼 있는 엘리베이터를 타고 밖으로 나왔다.

오슈비엥침(아우슈비츠)

우리에게는 오슈비엥침보다 아우슈비츠^Auschwitz로 더 잘 알려져 있다. 전쟁의 참혹함을 지니고 있는 곳이라서 그런지 어둡다는 느낌이 들었다.

오슈비엥침 박물관의 주차장 입구에는 학생들이 많았다. 박물관은 오후 3시 이후부터는 자유 입장이다. 나와 엘레나는 회전문을 지나 안으로 들어갔다.

"이곳에는 크고 작은 수용소가 200개나 있지요. 안으로 들어가면 오른쪽에 막사 건물이 있어요. 이곳 제1수용소에는 원래 14개의 건물이 있었는데, 독일군이 들어오면서 28개의 건물로 늘어나요. 이곳에서 사망한 130만 명 중 110만 명이 유대인이라고 해요.

아우슈비츠 수용소는 1940년에 폴란드 정치범들을 수용할 목적으로 만들었어요. 폴란드인 학살 장소로 시작된 거지요. 다음으로 유대인, 폴란드인 집시, 공산주의자, 반나치 활동가, 동성애자, 장애인 등이 들어오고 이 밖에 체코, 슬로바키아, 유고슬라비아 연방, 프랑스, 오스트리아 등 다른 외국인들도 들어왔어요. 이곳이 독일 명칭인 '아우슈비츠'라고 불리게 된 것은 1939년이에요. 이 수용소는 나치 친위대 에스에스 사령부^SS:Schutzstaffel에 의해 설립됐어요.

당시 7 실레시아^Śląsk 지방에 있는 형무소가 수감자로 가득 차고, 폴란드 주민의 대량 체포가 예상되자 경찰국과 협의해 수용소를 설립하게 되지요. 그런데 이곳이 수용소 부지로 결정되는 데는 몇 가지 이유가 있어요. 우선 폴란드 군기지가 있었던 곳이고, 인구 밀집 지역과 떨어져 있어 격리 수용이 용이했으며, 철도의 요충지로 유럽 전역으로의 수송이 편리했기 때문이에요. 1940년 수용소가 설립된 후, 수용소 소장에는 루돌프 호스가 임명됐고, 1940년 6월 나치의 비밀경찰에 의해 이곳으로 첫 수용자들이 오게 되지요. 타르누프Tarnów라는 폴란드의 도시에서 정치범이라는 죄목으로 728명의 폴란드인이 호송돼 왔어요."

나는 출입구에 쓰여 있는 글을 손으로 가리켰다. 내가 가리킨 곳에는 '일하면 자유롭게 된다ARBEIT MACHT FREI.'라고 적혀 있었다.
엘레나가 말했다.
"어떻게 이런 상황 속에서 저런 말을 쓸 수 있을까요?"
"죽어야만 자유로워진다는 의미겠지요."

출입구를 지나 안으로 들어갔다. 가이드는 오른쪽은 취사장 건물이고, 왼쪽은 막사 건물이라고 설명했다.
"이 문을 통해 강제 노동에 투입된 사람은 하루 12시간 동안 일을 해야만 했어요. 나가고 들어올 때는 몇천 명이나 되는 수감자들의 행진을 통제하기 위해 취사장 옆 조그만 광장에서 수용소 오케스트라가 행진곡을 연주했지요."

수용소의 철조망

오슈비엥침 이정표

　나와 엘레나는 개방돼 있는 박물관 건물 중 4~7번 건물을 둘러보기로 했다. 넓은 길을 따라 건물 안으로 들어갔다. 4번 건물은 1942년 유대인이 끌려오면서 3층으로 증축했다. 안으로 들어가니 벽에 지도가 걸려 있었다.

　"이곳은 유대인이 많이 거주했던 곳이에요. 중부 유럽의 연계점으로 철도가 발달한 곳이기도 하죠. 자원이 풍부해 군수품이 생산되기도 했어요. 게다가 독일군이 학살을 은폐할 수 있는 외진 곳이기도 해요. 아까도 이야기했지만, 이곳에서만 130만 명이 학살됐는데, 그중 110만 명이 유대인이라고 해요. 독일은 1939년 폴란드를 점령하고 1,000여 개의 수용소를 건설해 약 600만 명을 학살했다고 해요.

일하면 자유롭게 된다는 수용소 입구의 문구

처음에 이곳은 폴란드 정치인과 유대인을 수용하다 점차 유대인이 아닌 사람들도 수용하죠."

건물 안으로 더 들어가자 폴란드인, 유대인, 러시아 포로, 성직자, 집시들의 사진이 걸려 있었다.

"유대인의 별 표시는 1942년부터 의무였다고 해요. 그리고 그들은 선택받은 민족이라고 생각하고 모계성을 띠고 있어요. 말하자면 엄마가 유대인이어야 한다는 것이죠."

박물관에는 요제프 멩겔레Josef Mengele의 만행에 관련된 사진이 걸려 있었다. 나는 엘레나에게 요제프 멩겔레의 쌍둥이 실험에 관해 아느냐고 물었다.

"그는 독일 친위대 장교이자 아우슈비츠 나치 강제 수용소의 내과 의사였죠. 그는 수용소로 실려 온 수감자 중 누구를 죽이고 누구를 강제노역에 동원할지를 결정했어요. 수감자들을 대상으로 생체실험을 했던 것으로 악명이 높죠. 그중 쌍둥이에 관심이 많았던 그는 쌍둥이 1,500쌍을 실험하지요. 이 중에서 100쌍만 살아남았다고 해요. 하루에 14쌍의 쌍둥이를 살해하기도 했어요.

전기 충격 실험, 불임 실험, 고압과 저압 실험, 쌍둥이 유전자 실험, 동맥과 정맥을 묶는 실험 등 온갖 만행을 저질렀지요.

그의 만행을 견디다 못한 소년 300명이 탈출을 시도하다가 붙잡힌 사건이 있었는데, 이들을 모두 잡아다 웅덩이에 넣고 산 채로 불에 태워 죽이는가 하면, 750명이 수용된 여자 수용소에 벼룩이 생기자 벼룩을 없앤다는 이유를 들어 수감자 전원을 가스실로 보내는 등 잔인한 행동을 서슴지 않았다고 해요."

우리는 2층으로 올라갔다. 2층에는 가스실로 들어가는 여자들의 모습이 흐릿한 사진 속에 담겨 있었다. 영국의 타임지 실렸던 이 사진이 흐릿한 이유는 촬영 당시 위험을 무릅쓰고 촬영했기 때문이다. 가스로 6,000명을 죽이는 데 20분밖에 걸리지 않았다고 하니 그들의 잔혹성이 얼마나 극에 달했는지 짐작이 갔다.

나와 엘레나는 치클론 베Zyklon B가 쌓여 있는 곳을 지났다. 치클론 베의 깡통을 보자 가슴이 먹먹해졌다.

"치클론 베는 원래 8프란츠 하버Friz Haber라는 1918년 노벨 화학상을 수상했던 독일의 화학자가 만든 것이에요. 비료와 폭발물의 주원료인 암모니아 합성법을 개발한 사람이죠. 그는 제1차 세계대전 중 클로린Chlorine을 비롯한 여러 독가스를 개발해 '화학 무기의 아버지'라고 불렸어요. 그는 유대인이었기 때문에 독일에서 추방되고 미국 시민권을 얻었지만, 다시 독일로 후송됐어요. 그의 친척들은 집단 수용소에서 사망하는데, 그 이유는 바로 그가 만든 치클론 베 때문이라고 해요. 그는 스위스 바젤에서 생을 마감해요.

나치는 치클론 베에 의해 사망한 사람이 많아지자 시체를 쌓아 놓

홀로코스트를 상징하는 폴란드 우표

고 기름을 부어 태우고, 사람의 재를 공중에 날려 버리거나 강에 뿌렸어요. 그리고 사람의 머리카락으로 원단과 카페트를 제작하기도 했죠. 러시아가 이곳을 해방시켰을 때 창고에서 발견된 머리카락만 7.7톤이었다고 해요. 그들의 만행이 어떠했는지 짐작할 수 있는 대목이지요."

나와 엘레나는 밖으로 나와 5번이라고 쓰인 건물 안으로 들어갔다. 5번 건물에는 빼앗은 물건이 전시돼 있었다. 1층 방에는 유대인들이 기도를 할 때 걸치던 숄, 안경, 목발, 쇠그릇 등이 전시돼 있었다. 이 중 철로 된 것들은 녹여 군수품으로 사용했다고 한다.

1층 창문 사이로 햇살이 비치고 있었다. 지금은 이렇게 평화로운 곳인데, 그 당시에는 지옥이었으리라 생각하니 가슴이 답답했다. 1층의 마지막 방에는 구둣솔, 칫솔 등 각종 솔이 전시돼 있었다. 그 위층에는 가죽으로 된 가방과 바구니 등이 전시돼 있었다. 신발 중에 빨간색 신발이 눈에 띄었다. 그 당시 젊은 아가씨가 멋을 낼 때 신었을 것 같은 신발에 슬픔이 묻어 있는 것 같았다.

6번 건물은 수용소 생활을 보여주고 있었다. 건물 안에는 그들의 생활을 보여주는 그림이 걸려 있었다. 그중 처음 수용소에 끌려오는 사람들의 모습과 죄수복을 입고 있는 카포Capo의 모습이 담긴 그림이 눈에 띄었다. 카포는 수용자 중에서 독일 나치가 임용한 반장 역할을 하는 사람으로, 악질적이고 무서운 사람들이었다고 한다. 한쪽 벽면에 삼각형 패치가 있었다. 엘레나는 이 패치가 무엇을 의미하는지 궁금해했다.

"이곳은 유대인만 수용했던 곳이 아니라 나치로부터 미개인종이라고 분류된 30여 개국의 인종이 수용돼 있었어요. 예를 들면 독일인을 비롯한 반나치주의자, 장애인, 혼혈아, 동성애자, 여호와의 증인, [9]아나키스트, 공산주의자, 그리고 특별 감시가 필요한 자 등이지요. 이들을 구별하기 위해 죄수복에 삼각형 패치를 표시했어요."

다음 방으로 걸음을 옮겼다. 이곳에는 카포의 횡포가 그려져 있었다. 그 다음 방에는 어린 수용자들의 모습들이 걸려 있었다. 한쪽 벽에는 발가벗겨진 집시 아이들의 모습, 정면에는 철조망에 매달린 아

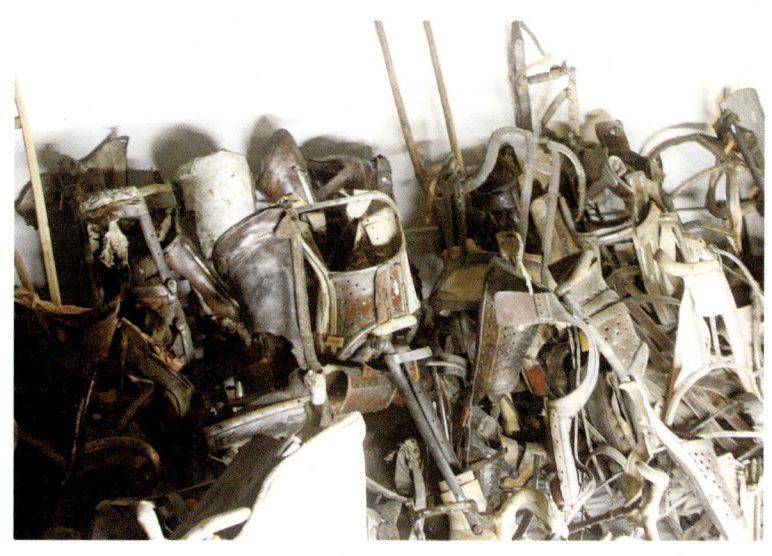

수용소 장애인의 의족

이들이 그려져 있었다. 그중 몇 명은 나이가 들어 보였는데, 아마 생체 실험을 하다가 생긴 부작용이 아닐까 싶었다. 엘레나는 더 이상 보기가 힘들었는지 밖으로 나가자고 했다.

조금 휴식을 취하고 우리는 7번 건물을 둘러보기로 했다. 7번 건물에 있는 방 입구에는 수용된 사람들을 묘사한 청동상이 있었다. 그리고 좀 더 구체적인 카포의 흔적이 남아 있었다. 카포는 이곳에서 일반 재소자를 감독하는 유대인 감독관으로 악질적인 죄수였다. 같은 유대인 동포 위에 군림하며 좋은 특별한 대우를 받은 나치 명령에 충실한 개였다. 나와 엘레나는 유대인들이 도착해서 처음으로 묵었던 방을 둘러보았다. 방은 가축우리보다 못했다. 수용자들의 화장실을 보면 그들의 개인적인 프라이버시는 전혀 지켜지지 않았다는 것을 쉽게 알 수 있었다. 반면 카포의 방은 다른 수용자들의 방과 달랐다.

엘레나가 스트레스를 받는지 속이 울렁거린다고 했다. 나는 이것이 [10]스탕달 신드롬과 반대되는 현상이라고 생각했다. 밖으로 나와 입구에 좀 걸터앉아 있다가 취사장 앞 교수대를 지나 가스실 방향으로 이동했다. 고압 저류가 흐르는 이중 철조망, 감시 초소 등을 지나니 1인 교수대가 나타났다. 이곳은 아우슈비츠 책임자를 처벌했던 곳이다. 책임자 1명씩을 처벌한 곳이라 1인 교수대라 불렀다.

그리고 그 옆에는 연회실이 있었다. '바로 옆 가스실과 화장장에서

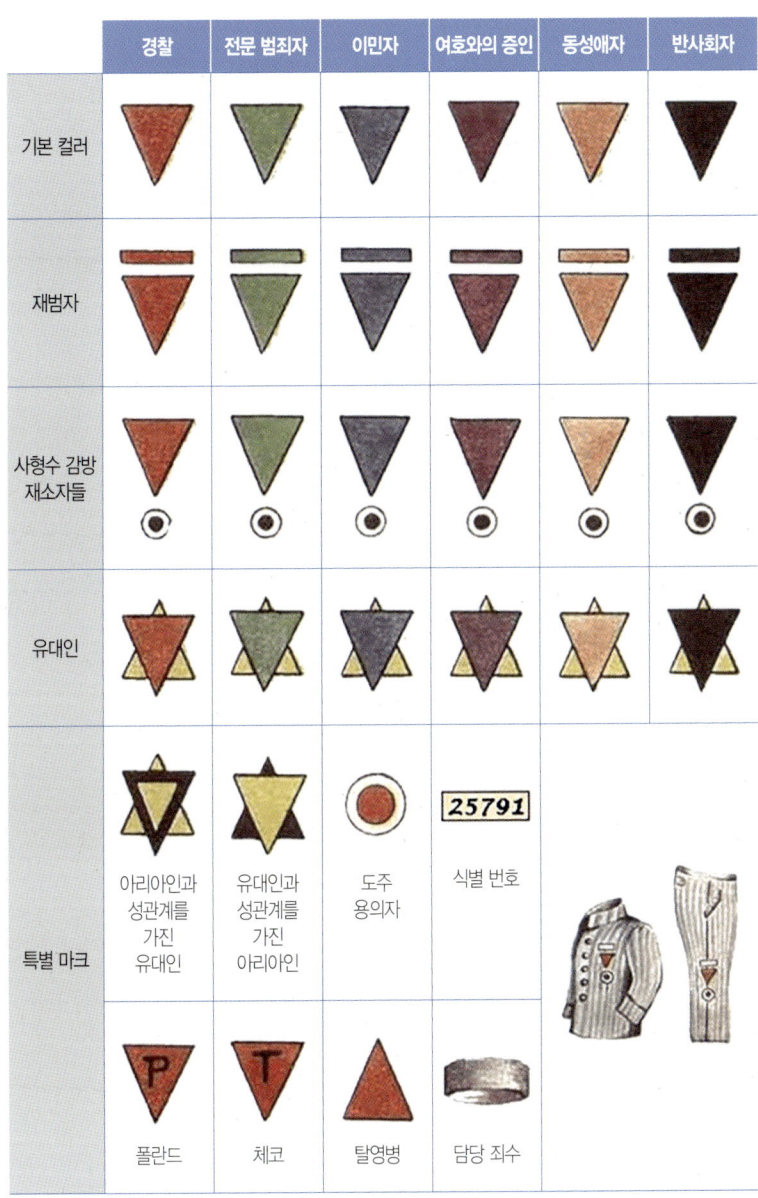

식별을 위한 삼각형 패치

DAY 10_소금 광산 비엘리치카와 아픔의 역사가 있는, 오슈비엥침 | 211

참혹한 만행을 저지르고 그 옆에서 연회를 즐기는 이들이 과연 사람일까?' 하는 생각이 들었다. 우리는 가스실로 들어갔다. 좁은 공간에 수많은 사람을 집어넣고 독가스로 질식시켜 살해한 곳이다.

"저것은 가스 주입 구멍이에요. 가스 주입을 쉽게 하기 위해 천장에 만들었죠. 소리가 들리니 가스실 주변에 흙을 쌓아 소리가 새어 나오지 않게 했다고 해요. 지옥이 따로 없었죠."

비극의 현장은 어둡고 검게 그을려 있었다. 나와 엘레나는 바로 옆의 소각로를 둘러본 후 밖으로 나왔다. 입구 쪽을 바라보았다. 입구로 향해 길게 바로 뻗은 길이 왠지 모르게 다르게 보였다. 주차장이 있는 곳으로 걸어 나왔다.

바르바칸

주

1 **아케이드(Arcade)_** 열주(줄지어 늘어선 기둥)에 의해 지탱되는 아치형 등의 건축구조를 통해 우천 등의 기후로부터 보행자를 보호할 수 있는 개방된 통로 공간

2 **미에스코 1세(Mieszko I, 960~992)_** 국가 행정 조직의 확대와 효과적인 운영을 통해 국가 권력 기반을 다진 폴란드 왕

3 **3국_** 독일, 러시아, 오스트리아

4 **마라무레슈(Máramaros)_** 루마니아 북부와 우크라이나 서부에 걸쳐 있는 지역

5 **최후의 만찬_** 이탈리아 화가인 레오나르도 다 빈치(Leonardo da Vinci 1452~1519)의 작품으로 1495~1497년에 걸쳐 완성한 그림

6 **유제프 피우수트스키(Józef Piłsudski, 1867~1935)_** 폴란드의 급진적 민족주의자

7 **실레시아(Śląsk)_** 폴란드의 남서부 지방

8 **프란츠 하버(Friz Haber)_** 독일의 화학자로, 1918년 노벨 화학상을 수상한 유대인

9 **아나키스트(Anarchist)_** 무정부주의자

10 **스탕달 신드롬(Stendhal Syndrome)_** 뛰어난 미술품이나 예술 작품을 보았을 때 순간적으로 느끼는 각종 정신적 충동이나 분열 현상

TIP 폴란드 여행을 풍성하게 해줄 추천 영화

우리나라가 일본과 중국 사이에서 외세들의 침략에 싸우며 역사의 많은 시간을 보낸 것처럼 폴란드도 독일, 소련 등 주변국으로부터 끊임없이 침입을 당해야만 했다. 폴란드가 완전한 자유를 얻게 된 건 1945년으로, 우리와 같다.
다음 두 편의 영화는 폴란드 여행을 훨씬 더 의미 깊게 만들어줄 것이다.

쉰들러리스트(1994)

제2차 세계대전 중 폴란드의 문화 수도인 크라쿠프를 배경으로 스티븐 스필버그 감독이 만든 영화이다. 나치 당원이자 기회주의자였던 오스카 쉰들러(리암 니슨 역)가 유태인을 이용해 수많은 돈을 벌지만 스턴(벤 킹슬리)이 쉰들러의 이기주의와 양심을 흔들고 현실을 직시하게 만들어, 쉰들러가 운영하는 폴란드 공장에 유대인 1,100여명을 취직시켜 아우슈비츠로부터 구해내는 실화를 바탕으로 만들었다.

피아니스트(2003)

제2차 세계대전의 시작이 된 폴란드 바르샤바를 배경으로 한 영화이다. 폴란드를 침공한 독일이 게토라는 이주 제한 지역을 만들어 유태인들을 몰아넣으면서 일어나는 일에 대해 그곳에서 살아남은 실재 인물인 피아니스트 블라디슬로프 스필만의 회고록을 바탕으로 제작된 영화이다. 극중 스필만은 기차에서 가족들을 뒤로 한 채 혼자 목숨을 구하고 폐허가 된 마을에서 고독과 공포와 맞선다. 은신 생활 중 독일 장교에게 발각돼 생존의 기로에 선 그의 목숨을 내놓은 최후의 연주는 전쟁의 암담함과 극명한 대비를 이루면서 묘한 느낌을 선사한다.

이 영화는 폴란드 유명 감독인 로만 폴란스키의 작품으로, 전쟁 중 폴란드 유태인의 처절하고 힘든 삶을 현실적으로 보여주어 전쟁의 참상과 잔혹함이 고스란히 느껴진다.

체코 풍경

CZECH
수채화 같은 이미지를 간직한,
체코

체코는 천년의 역사, 수채화 같은 스토리가 있는 도시로, 프라하의 봄과 벨벳 혁명과 보헤미아 땅에 종교개혁이 일어난 나라다.

Day 11
백탑의 도시, 얀 후스의 도시, 그리고 카프카의 도시, 프라하

프라하는 동유럽에서 비엔나 다음으로 매력이 있는 곳으로, 종교개혁가 얀 후스, 프라하의 봄, 그리고 벨벳 혁명, 카프카의 문학 등이 떠오르는 곳이다. 프라하에서는 많은 역사의 변화와 아름다움을 느낄 수 있다.

프라하 풍경

오베츠니 둠과 구시가 광장

나와 엘레나는 아침 일찍 프라하Praha에 가기로 했다. 프라하로 향하는 길에 체코의 다른 도시를 둘러보는 것이 좋을지, 프라하에서 3박을 하면서 주변 도시를 둘러보는 것이 좋을지 고민했다. 고민 끝에 프라하에 먼저 가기로 했다.

프라하로 가려면 브르노Brno를 거쳐야만 했다. 브르노에서 프라하까지는 대략 540km 정도이고, 시간상으로는 5시간 40분 정도 소요

되는 일정이었다.

아침 날씨는 화창했다. 화창한 날은 사람을 기분 좋게 한다. 나와 엘레나는 오전 7시 30분에 출발했다.

엘레나는 여느 때와 같이 커피 두 잔을 가지고 차에 올랐다. 라디오를 틀었더니 보니엠Boney M의 '원 웨이 티켓One Way Ticket'이 흘러나왔다. D1 도로를 따라가기로 했다. 출발한 지 1시간 40분 정도 지나자 체코 국경이 나타났고, 3시간 10분 정도 지나자 체코 제2의 도시인 브르노가 나타났다. 나는 엘레나에게 잠시 쉬어 가자고 했다. 휴게소에 들어가 따뜻한 커피가 포함된 세트 메뉴를 주문했다. 무슨 여행이든 한 잔의 커피는 여행자에게 안식을 준다.

엘레나는 오래전 프라하를 다녀온 경험이 있다고 하면서 프라하 성, [1]프란츠 카프카Franz Kafka 박물관, 카를교, 그리고 종교개혁가 얀 후스 등이 기억난다고 했다.

차는 다시 고속도로 위를 달렸다. 프라하의 이정표가 계속 보이더니 곧바로 카를로 비바리Karlovy Vary, 플젠Plzeň의 이정표가 나타났다. 나와 엘레나는 우선 호텔 체크인을 먼저 하기로 했다. 호텔은 오베츠니 둠Obecní dům, 프라하 시민회관 근처에 있었다.

호텔은 걸어서 구시가까지 10분이면 갈 수 있는 거리에 있었다. 체크인을 한 후 곧바로 밖으로 나왔다. 걸어가는 길에 엘레나는 체코는 지리적으로 어떻게 돼 있냐고 물었다.

"체코 지도를 보면 왼편은 보헤미아Bohemia 지방이고, 오른쪽이 모라비아Moravia, 그리고 동북 쪽은 실레시아로 구성돼 있어요."

우리가 처음 도착한 곳은 시민회관이라 불리는 오베츠니 둠이었다. 그 옆에는 화약 탑Prašná brána이 있었고, 왼편에는 체코 중앙은행과 히베르니아Hybernia 극장이 있었다.

"우선 시민회관과 화약 탑은 프라하 여행의 시작점이라고도 할 수 있어요. 이곳 주위를 '공화국 광장'이라 부르죠. 쇼핑몰이 많이 밀집해 있는 곳이기도 해요. 약 700년 전에는 이곳이 성벽으로 둘러싸여 있었어요. 카를 4세Karel IV가 만들어 놓은 프라하는 바츨라프 4세Václav IV가 성벽을 만들면서 발달하기 시작하죠. 이후 많은 무역상들이 이곳에 모여 물건을 팔게 되면서 무역 도시로 탈바꿈해요. 그리고 왕의 정원이라 불리는 성이 성벽에 붙어 축조됐어요. 왕궁과 성벽이 같이 붙어 있었다고 생각하면 돼요."

"이곳 보헤미아의 순수 혈통은 바로 프르셰미슬 왕가Dynastie Přemyslovců예요. 이 왕가는 보헤미아 왕국을 최초로 다스렸어요. 하지만 이 왕조의 혈통은 바츨라프 4세의 동생인 지기스문트로 끝이 납니다. 그때가 15세기경이에요. 16세기에 이르러 동유럽을 이야기할 때 빼놓을 수 없는 합스부르크 가문이 등장해요."

"프라하에 합스부르크 가문의 등장이 가지는 의미는 무엇인가요?"

"왕조가 바뀌면서 왕가의 도시라는 지위를 잃게 되고, 시간이 흐르면서 합스부르크의 지배를 계속 받아요. 그러면서 왕의 정원이라고 불리던 왕궁은 백 년 이상 방치돼 합스부르크의 군사 병영, 예배당, 대학 등으로 쓰이는 치욕을 겪게 되지요. 19세기 초 민족주의 바람이 불면서 지식인들에 의해 역사가 정비되요. 그때 우리에게 많이 알려진 음악가인 [2]베드르지흐 스메타나Bedřich Smetana와 [3]안토닌 드보르자크František Dvořák 등이 등장하고, 그들의 민족정신을 고양하는 음악이 발표돼죠.

당시 민족정신을 고취시키기 위해 만들어진 건물이 시민회관이에요. 디자인 공모전을 통해 3명이 당선됐지요. 체코인에게는 의미가 있는 곳이기도 하죠. 당시 이 거리에서는 독일인들의 문화 활동이 이뤄졌어요."

"이 건물은 1905년에 짓기 시작해서 1911년에 현재의 모습으로 완공됐고, 1912년에 오픈해요. 이 건물 중에서 가장 중요한 곳은 체코 음악 축제 때 개막식과 폐막식이 열리는 약 1,200석의 규모의 공연장인 스메타나 홀이에요. 그리고 내부에는 100년이 넘은 오베츠니 둠 카페가 있어요.

이곳 발코니에서 1918년 체코슬로바키아의 독립이 선포되기도 했죠. 시민회관은 흔히 아르누보Art Nouveau의 진수라고 이야기해요. 중앙 발코니를 포함한 주변 발코니에는 나무넝쿨, 고사리줄기, 당초 문양이 그려져 있는데, 이는 아르누보의 자연 표현 양식이라고 볼 수 있어요. 그리고 발코니 뒤에 있는 모자이크의 이름은 '프라하의 신격화'라고 하는데, 이는 나라의 부활과 동시에 나라의 수치를 표현한다고 해요. 고개를 숙이고 있는 모습은 수치를 뜻하고, 독수리를 팔에 앉힌 모습은 나라의 부활을 뜻하지요."

오베츠니 둠(시민회관)

엘레나는 한동안 시민회관을 바라보더니 나에게 말했다.
"시민회관은 그들의 역사를 하나로 표현한 곳 같아요."

시민회관 왼편에 자리 잡고 있는 화약 탑은 시민회관 2층과 아치형 통로로 연결돼 있었다.

엘레나가 물었다.

"화약 탑은 원래부터 화약과 관련된 용도의 건물로 만들어졌나요?"

"원래 화약 탑은 앞쪽에 자리 잡은 체코 중앙은행, 시민회관, 구시가지를 연결하는 성벽이었어요. 성벽에는 약 13개의 첨탑이 있었는데, 그중 하나가 바로 화약 탑이에요. 13개의 탑은 세월이 흐르고

도시가 변함에 따라 사라지고 3개의 탑만 남았는데, 그중 하나가 화약 탑이죠. 현재의 시민회관이 있는 곳은 14세기에 왕궁이 있던 자리이고, 그 옆에 있는 것이 화약 탑인데, 위치로만 보더라도 얼마나 중요한지 짐작할 수 있어요.

화약 탑은 13세기에 세워진 것으로, 시민회관이 있던 자리가 왕궁이었는데 15세기 왕궁이 프라하 성으로 옮겨지면서 용도나 의미가 약화되지요. 그리고 합스부르크가 지배하면서 시민회관에는 신학교가 세워졌고, 18세기에 와서 화약을 보관하면서 화약 탑이라고 불리게 됐어요.

이곳은 대관식을 위한 왕의 행렬이 시작되는 곳이라는 데 중요한 의미가 있어요. 구시가 광장을 거쳐 카를교를 지나 프라하 성으로 연결되지요. 화약 탑은 중간에 철거될 위기에 처하기도 했지만, 19세기 초반에 네오 고딕 양식으로 재건축돼 현재의 모습을 띠게 됐어요."

"시민회관과 맞닿아 연결돼 있는 아치의 오른쪽 벽면에 있는 조각상은 누구죠? 성인이나 왕인가요?"

"저 조각상은 시민회관 자리에 있던 왕궁과 화약 탑을 연결해 다시 설계한 마테이 레이세크 Matěj Rejsek라는 건축가예요. 그리고 아래에 있는 동판은 그 당시 체코슬로바키아 독립 10주년인 1928년에 만들어진 동판이고요."

나는 화약 탑과 시민회관 건너편에 있는 체코 중앙은행과 히베르니 극장을 손으로 가리키면서 말했다.

화약 탑

DAY 11_백탑의 도시, 얀 후스의 도시, 그리고 카프카의 도시, 프라하

"체코 중앙은행은 체코의 통화를 생산, 관리하는 곳이에요. 1945년 세계대전이 종식돼 독립을 맞이하지만, 1948년 공산당 독재가 들어서지요. 그리고 1950년부터 소련의 지배하에 통화가 발행돼요."

엘레나는 건물 한쪽 끝에 있는 기념상을 보고 나에게 물었다.

"은행 건물에 왜 쇼팽의 기념상이 있죠?"

"이 건물은 이전에 줌 슈바르첸 로스 Zum Schwarzen Ross라는 호텔이었는데, 쇼팽이 프라하에 올 때마다 머물렀다고 해요. 그는 이곳에서 4 리하르트 바그너 Wilhelm Richard Wagner 와 5 니콜로 파가니니 Niccolò Paganini를 알게 됐다고 해요. 그때의 쇼팽을 기리기 위한 것이 아닐까요?"

엘레나는 고개를 끄덕였다. 횡단보도를 건너 이전 왕의 행렬이

구시가 광장

시작된 문, 화약 탑으로 들어가 구시가 광장을 향해 걸었다. 구시가로 걸어 들어가는 길 좌우에는 상점이 골목길을 따라 줄지어 있었다. 그 길로 관광객이 오갔다. 유럽의 모든 구시가의 바닥이 그렇듯이, 이곳의 바닥에도 돌이 촘촘히 박혀 있었다.

광장에는 틴 성당, 성 니콜라스 성당, 얀 후스 동상, 천문 시계, 구시청사, 그리고 골즈 킨스키 궁전이 있었다.

나는 엘레나에게 물었다.
"이 광장에서 가장 중요한 것이 무엇인지 아세요?"
"글쎄요. 천문 시계나 얀 후스?"
"저는 개인적으로 얀 후스라고 생각해요. 얀 후스는 보헤미아에서 일어난 종교개혁에서 선구적인 역할을 한 사람이죠. 중세 시대로 들어서면서 사회는 점차 계층이 분화되고 계급 사회로 변화되요. 성직자들이 세속의 물질과 영예를 탐내는 시대로 변해 가던 시기였어요. 중세 가톨릭 성직자는 영주들보다도 막강한 세력을 가지고 있었어요. 그들은 조세 징수권을 가지고 있었고 기득권 세력과 결탁해 부정을 저질렀어요. 그리고 면죄부를 발행해 부를 축적하기도 했지요. 면죄부는 아무리 큰 죄를 지어도 면죄부를 사게 되면 모든 죄가 용서되고 천국에 간다는 일종의 증표지요. 이러한 폐단에 대한 반발로 유럽에서 종교개혁이 일어나요."

나와 엘레나는 광장에 있는 얀 후스 동상을 향해 걸었다. 그곳의

얀 후스 동상

벤치에는 많은 사람들이 앉아 있었다.

"어떻게 이곳 프라하에서 종교개혁이 일어나게 됐지요? 서유럽은 이미 4세기부터 11세기까지 약 700년 동안 서서히 진행됐는데…."

"프라하가 성직자의 도시로 신성로마제국의 수도로 발전하게 된 데는 ⁶카를 4세라는 인물을 빼놓을 수 없죠. 그는 많은 체코 사람들에게 체코의 가장 위대한 왕으로 여겨지고 있어요. 그의 호칭을 보면 그가 얼마나 위대한 왕인지 알 수 있죠. 그는 신성로마제국 황제, 보헤미아의 왕, 로마의 왕, 부르군디 왕 등으로 불렸어요. 그는 신성로마제국의 황제가 된 후 프라하를 신성로마제국의 수도로 정해요. 그리고 중부 유럽 최초의 대학인 카를 대학을 설립해 학문과 예술의 발전에도 기여하지요. 신성로마제국이 해체되는 19세기까지 제국의 기틀을 마련했어요.

이때 프라하는 대주교령이 되지요. 많은 성당과 수도회가 설립되고 성직자가 들어오는데, 성직자들이 점차 기득권을 대변하게 되면서 많은 일들이 일어나죠. 이러한 배경 아래 얀 후스라는 인물이 등장해요.

얀 후스는 보헤미아 남부의 후시네츠Husinec에서 태어났어요. 그는 프라하에서 신부 7서품을 받고 카를 대학에서 인문학과 신학 학위를 받은 후 1400년 카를 대학의 신학부 교수를 지내죠. 신학을 공부하고 신앙생활을 하면서 그는 가톨릭의 문제점을 지적하고 개혁을 주장해요. 영국 성공회 신부이자 옥스퍼드 대학의 교수였던 존 위클리프John Wycliffe의 많은 영향을 받지요. 존 위클리프의 책을 체코어로 번역했고, 성서와 찬송가를 체코어로 번역해 많은 사람이 쉽게 읽을 수 있게 했어요. 이전의 성경은 라틴어로 돼 있었기 때문에 성직자나 특정인들만이 읽을 수 있었지요."

나는 엘레나에게 종교 개혁가들의 공통점은 많은 종교 개혁가들이 라틴어로 돼 있는 성경책을 거의 그들 언어로 번역했다는 것이라고 이야기했다.

"카를 4세 이후 신성로마제국의 황제인 지기스문트에 의해 1414년 콘스탄츠Konstanz 공의회가 열려요. 이 공의회는 5년 동안 지속되는데 그 당시 3명의 교황이 본인들이 교황이라고 주장하고 나서는 상황을 정리하기 위한 것이었어요. 이는 정통성을 바로잡고 가톨릭에서 일어난 불화와 불식을 종식시키겠다는 내용으로 진행됐어요. 결국 3명의 교황은 폐위되고 새로운 교황이 선출되지요.

지기스문트는 당시 공공연하게 일어났던 가톨릭에 대한 반발을 잠재우기도 했어요. 우선 영국의 존 위클리프를 이단으로 몰아 그의 서적을 불태우고, 그의 무덤을 파헤치기도 해요. 얀 후스도 1415년 7월 6일 화형을 받게 되지요. 그는 틴 성당 앞에서 악마의 가면을 쓴 채 죽을 때까지 찬송가를 불렀다고 해요. 물론 그의 서적은 전부 소각됐지요. 그 후에 후스 전쟁이 일어나요.

후스 전쟁Husitské Války은 보헤미아의 후스파가 종교적인 문제로 독일 황제 겸 보헤미아 왕의 군대와 싸운 전쟁을 말해요. 이후 보헤미아 신교도와 가톨릭은 서로 공존하지만, 1526년 오스트리아의 합스부르크 가문이 지배하게 되면서 후스파를 비롯한 신교가 탄압을 받게 되지요. 1900년대에 이르러 이곳에 슬라브 민족주의가 성행하게 되고, 얀 후스를 따르던 추종자들이 압제에 저항을 하게 되는데, 이 저항의 아이콘이 바로 이 동상이에요."

구시가 광장에서는 여러 가지 공연이 펼쳐지고 있었다. 음악을 연주하는 악사도 있었고, 행위 예술을 하는 예술가도 있었다. 나와 엘레나는 광장에서 팔고 있는 체코의 전통 도넛인 굴뚝 모양의 트르델니크Trdelnik를 먹어 보기로 했다. 광장에 있는 가게에서 트르델니크를 사서 먹었다. 달달한 것이 도넛과 비슷한 맛이었다.

엘레나가 틴 성당을 바라보며 말했다.

"틴 성당은 참 인상적인 것 같아요."

"이곳 프라하에서 눈에 가장 잘 띄는 건물이죠. 높이가 80m에 달해요. 많은 사람들이 이 성당 뒤에 있는 광장 이름을 따서 '틴 성당'이라고 부르는데, 정식 명칭은 틴 성모 마리아 성당Kostel Matky Boží Týnem이에요."

"이 성당이 처음으로 만들어진 것은 12세기예요. 틴 광장은 바로 이곳에 장사하러 왔던 상인들이 거래하던 곳이고, 성당이 가까운 곳에 있다 보니 많은 상인들이 이 성당에 오게 되고, 헌금을 하면 많은 축복이 내려진다는 소문이 돌아 재화가 풍부했다고 해요.

그 후 13세기 후반에 고딕 양식으로 재건축되고 14세기에 현재의 모습을 띠게 됐지요. 15세기 초에는 이곳 프라하를 비롯한 보헤미아가 전쟁에 휩싸이죠. 이 성당에서 얀 후스는 화형을 당하고 그를 따르던 추종자들은 봉기를 들어 15년 동안 전쟁을 하게 되죠. 이것이 바로 후스 전쟁이에요. 이 성당이 얀 후스파들의 본거지로 사용됐지요.

후스파는 보헤미아 왕국, 그 주변 왕국과 전쟁을 했고, 1434년에 이르러서야 전쟁이 중단됐어요. 2년 후인 1436년에 평화협정이 이뤄지죠. 오스트리아의 합스부르크 가문이 이곳을 지배했을 때는 이미 보헤미아 왕국이라는 말은 사라져 있었어요. 이때 이곳의 보헤미아 귀족과 신교 지도자들 27명이 참수를 당해요. 이 당시 틴 성당의 얀 후스파의 상징인 황금 성배 장식을 녹여 예수를 안은 성모 마리아를 만들죠."

구시가 광장에는 틴 성당 외에 바로크 양식을 대표하는 성 미쿨라세 성당도 보였다. 니콜라스의 체코식 발음이다. 문헌에 따르면 이 성당에는 1273년 최초의 교구가 있었고, 후스 전쟁 기간에는 후스 추종자들의 집결지이자 예배 장소로 이용됐다. 그러다가 17세기에 오스트리아 합스부르크 가문에 의해 베네딕트 수도원의 소유가 됐다. 그 후 18세기 초반인 1730년에 수도원의 요청으로 바로크 양식으로 지어진 것이 바로 성 니콜라스 성당이다. 1782년 오스트리아의 요제프 2세 Joseph II 때 많은 성당이 폐쇄되고, 그중 니콜라스 성당도 곡물 창고 등록 기록 보관소로 사용되다가 1871년 정교회가 들어오면서 다시 사용하게 됐다.

성 니콜라스 성당

엘레나는 틴 성당의 왼쪽에 있는 화려한 건물이 무엇인지 물었다.

"저 건물은 '골즈킨스키 궁전'이라 부르는데, 1755년부터 10년에 걸쳐 만들어졌어요. 이 궁전의 이름은 건물을 처음 제작한 골츠^{Golz} 공작과 킨스키^{Kinský} 가문의 이름에서 유래했어요. 골츠 공작이 죽은 후 킨스키 가문에서 이 건물을 사들이고 궁으로 사용하면서 궁전이라는 말이 붙게 됐죠.

킨스키 가문은 당대 유력 가문이었어요. 이 건물은 이탈리아 건축가인 안젤모 루라고^{Anselmo Lurago}와 킬리안 이그나츠 디엔첸호퍼^{Kilian Ignaz Dientzenhofer}에 의해 만들어지는데, 이들은 바로크와 로코코의 대가들이에요. 현재는 갤러리로 사용되지요. 프라하 국립미술관은 총 8개의 건물로 구성돼 있는데, 그중 하나가 바로 이 건물이에요.

이 건물은 문학과 관계가 깊은데, 체코 최초의 노벨 문학상 수상자인 베르타 폰 주트너^{Bertha von Suttnerovà}가 탄생한 곳이에요. 그리고 또 다른 한 명은 우리가 잘 알고 있는 프란츠 카프카예요. 19세기 후반에 이 건물은 바로 독일 학교였어요. 카프카는 1893년부터 1901년까지 8년 동안 이 학교에서 공부했어요. 그를 기념하기 위해 1층에 카프카 서점도 있지요."

엘레나는 궁전을 손으로 가리키며 물었다.

"그런데 일반적인 유럽 건물은 발코니가 있는데, 2층에 발코니가 없네요?"

"발코니가 없는 이유가 있지요. 그 당시 체코슬로바키아의 공산당이 쿠데타를 통해 정권을 장악해요. 그때 권력을 잡고 있던 클레멘스 고트발트Klement Gottwald가 이 궁전 발코니에 올라 공산당 독재가 시작됨을 선포했는데, 그 후 40년 동안의 공산치하를 기억하기 싫어서 체코 국민과 합의하에 발코니를 없앴다고 해요."

나와 엘레나는 광장을 가로질러 천문 시계가 있는 곳으로 향했다. 오후 3시가 다 돼서인지 천문 시계 앞에는 많은 사람들이 모이기 시작했다. 나와 엘레나는 전체를 다 볼 수 있도록 약간 뒤쪽에 자리를 잡았다.

"천문 시계는 왕실의 시계 제작공인 미쿨라스Mikuláš와 카를 대학의 수학과 천문학 교수였던 얀신델에 의해 제작되지요. 이 시계는 천동설에 기반을 두고 천체의 움직임과 시간의 흐름을 보여줍니다. 1410년에 만들어지는데, 천체의 움직임을 반영한 시계 중에서 세 번째로 만들어진 시계이자 현재까지 작동하고 있는 유일한 시계예요.

천문 시계는 세 부분으로 나눠져요. 맨 위가 12사도가 행진하는 부분이고, 중간을 아스트로라비움Astrolabium이라고 하는데, 이 부분이 천체의 움직임과 시간을 나타내죠. 그리고 맨 아래는 캘린더리움Calendarium이라고 하는데 달력의 역할을 해요. 이 천문 시계의 세 부분 중 가장 먼저 만들어진 것은 아스트로라비움이고, 두 번째가 캘린더리움, 그리고 마지막으로 만들어진 게 12사도예요.

아스트로라비움의 가장 바깥쪽에는 아라비아 숫자가 있는데, 이것은 고대 슬라브 족의 시간 개념을 나타내지요. 이는 해가 진 시점을 나타내는 0시 혹은 24시로 표현한 것이에요. 시간의 바늘을 보면 해가 지는 시간이 얼마나 남았는지 알 수 있어요. 그리고 숫자 아래에 있는 로마숫자는 현재의 24시간을 표현해요. 손가락이 가리키는 로마숫자를 보면 현재의 시간을 알 수 있어요. 그리고 로마숫자 안의 숫자를 보면 해가 떠서 얼마나 지났는지 알 수 있어요. 중앙의 지구본은 우주의 중심이 지구라는 천동설을 나타내요. 그리고 시계 윗부분의 1 옆에는 라틴어로 일출이라고 적혀 있고, 12 옆에는 일몰이라고 적혀 있어요. 이는 해가 떠 있는 시간을 나타내죠.

오렌지색 타원에는 라틴어로 황혼을 의미하는 단어와 오로라, 즉 여명을 뜻하는 단어가 적혀 있는데, 해가 진 후부터 해가 뜨기 전까지의 시간을 나타내요. 다시 말해서 검은색은 밤을 나타내죠. 그리고 큰 원과는 별도로 움직이는 기호화된 12궁이 있는데, 이것은 12개의 별자리를 나타내요."

"일반인들이 이 시계를 이해하기는 쉽지 않았을 것 같아요."

"그렇죠. 이 시계는 그 당시의 지식인 만이 이해할 수 있었어요. 그다음에 만들어진 것은 바로 캘린더리움이에요. 이것은 1년 365일을 표현하는데, 시계 방향으로 읽으면 되지요. 중앙에 있는 것은 프라하의 문장이에요. 문장 밖에는 12개의 별자리가 있어요. 그리고 그 바깥쪽은 농민들의 생활상이 그려져 있어요. 그 바깥에는 작은 글씨로 보헤미아의 휴일, 가톨릭 성인들의 축일이 기록돼 있어요. 매시

구시가 광장의 천문 시계

구시가 광장의 12사도 인형과 황금 수탉

정각마다 움직이는 인형, 창문이 열리고 행진하는 12사도, 마지막으로 썰렁하게 울며 장식하는 황금 수탉이 천문 시계를 구성하고 있어요.

처음 천문 시계가 만들어지고 200년이 지난 17세기에 아스트로라비움과 캘린더리움의 양옆에 조각상들이 추가되고 1860년 후반에 12사도가 행진하는 모습이 더해지면서 현재의 모습을 띠게 됐죠."

천문 시계가 붙어 있는 건물이 바로 구시청사 건물로 시계 탑 왼편이 구시청사의 출입구예요. 구시청사 건물은 1338년도에 시민들의 건의로 만들어졌어요. 카를 4세의 아버지 얀 루쳄부르스키^{Jan Lucemburský}가 왕으로 재위하던 시절이었죠. 이 건축물에 들어간 비용은 모두 이곳 시민들의 세금으로 만들어졌고, 왕은 자치 기구와 시청을 건축해 그들에게 특권을 주었다고 해요. 세월이 흐르면서 활성화되고 커지면서 주변의 건물들도 많은 변화를 겪게 되요. 이 건물은 고딕 양식과 르네상스 양식이고 지하는 로마네스크 양식이죠. 이는 세월의 흐름을 보여주는 것이에요."

우리는 자리를 옮겨 다른 건물 앞에서 이야기를 하기 시작했다.
"이 건물은 구시청사의 끝 건물로, 19세기 후반까지 프란츠 카프카의 가족들이 살았어요. 시청사 건물 중에서 가장 늦게 확장된 부분이에요. 보시다시피 다른 건물들과는 외관이 좀 다르죠. 이를 [9]스그라피토Sgraffito 양식이라고 해요. 이 건물은 '둠 우 미누티Dům u Minuty'라고도 불리는데, 그 이유는 한때 이곳에 담배 가게가 있었고, 작은 담배를 팔았기 때문이라고 해요. 미누티는 '작다'라는 의미를 지니고 있어요."

우리는 카를교로 가기 전에 바츨라프 광장Václavské náměstí을 둘러보기로 했다. 구시가 광장에서 스타벅스가 있는 골목을 따라 걸었다. 걷다 보니 스타보브스케 극장Stavovské divadlo이 나타났다.
"이 극장은 1781년에 건축을 하기 시작했고, 오랫동안 '국립극장'으로 불리다가 19세기에 들어서 이 극장 창립자의 이름을 따서 '노스티체 극장'으로 불렸고, 공산 정권하에서는 '틸 극장'으로 불렸죠. 그리고 벨벳 혁명으로 인한 민주화 후에는 지금의 이름 '스타보브스

DAY 11_백탑의 도시, 얀 후스의 도시, 그리고 카프카의 도시, 프라하 | **239**

케 극장'이라고 불리고 있어요. 스타보브스케 극장이 중요한 의미를 가질 수 있게 된 것은 바로 볼프강 아마데우스 모차르트 덕분이에요.

그가 이곳에서 엄청난 반향을 일으킨 것은 그 당시 문화적 소외감을 느꼈던 체코의 부유층에게 오페라를 선물했기 때문이에요. 즉, 오페라하면 이탈리아였지만, 그 누구도 하지 못했던, 불가능하다고 생각했던 독일어로 된 오페라를 선보이게 되지요. 이것은 유럽에 있는 독일어권의 입장에서 볼 때 대단한 일이었어요.

1786년 모차르트는 비엔나에서 '피가로의 결혼'을 발표하고 1787년 프라하 이 극장에서 '피가로의 결혼'을 지휘해요. 이곳에서의 열광적인 반응은 그를 프라하에 남게 했고, 이들을 위한 답례로 만든 작품이 바로 '돈 조반니'예요. 이 작품은 1787년 10월 29일에 초연되요."

엘레나는 이야기를 듣더니 "역시 모차르트답네요."라고 말했다.

"이 망토를 쓰고 있는 동상은 '돈 조반니'의 공연을 축하하기 위해 만든 것 아닌가요?"

"네, 맞아요. 이 동상은 프라하 시에서 모차르트에게 선물한 것이라고 해요. 크고 무거워서 그런지 모차르트가 이곳에 놓아두는 게 더 좋을 것 같다고 해서 이곳에 남아 있게 됐다고 해요."

바츨라프 광장은 약간 경사진 듯한 느낌이 들었고, 주위에는 많은 쇼핑센터가 있었다. 이 쇼핑센터의 길이는 750m로 꽤 길었다. 뒤편 광장 끝에는 바츨라프 기마상과 국립 중앙박물관이 보였다. 이곳 바즐라프 광장은 체코 역사에 있어 매우 중요한 곳이다. 바로 '프라하의 봄'과 '벨벳 혁명'이 일어난 곳이기 때문이다.

"저기 보이는 기마상은 체코의 수호성인이자 10세기 초반 보헤미아를 다스리던 바츨라프 1세예요. 이 광장은 오래전에 말을 거래하던 곳이라는 이유로 '말 광장'이라 불렸는데, 바츨라프 광장이라 불리게 된 것은 1800년대 들어서면서예요. 바츨라프 기마상은 1887년부터 37년간 만들어졌어요."

'돈 조반니'의 극 중 인물 유령 동상

나와 엘레나는 중앙을 따라 기마상으로 다가갔다. 기마상 앞에는 많은 꽃이 놓여 있었다. 우리는 이 바츨라프 광장에 얽힌 역사적 사실에 관한 이야기를 나누었다.

"이 기마상 앞에서는 역사적으로 많은 일들이 일어났어요. 우선 제1차 세계대전 후 오스트리아가 패망하면서 1918년 10월 28일 오스트리아로부터의 독립선언문이 낭독됐고, 1945년에는 독일에 대해 5월 5일부터 3일 동안 대규모 시위가 발생하죠. 그리고 1968년 8월 20일 자정을 기해 [8]바르샤바조약기구의 탱크와 장갑차가 들어와 평화와 자유를 요구하는 프라하 시민을 무자비하게 진압했어요.

1969년도에는 소련의 압제에 항거하기 위해 21살의 청년 얀 팔라흐가 분신자살을 기도했고, 1989년 11월 17일부터 12월 29일까지는 슬로바키아의 민주화를 쟁취하기 위한 평화 시위가 일어나죠.

우리가 서 있는 이곳 바츨라프 광장은 체코 역사의 근대화를 보여주는 대표적인 장소예요."

나는 엘레나에게 출출하니 무엇을 먹고 좀 쉬었다가 가자고 했다. 우리는 맥도날드에서 세트 메뉴를 시켜 먹은 후 카를교를 지나 프라하 성까지 걸어가기로 했다.

바츨라프 기마상

카를교와 캄파섬, 그리고 프라하 성으로 올라가는 길

나와 엘레나는 카를교Karlův most가 있는 곳으로 향했다. 정면을 향해 걷다가 왼편으로 나 있는 길을 따라 조금 들어가니 다시 삼거리 길이 나왔다. 이정표에는 '카를교'라는 표시가 있었다.

우리는 카를교를 보기 전에 루돌피눔Rudolfinum을 둘러보기로 했다. 횡단보도를 건너 오른쪽으로 내려가니 루돌피눔이 보였다.

"이 건물 앞 광장에서는 역사적인 일이 일어났어요. 1968년에 당시 체코슬로바키아 바츨라프 광장에서 일어난 민주화운동인 '프라하의 봄'은 많은 사람에게 좌절을 안겨줬지요. 이곳에서는 2명의 학생이 분신자살을 하는데 바츨라프 광장에서 분신자살을 한 첫 번째 학생을 기념하기 위해 붙여진 이름이 바로 이 광장의 이름인 '얀 팔라흐 Jana placha 광장'이에요. 우리의 역사와도 비슷한 점이 있는 것 같아요.

루돌피눔은 1870년에 만들어진 복합 문화 공간이자 공연장이에요. 사실 이 자리에는 은행 건물이 있었어요. 건물의 이름은 오스트리아 황태자의 이름을 딴 것이에요. 제1차 세계대전 이후 신생 독립국 체코슬로바키아의 국민 의회 건물로 사용되기도 했어요. 그리고 정면에 있는 이 동상은 바로 우리에게도 많이 알려진 작곡가 안토닌 드보르자크예요."

눈에 보이는 사물, 즉 피사체가 우리가 알고 있는 그 어떤 것과 만나면 더 많은 것을 느끼고 전달해주는 것 같다는 생각이 들었다.

나와 엘레나는 왔던 길을 다시 되돌아 카를교를 건너 캄파섬을 둘러보기로 했다.

　카를교 입구에는 카를 4세의 청동상이 있고, 1시 방향에는 프라하 성이 우아한 자태를 드러내고 있었다. 이곳에는 길이가 516m, 폭이 10m인 16개의 기둥과 18세기에 만들어진 30개의 조각상이 줄지어 서 있었다. 많은 사람들이 입구에서 프라하 성을 배경으로 혹은 450km의 길이의 블타바 강을 배경으로 사진을 찍고 있었다. 나는 엘레나에게 맘에 드는 장소에 서보라고 했다. 그리고 사진을 한 컷 찍었다.

카를교

"카를교는 역사적으로도 중요해요. 그래서 지금도 많은 관광객들이 프라하에 오면 반드시 찾는 곳이기도 하죠. 이 다리로 보헤미아 왕가의 행렬이 지나갔어요. 전쟁이 일어났을 때는 격전장이기도 했고, 다리 건너편의 말라 스트라나Malá strana를 연결하는 유일한 다리이기도 했지요. 이 다리에서는 통행세를 받았고, 신분이 낮은 사람은 건널 수 없었어요. 그러다 1457년 이르지Jiří 왕에 의해 전면 개방을 하게 되지요. 원래 목재로 만들어진 다리였는데, 홍수가 자주 일어나 무역상들이 물자를 수송하기가 힘들어지자, 카를 4세에 의해 14세기에 석재로 만들어요."

"이 다리는 1841년까지 블타바 강의 유일한 다리였어요. 재미있는 사실은 점성술사와 천문학자들이 지정한 날짜에 초석을 놓았는데, 그 날짜가 바로 1357년 7월 9일 오전 5시 31분이라고 해요. 이는 길한 숫자 배열이라고 해요. 동서양을 막론하고 눈에 보이지 않는 영원성이랄까 그러한 것이 있는 것 같아요."

우리는 다리로 진입하기 위해 교탑을 지났다. 교탑을 지나면서 엘레나에게 이 다리는 합스부르크 왕가에 반란을 일으킨 27명의 보헤미아 신교 주동자들 중 참수자 12명의 목을 걸어 놓았던 곳이라고 이야기했다. 다리 위에는 연주를 하는 악사, 그림을 그리는 화가, 다리에서 강을 배경으로, 프라하 성을 배경으로 사진을 찍는 사람도 있었다. 모두 즐거워 보였다.

얀 네포무크 동상

나와 엘레나는 좌우로 15개씩 줄지어 서 있는 석상을 따라 천천히 걸었다. 그러다가 석상 중 가장 많은 사람이 몰려 있는 곳에 멈췄다. 석상의 주인공은 바로 얀 네포무크Jan Nepomuk였다. 엘레나는 나에게 사람들이 왜 이렇게 몰려 있느냐고 물었다.

"이 사람은 프라하 교구의 대주교 총 대리인이었는데, 1393년 3월 20일 블타바 강에 던져져 죽임을 당하지요. 그 당시 왕은 바츨라프 4세인데, 왕에게는 여러 명의 부인이 있었어요. 그런데 왕비 중 한 명이 궁정 신부였던 얀 네포무크에게 고해성사를 한 사실이 밝혀졌어요. 왕은 그를 불러 추궁을 했지만, 얀 네포무크는 그 사실을 말하지 않았어요. 고해성사 중 알게 된 내용은 외부로 발설해서는 안 되기 때문이에요. 이에 화가 난 혀를 뽑고 그를 블타바 강에 던져 버려요. 강에 던진 지 한 달 만에 시체가 떠오르는데, 이상하게도 전혀 부패하지 않았다고 해요. 그리고 그의 머리에서는 5개의 별이 빛나고 있었다고 해요. 이를 알게 된 왕은 그의 시신을 수습해 성 비투스 성당에 안치하도록 해요. 그때부터 그는 고해성사의 성인이자 홍수를 방지하는 성인으로 추앙받지요."

나와 엘레나는 천천히 걸으며 왼쪽 계단을 따라 아래로 내려갔다. 그리고 캄파라고 불리는 조그만 섬을 향해 걸었다. 가는 길에 프라하의 베네치아라고 불리는 곳을 지났다. 사랑을 기원하는 자물쇠가 가득 걸려 있었다. 연인들이 자물쇠를 잠그고 열쇠는 강가에 던지는 모습도 보였다.

엘레나가 장난기 어린 얼굴로 말했다.

"요즘에는 만능 키가 있어서 어떤 자물쇠도 다 열린다고 하던데…."

엘레나는 나에게 캄파^{Na Kampe}라는 이름에 어떤 의미가 있는지 물었다.

"[9]30년 전쟁 때 스페인 군대가 가톨릭 군을 지원하기 위해 이곳에 머물게 되지요. 이때 스페인 군대가 이곳을 '들판'이라는 의미의 '캄푸스^{Campus}'라고 부르면서 생겨난 지명이라고 해요. 군대가 들어오면서 장사를 하는 상인들이 몰려들었고 전쟁이 끝나고 철수한 후에는 임대료가 싼 지역이라는 이유로 예술가들이 모여들었다고 해요."

사랑을 기원하는 자물쇠

DAY 11_백탑의 도시, 얀 후스의 도시, 그리고 카프카의 도시, 프라하

존 레논의 벽

나와 엘레나는 어느덧 10존 레논의 벽 Lennonova zed에 도착했다.

"존 레논의 벽은 냉전 시대와 그때를 배경으로 한 암울한 시대가 만들어 낸 공간이라고 할 수 있어요. 그 예로 1955년부터 20년 동안 일어난 베트남 전쟁, 1956년 수에즈 운하를 둘러싼 전쟁, 1962년 쿠바 미사일 사태, 1970년대 미국을 중심으로 한 나토와 소련을 중심으로 한 바르샤바 기구 등을 들 수 있지요. 그런데 이러한 시대적 암울함 속에서 1960년대 록 음악이 태동해요.

록 음악은 젊은이들에게 자유와 저항의 상징과도 같았죠. 록은 영국에서 시작해 미국으로 건너가요. 1980년 반전주의자, 평화주의자로 유명했던 비틀즈 멤버 존 레논이 광팬에게 저격당해 사망하자, 프라하 젊은이들은 그를 기리기 위해 캄파섬에 있는 이 벽에 추모의 글과 함께 냉전을 혐오하고 평화를 원하는 사회적 메시지들도 남기죠. 체제 비판에 대한 성토, 민주주의에 대한 바람과 열망, 자유에 대한 갈망, 그리고 사랑이 표현된 곳이 바로 이곳 존 레논의 벽이에요. 이 벽은 프라하 근대사가 가진 암울한 역사를 상징하고 있죠."

나와 엘레나는 프라하 성을 향해 걸었다. 성 쪽으로 걸어가다 보니 말라스트라나Malá Strana 거리가 나온다. '작은 동네'라는 뜻을 가지고 있다. 오스트리아 합스부르크 왕가가 보헤미안을 다스리던 때에 이곳에는 많은 오스트리아 평민층이 이주해 살았다고 한다. 지금은 트램 정거장이 들어서 있다. 나와 엘레나는 트램 정거장을 지나 네루도바Nerudova 거리로 향했다. 네루도바 거리는 가파른 골목길로 돼 있다.

나는 엘레나에게 이 골목의 특징을 찾아보라고 했다. 엘레나는 주위를 둘러보다가 나에게 말했다.

"우선 집에 문이 하나 더 있네요. 그리고 다는 아니지만 집 위에 부조나 그림이 있어요."

"맞아요. 우선 문이 하나씩 더 있는 이유는 혹독하게 추운 겨울 날씨와 바람을 막기 위한 것이에요. 그리고 부조나 그림이 있는 이유는 바로 하우스 사인이에요. 집을 알리기 위한 것이죠. 어떻게 보면 문패 역할을 하는 것이기도 해요."

이런저런 이야기를 하며 걷다 보니 흐라드차니 나메스티 광장 Hradčany náměstí에 도착했다. 이곳에는 프라하 대주교의 궁과 귀족들의 저택이 많았다. 그중 외벽이 다른 곳보다 눈에 띄는 건물이 있는데, 바로 영화《아마데우스》의 모차르트의 집이 있는 마틴 궁 Martinický palác이었다.

나는 엘레나에게 손으로 마틴 궁을 가리키며 말했다.

"이 기법의 이름은 '[11]스그라피토'라고 하는데, 이 말은 긁다의 의미를 가진 '스크래치'와 그림이라는 의미를 가진 '그라피토'가 합쳐진 말이에요. 벽면에 석회를 바른 후, 석회가 다 마르기 전에 파내어 문양을 만드는 기법이죠. 이 기법은 흑사병 이후에 생겨났는데 흑사병으로 많은 사람이 사망하고, 인건비가 올랐기 때문이죠. 그 당시 유행했던 바로크의 특징인 곡선과 볼륨감을 표현하기 어려운 상황때문에 만들어진 것이라고 할 수 있죠."

눈앞에는 프라하 성 정문 위를 장식하고 있는 타이탄 석상이 보였다. 나는 엘레나에게 안으로 들어가기 전 커피를 한잔하자고 했다.

전망이 확 트인 곳에 자리를 잡고 커피를 주문했다. 나는 엘레나에게 며칠 있으면 여행이 끝난다며 아쉬움을 전했다. 새삼 시간이 무척 빠르다고 느꼈다.

"프라하 성은 여러 개의 성으로 이뤄져 있어요. 880년에 보헤미아의 군주였던 프로제미슬 왕가의 보르지보이 Bořjivoj에 의해 처음으로 만

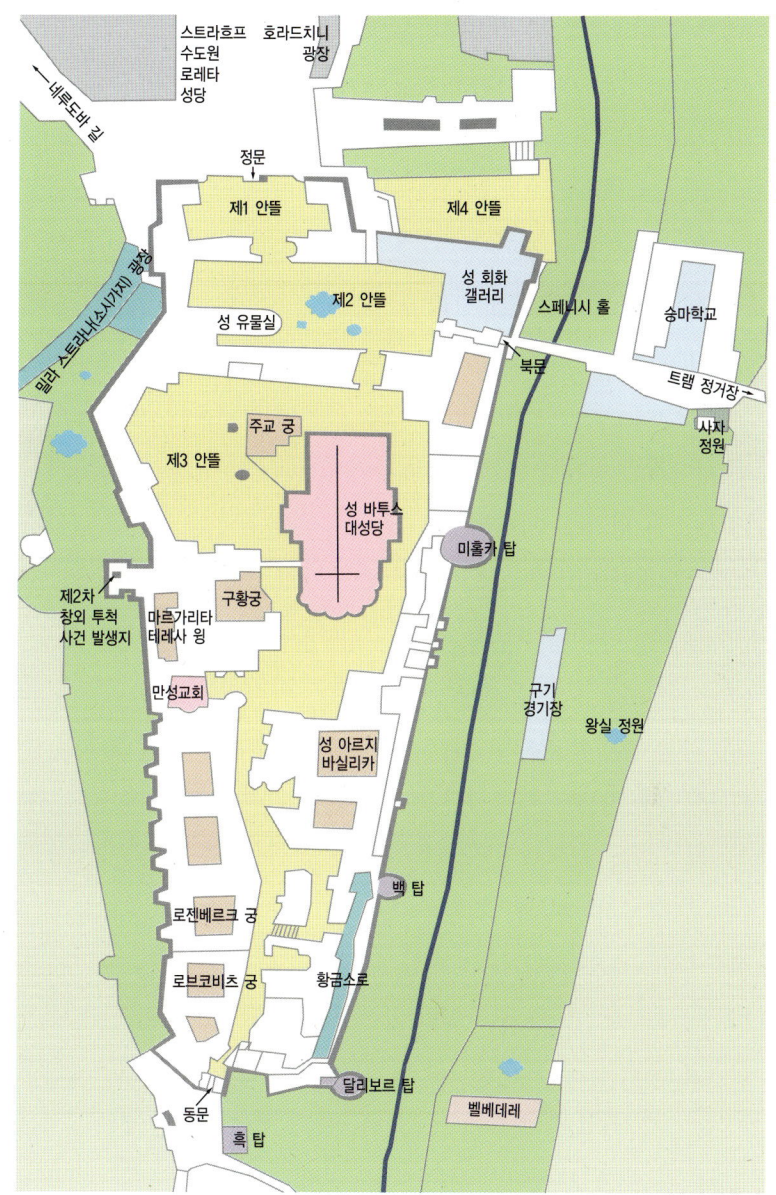

프라하 성 조감도

들어지기 시작해요. 이 지역에 [12]슬라브 족이 들어온 것은 6세기예요. 그들이 들어오고 나서 성곽이 축조되기 시작한 것은 시간이 좀 흐르고 나서부터죠. 처음에는 목조와 흙으로 만들어지다가, 13세기에 들어 오타카르 1세$^{Otakar\,I}$ 때 방어 기능을 가진 요새로 바뀝니다. 프라하 성은 14세기에 들어서면서 다시 요새에서 신성로마제국의 통치 궁으로 바뀌는데, 이때가 바로 보헤미아의 황금기라 불리는 카를 4세 때에요. 명실공히 정치, 경제, 사회, 문화의 중심지가 된 것이에요.

16세기 초 오스트리아 합스부르크 가문이 들어오기 전까지 이곳 보헤미아의 통치자는 프로제미슬 왕가에서 룩셈부르크 왕가로, 다시 야겔론스키 왕가로 변화되지요. 그리고 잠시 귀족이 권력을 잡았다가 오스트리아 합스부르크 지배를 받게 되요. 이때가 16세기 초, 정확히 말하면 1526년이에요.

합스부르크 가문이 이곳을 지배할 때는 이미 비엔나에 그들의 본궁이 있었고, 이곳 프라하 성은 그들의 여름 별장 역할을 했어요. 18세기 중반에 마리아 테레지아는 프라하 성을 재건축하지요. 그는 성 안에 있는 모든 건물을 연결했는데, 이때 프라하 성의 외관이 만들어져요. 이제 정문으로 들어가보죠."

현재 체코 대통령의 집무실이 있는 곳으로 왔다. 그래서인지 정문의 양옆 초소에는 근위병이 서 있었고, 많은 관광객이 그들 옆에서 사진을 찍고 있었다. 초소에 서 있는 근위대 머리 위에는 2개의 석상이 있는데, 이를 '타이탄의 전투$^{Bojovat\,Titan}$'라고 부른다.

프라하 성

엘레나는 석상의 의미에 대해 물어봤다.

"그리스 신화에 보면 제우스, 헤라, 포세이돈, 아폴론 등과 같은 여러 신들이 나오는데, 타이탄은 이러한 올림포스 신들이 나오기 전에 세상을 지배하던 신들을 말해요. '타이탄의 전투'라는 이름을 가진 2개의 석상은 각각 곤봉과 단검으로 올림포스 신들의 신이 다른 거인, 즉 타이탄에게 위협을 가하고 있는 모습을 하고 있어요. 위에 있는 석상은 1770년에 만들어졌다고 해요. 하지만 파손돼 1902년에 다시 세웠어요."

'타이탄의 전투' 석상의 모습

"음, 그럼 타이탄의 전투 모습을 한 이 석상이 여기에 있는 이유가 뭘까요?"

"아마도 지배 시절 오스트리아의 합스부르크와 보헤미아 왕국을 표현하는 게 아닐까요? 한마디로 까불면 이렇게 된다는 것을 보여주는…."

"그렇네요. 그들에게 보내는 경고 같은 것이었겠죠."

근위대가 서 있는 초소를 지나 안으로 들어갔다. 이곳은 제1 안뜰이다. 제2 안뜰로 들어가기 전에 오래된 커다란 문이 하나 보였다. 이 문의 이름은 '마티아스의 문Matyášova Brána'이다. 이 문은 1614년에 오스트리아 제국의 마티아스 황제가 만들었다. 문의 중앙 부분에는 여러 문장이 새겨져 있었다.

"이 중 가장 중요한 문장은 가운데 문장이죠. 노란색 바탕에 왕관을 쓴 검은색 독수리 문장은 바로 지배자 합스부르크 가문의 문장이에요. 그들이 지배하고 있는 모든 지역에서 볼 수 있어요. 이 문장을 중심으로 오른쪽 푸른 바탕에 흰색과 붉은색이 바둑판처럼 얼룩져 있는 독수리 문장은 바로 '모라비아 문장'이고, 왼편에 붉은 바탕에 꼬리가 두 갈래인 왕관을 쓰고 있는 은색 사자는 '보헤미아 문장'이에요. 그리고 합스부르크 문장과 비슷한 노란색 바탕에 가슴에 하얀 띠를 두른 독수리는 '실리지아의 문장'이에요.

이 문을 들어서면 양쪽에 계단이 나오는데, 같은 모양이지만 한쪽 문에 금장식이 돼 있어요. 이곳에서 귀빈과 수행원이 나뉘어 입장한다고 해요. 물론 귀빈이 금장식이 돼 있는 문을 지나 위로 올라가지요."

나와 엘레나는 제2 안뜰로 들어왔다. 중앙에 분수대와 성 십자가 성당이 보였다.

나는 엘레나에게 물었다.

"중세 때 분수대 용도가 무엇이었는지 아세요?"

"소방용이요. 가까운 곳 화재 진압용으로 쓰다가 시간이 지나면서 여러 장식이 붙으며 일반 수도의 역할을 하게 된 것이라고 알고 있어요."

"맞아요. 저 분수대는 만든 사람의 이름을 따서 '콜 분수대'라고도 불리고, 이 분수를 만든 황제의 이름을 따서 '레오폴트 분수대'라고도 불러요. 그리고 바로 앞에 있는 이 성당의 이름은 성 십자가 성당이에요. 황제만의 예배를 드리기 위한 성당으로 지어졌어요. 하지만 지금은 성 비투스 성당의 유물과 보헤미아 지역의 유물을 전시하는 유물실로 사용되고 있어요."

북문을 통해 많은 관광객이 들어오고 있었다. 북문으로 나가면 트램 정류장과 관광버스를 주차하는 곳이 있기 때문이다. 나와 엘레나는 제3 안뜰을 향해 걸었다. 아치형 터널 옆에는 식료품 가게가 있고, 그곳을 바로 지나면 '성 비토 대성당Katedrála Svatého Víta'이 나타난다. 대성당을 바라본 상태에서 오른쪽 2시 방향에는 보헤미아 왕국의 가톨릭 교구를 관리하던 주교궁이 있다. 그리고 주교궁을 지나면 오벨리스크와 구 왕궁 그리고 성 이르지 바실리카가 있다.

나는 엘레나에게 대성당이 어떤 시대를 거쳐 지금에 이르게 됐는지를 이야기했다.

"성 비토 대성당은 각 세기마다 변화를 거치며 지금의 모습을 하게 되요. 우선 9세기에는 성 비토 대성당보다 먼저 건설한 성당이 있는데, 그것이 바로 성모 마리아 성당이에요. 현재는 잔해만 남아 있죠. 그리고 10세기 초에는 바츨라프 왕이 독일 헨리 1세 Henry I 로부터 성해인 비투스 성인의 팔을 기증받게 되지요. 이때 왕이 지은 성당이 성 비투스 로툰다 Svatý Vit Rotunda 예요."

"로툰다요?"

"로툰다란, 로마 13판테온의 대표적인 건물인데, 위에서 보았을 때 원형의 구조로 돼 있는 건물을 이야기해요. 11세기에 들어 가톨릭 신자들이 늘어나고 새로운 성당을 짓게 되지요. 로툰다 성당을 철거하고 그 자리에다 건설하게 되는데, 브라티슬라프 2세 Vratislav II 의 주도 하에 로마네스크 양식으로 건설되지만 소실되요. 13세기에 와서 드디어 지금 우리가 보고 있는 프라하 성이 건축되기 시작해요. 아마 여행을 하면서 오래된 성당이든, 건물이든 여러 가지 건축 양식이 혼재된 것을 많이 보셨을 거예요. 이제는 엘레나도 그 이유를 알겠죠?"

"네. 돈 문제이기도 하지만 전쟁이나 페스트와 같은 전염병 등과 같은 여러 이유로 공사가 중단되다 보니 시간이 흐르고 그 시대에 맞는 또 다른 건축 양식이 생겨나기 때문 아닌가요?"

"맞아요. 14세기에 들어와서는 카를 4세가 출현해요. 14세기 체코의 전성기이자 붐을 일으켰던 카를 4세 역시 프라하 성을 건설하는 기틀을 마련하지요. 14세기 프라하의 인구가 급증하고, 종교적으로도 신분이 높아진 도시가 되면서 그의 대관식을 진행할 수 있는 성당이 필요하게 되지요. 이런 여러 가지 이유로 대성당 건설에 박차를 가하게 되는 시기가 14세기 카를 4세부터예요.

지금까지 설명해 드린대로 대성당은 여러 세대를 걸쳐 완성되는데, 첫 번째 책임자는 기하학에 능통한 프랑스 인 아리스의 마티아스 Matthias of Arras예요. 그는 아비뇽 교황청의 총 책임자였어요. 그가 죽은 후 그의 뒤를 이은 사람은 독일 쾰른 출신의 조각장인 뻬트르 빠를에르 Petr Parléř예요. 그는 카를 4세에게 매우 신망을 받은 사람이에요. 그래서 유럽 최초의 계획도시라는 프라하의 신시가지와 카를교의 공사를 맡기도 해요. 그리고 그는 나이가 들어 책임자 자리를 두 아들에게 물려주지요. 이후 프라하에서는 후스 전쟁이 일어나요. 아시다시피 후스 전쟁 시대는 정치적 혼란기였어요. 후스파들은 대성당에 몰려와 대성당 안에 있던 조각이나 종교화, 성물 등 많은 부분을 파괴해요.

1438년이 되자 후스파와 보헤미아 왕가 사이에 평화가 찾아옵니다. 하지만 이때는 왕가의 통치력, 재력 등 모든 면에서 한계를 드러내는 시기였어요. 1541년 프라하 말라 스트라나 거리에서 대화재가 일어나고, 이 화재로 대성당도 피해를 입게 되지요. 1844년에 대성당 사제단의 사제인 페쉬나 Pešina 신부와 건축가 요제프 크래너 Josef Kranner가 재건 계획을 발표하고 모금 단체를 설립해 1870년까지 공사

성 비토 대성당

를 해요. 요제프 크래너가 사망한 후 요제프 모헤르Josef Mocker가 공사를 재개해요. 그 후에는 카밀 힐버트Kamil Hilbert라는 건축가가 이어받아 대성당 건립에 박차를 가하게 되지요.

이러한 상황에서 1918년에는 커다란 변화가 찾아와요. 체코슬로바키아라는 슬라브 족의 국가가 탄생하게 되지요. 이때부터 국가의 지원을 받아 대성당 공사가 본격화됩니다.

1920년에 들어와서는 대성당이 완성된 상태에서 보이체흐 수하르다Vojtěch Sucharda의 지휘 아래 성당 전체의 조각 작업이 진행되고, 성 바츨라프 왕의 축일인 1929년 9월 28일에 공식적으로 공사가 완료되지요.

어느 시점을 기준으로 하느냐에 따라 성당 건축 공사 기간이 달라지지만, 카를 4세를 기준으로 하면 585년, 로툰다를 기준으로 하면 1004년이라는 공사 기간이 걸린 셈이에요."

나와 엘레나는 대성당을 둘러봤다. 오래된 건축 기간에 걸맞게 대성당은 19개의 예배당, 4개의 보관실, 1개의 성가대석, 중앙 제단 옆 부조 1개, 제단 1개, 무덤 2개, 왕실 묘지로 향하는 문 1개, 골든 게이트 1개, 그리고 1개의 동상으로 이뤄져 있었다.

나와 엘레나는 구 왕궁Starý Královský Palác으로 향했다. 성 비토 대성당을 나와 왼편으로 주교궁과 제3 안뜰을 지나면 빨간 지붕에 노란 건물이 나오는데, 이것이 바로 프라하 구 왕궁이다. 그 사이에는 바로 이집트에서나 볼 수 있는 오벨리스크^{Obelisk}가 있다.

"오벨리스크는 태양신 숭배 사상의 이집트 문화 산물인데, 어떻게 이곳에 있지요?"

"오벨리스크는 나일 강의 범람으로 풍요의 농사와 좋은 일조량을 기원하게 되면서 탄생하지요. 1928년 체코슬로바키아의 개국 10주년을 기념하기 위한 공모전을 통해 건축가 요셉 플레츠니크^{Josip Plečnik}가 1928년에 이곳에 만들죠. 높이는 15.5m이고, 무게가 무려 112톤이나 되는 체코슬로바키아의 건국 기념비예요."

제3 안뜰에는 많은 관광객들이 성 비타 대성당의 전체 모습을 찍고 있었다.

"이 구 왕궁은 오스트리아의 합스부르크 가문이 보헤미아 왕국을 지배하기 전까지 왕이 머물렀던 곳이에요. 14세기인 1135년 보헤미아 왕국의 국왕인 소베슬라프 1세^{Soběslav I}에 의해 건축되요. 그 후 카를 4세에 의해 고딕 양식으로 건립됐고, 후스 전쟁으로 파괴됐지요. 15세기 후반 블라디슬라브^{Vladislav} 왕이 보수하면서 왕궁의 모습이 바뀌어요. 아시겠지만 이 왕궁도 1541년 말라 스트라나 거리에서 시작한 대화재로 큰 피해를 입었어요. 한동안 복구가 제대로 이뤄지지 않았고, 마리아 테레지아 재위 시절에 일부만 복구됐지요. 중세 역사에서 권력의 표현이나 상징은 대성당과 왕궁으로 표현되는 것 같아요."

나와 엘레나는 맥주와 전통 체코 음식을 먹어 보기로 했다. 그리고 황금소로를 가는 길에 있는 성 이르지 바실리카Bazilika Sv. Jiří로 걸었다.

나는 엘레나에게 바실리카에 대해 물었다.

"바실리카는 로마제국의 공공건물을 지칭하는 말이죠. 많은 사람이 모이는 장소를 말하는데, 기독교가 로마제국에서 공인된 후에는 예배를 보는 곳을 지칭해요. 유럽의 많은 성당이 바실리카라는 이름으로 불리기는 하는데, 처음부터 성당으로 만들어진 것은 아니에요. 기독교가 공인되기 전에는 종교적인 목적으로 사용되지 않고 사람들이 모이는 곳으로 사용했어요."

"정확하게 알고 계시네요. 성 이르지 바실리카는 프라하 성에서 가장 오래된 교회 중 하나예요. 보헤미아 최초의 여수도원이기도 했어요. 현재는 미술관으로 사용되지요."

나는 손으로 성 이르지 바실리카를 가리켰다.

"이르지Jiří는 체코어이고, 영어로는 '조지'라고 해요. 뒤쪽에 하얀 탑이 양쪽으로 있는데, 자세히 보면 크기가 달라요. 오른쪽은 아담을, 왼쪽은 이브를 상징하죠. 이 바실리카에는 보헤미아 최초의 성녀이자 바츨라프의 할머니인 루드밀라St. Ludmila와 최초로 이 성을 지은 블라디슬라브 1세의 묘가 안치돼 있어요. 많은 성당에 묘지가 안치돼 있어서인지 유럽에서는 성당을 신들의 안식처라는 이야기를 하나 봅니다."

천천히 아래로 걸어가면서 나는 엘레나에게 이르지 성인에 관해 아느냐고 물었다.

"이르지 성인은 의외로 유럽의 많은 곳에 있어요. 말을 타고 창으로 용을 죽이고 있는 동상이나 석상이 있으면 거의 이르지 성인이라고 생각하면 돼요. 그는 3세기 후반인 280년경 현재의 터키 땅에서 태어나는데, 그의 아버지는 특이한 자연환경을 가지고 있는 카파도키아Cappadocia 출신이에요. 귀족 출신으로 로마군의 장교였어요. 그리고 그의 부모 모두 기독교인이었지요.

그가 14살이 되던 해 부모님이 돌아가시고 고아가 되지요. 군대에 가기로 결정하고 콘스탄티노플Constantinople 이전의 동로마제국의 수도였던 니코메디아Nicomédia로 가지요. 현재 이곳은 터키의 3대 도시 중 하나이고, 이스탄불Istanbul 다음으로 큰 항구 도시는 이즈미르Izmir 예요. 이곳에는 그 당시 로마의 황제였던 디오클레이티아누스와 그의 궁이 있었어요. 그가 그곳에 간 이유는 군에 입대하기 위한 것이었고, 입대해서도 황제의 촉망을 받았어요."

"그가 군 복무를 하던 어느날이었어요."

나는 엘레나를 바라보며 이야기했다.

"어느 날 황제는 기독교인을 색출하라는 명령을 해요. 많은 군인들은 서로를 밀고해요. 그러던 중 성 이르지는 본인이 기독교인이라고 말하고 죽음을 맞이하지요. 아폴론 신전에서 바퀴에 칼날이 있는 곳에 누워 죽임을 당해요. 그는 죽어 가면서 고통스러워하거나 비명을 지르지 않았다고 해요. 이르지 성인이 이렇게 죽은 해는 서기 303년도로 그의 나이 23살 때의 일이지요.

이러한 숭고한 죽음의 장면을 본 황제의 부인 알렉산드라Alexandra와 그의 딸은 기독교로 개종하지요. 그리고 그가 처형당했던 아폴론 신전의 제사장도 기독교로 개종해요. 참고로 황제는 그의 부인과 딸도 기독교인이라는 이유로 처형했다고 하네요.

그리고 야사라고 해야 할지, 전설이라고 해야 할지 모르겠지만, 이르지 성인이 용을 죽이는 장면은 유럽의 많은 곳에 남아 있어요. 현재의 리비아Libya에는 흑사병을 퍼트리며 마을 아가씨를 잡아먹는 용이 사는 호수가 있었다고 해요. 마을 사람들은 두려움으로 용에게 매일 2마리의 살찐 양을 제물로 바쳤어요. 양이 다 떨어지자 동네 아가씨들을 제물로 바쳤고 영주의 딸이 용에게 잡혀 먹으려는 순간 이르지 성인이 나타나 용을 죽였다는 이야기가 전해지면서 생긴 것들이에요."

"그래서 이르지 성인을 위험에 처한 아가씨를 구해주는 수호성인이라고도 하는군요."

"네, 맞아요. 그리고 이르지 성인이 죽은 지 10년 후 기독교가 공인되요."

엘레나는 시민회관, 바츨라프 광장, 카를교, 프라하 성까지 걸었더니 피곤하다고 말했다. 만보기에는 호텔에서부터 약 26,000보라고 표시돼 있었다.

나와 엘레나는 황금소로Zlatá ulička를 통해 밖으로 나가기로 했다.

"황금소로는 원래 빈민가였죠. 골목 입구에서 보면 2층 건물이지만 재미있는 것은 2층은 하나의 복도로 연결돼 있다는 겁니다. 그리고

1층은 각기 다른 집이고요. 22번지의 파란색 집은 카프카가 마지막 작품을 쓴 곳으로 유명하죠. 그는 폐결핵을 앓고 있었어요. 프란츠 카프카의 마지막 집필 공간인 이곳에는 그의 많은 전시품이 있을 것 같지만 썰렁한 동판 위에 '프란츠 카프카가 이곳에 살았다'라는 말만 쓰여 있을 뿐 아무것도 없어요. 이곳은 지금 평범한 기념품 가게예요."

"체코에는 프란츠 카프카와 관련된 곳은 많지만, 우리가 생각하는 것처럼 인기가 많은 것 같지는 않아요. 아마 글을 독일어로 썼기 때문일까요? 문학사적인 분류로만 하더라도 그는 독일 작가로 구분되잖아요."

프란츠 카프카가 마지막 작품을 쓴 22번지

저녁 먹을 시간이 되자 슬슬 배가 고프기 시작했다. 오늘은 우리나라 족발과 비슷한 돼지 바비큐인 체코의 꼴레뇨^{Koleneo}를 필스너 우르켈^{Pilsner Urquell} 맥주와 함께 먹기로 했다.

바츨라프 광장

DAY 11_백탑의 도시, 얀 후스의 도시, 그리고 카프카의 도시, 프라하

주

1 **프란츠 카프카**(Franz Kafka, 1883~1924)_ 유대계 독일인 소설가로, 인간 운명의 부조리, 인간 존재의 불안을 통찰했다. 실존주의 문학의 선구자다.

2 **베드르지흐 스메타나**(Bedřeich Smetana, 1824~1884)_ 체코슬로바키아의 유명 작곡가. 민족운동의 선두에 서서 국민극장의 전신인 가극장(假劇場)의 지휘자로 활발한 활동을 했다. 대표작으로 교향시인 '나의 조국'과 오페라인 '리부셰', '팔려간 신부'가 있다.

3 **안토닌 드보르자크**(Františdk Dvořák, 1841~1904)_ 체코의 작곡가. 자연스러운 음악 속에 체코 민족의 애환을 담은 독자적인 작풍(作風)을 이뤘다. 표제 음악 전성기에 절대 음악을 많이 작곡했고 미국 체류 중에는 흑인과 아메리칸 인디언 음악 요소를 곁들인 작품을 썼다. 주요 작품으로는 첼로 협주곡, 슬라브 무곡이 있다.

4 **리하르트 바그너**(Wilhelm Richard Wagner, 1813~1883)_ 독일의 작곡가 겸 피아노 연주자이자 지휘자, 음악 이론가, 그리고 수필가이기도 하다. 주요 작품으로는 오페라 '혼례', 악극 '파르지팔' 등이 있다.

5 **니콜로 파가니니**(Niccolo Paganini, 1782~1840)_ 이탈리아 출신의 바이올린리스트로, 고난도의 다양한 연주 기법을 구사했다.

6 **카를 4세**(Karel IV, 1346~1378)_ 룩셈부르크 가문, 보헤미아의 왕, 신성로마제국의 황제

7 **서품**_ 가톨릭에서 특별한 의식에 의해 교회 공직자를 임명하는 절차

8 **바르샤바조약기구**_ 1955년 동유럽 8개국이 모여 나토(NATO)에 대항하기 위해 체결한 군사 동맹조약 기구

9 **30년 전쟁**(1618~1648)_ 독일을 무대로 신교(프로테스탄트)와 구교(가톨릭) 간에 벌어진 최후 최대의 종교 전쟁이자 최초의 근대적 영토 전쟁이다.

10 **존 레논**(John Lennon, 1940~1980)_ 영국의 세계적인 4인조 록 밴드인 비틀즈의 멤버

11 **스그라피토**(Sgraffito)_ 서양 건축 기법의 하나. 초질 도료가 마르기 전에 선각에 의해 모양을 내는 기법으로 프레스코화와 병행

12 **슬라브 족**(Slavs)_ 유럽 전체 인구의 약 1/3을 차지하는 최대 민족. 그 대부분이 구소련과 동유럽, 발칸반도 슬라브계인 폴란드, 체코슬로바키아, 유고슬라비아, 불가리아 등에 거주한다.

13 **판테온**(Pantheon)_ 그리스어로 '모든 신들에게 바쳐진 신전'이라는 뜻으로 즉, 로마 전역에 존재하는 모든 신들을 위해 세운 성전이다.

황금소로

Day 12
최초의 은화를 주조한 도시, 쿠트나호라

쿠트나호라는 보헤미아 왕국의 제2 도시로 번성했고, 14세기 유럽의 번영을 상징하는 도시이다.

　나와 엘레나는 아침 일찍 출발했다. 호텔에서 쿠트나호라까지는 약 70km 정도로, 고속도로를 따라가다가 국도를 이용하는 경로이다. 독일명으로는 구텐베르크Kutenberg라 불리며, 보헤미아의 숨은 보석이라고도 하며, 체코 왕실의 국고라는 별명도 가지고 있다. 구트나호라는 10세기경에 조성돼 1238년 이래 작센 출신 독일 상인의 도시로 발전하였다. 이곳 근처 세들레츠Sedlec에서 은광이 발견되면서 납골당이 있는 쿠트나호라가 유명해졌다.

　우리가 가장 먼저 도착한 곳은 해골 성당Sedlec Ossuary이었다. 차를 주차한 후 성당 근처로 가니 많은 사람들이 오가고 있었다. 입구에는 해골 성당이라는 것을 쉽게 짐작할 수 있을 만큼 많은 무덤이 보였다. 그리고 아직도 유골을 발굴하는 모습이 눈에 띄었다. 해골 성당의 본래 이름은 '코스트니체 세드렉Kostnice Sedlec'이라고 한다.

표를 사서 안으로 들어가면서 엘레나는 이 성당이 생기게 됐는지 물었다.

"13세기 성지 순례를 다녀온 수도원장이 예루살렘에서 가져온 흙을 이곳에 뿌린 것이 계기가 됐어요. 그래서인지 많은 귀족들이 이곳에 묻히기를 바랐지요. 이곳은 14세기 흑사병이 유럽에 창궐하면서 당시 많은 흑사병 환자들이 마지막 행선지로 선택했던 곳이기도 해요. 수도원의 주인인 슈바르첸베르크 가문의 지시에 따라 1870년 한 조각가가 성당 지하에 묻혀 있던 뼈로 성당을 꾸미기 시작했다고

해골 장식

해요. 흑사병과 얀 후스 전쟁으로 수많은 사람이 죽고 더 이상 시체를 매장할 수 없게 되자, 이들의 뼈와 해골로 성당을 만들게 되는데, 이렇게 시작된 것이 바로 해골 성당이에요."

천장에는 해골과 뼈를 엮어 만든 2m 높이의 샹들리에가 매달려 있었다. 촛대 모양의 장식은 부위별로 뼈를 잘라 만들었다고 한다. 재료가 괴기스러웠지만 발상과 솜씨는 매우 뛰어났다.
"한쪽 진열장에 따로 전시돼 있는 두개골은 뭐죠?"
"이 두개골은 후스 전쟁때 싸웠던 용사의 해골이에요. 함몰된 해골이 그 당시 전쟁의 상처를 나타내는 것 같죠. 영생과 신의 축복을 나타내는 교회에 죽음을 상징하는 해골이 대비되지만, 왠지 무엇인가

해골 성당 추도함

우리에게 교훈을 주는 것 같아요."

엘레나는 쟁반처럼 생긴 추도함에 초에 불을 붙인 후 기도를 했다.

"재산과 건강 같은 것은 모든 인간에게 똑같이 주어지지 않지만 죽음만은 공평하게 주어지는 것 같아요. 결국 누구나 죽잖아요. 모든 것을 얻은 사람도 그렇지 않은 사람도 말이에요."

나와 엘레나는 성모 마리아 승천 성당Chrám Nanebevzeti Panny Marie으로 발걸음을 옮겼다. 해골 성당에서 성모 마리아 승천 성당까지는 5분 정도 걸린다.

"성모 마리아 승천 성당은 12세기에 만들어졌어요. 이곳에 1142년 1시토회Cîteaux 수도원이 설립되면서 로마네스크 양식으로 지어진 성당인데 후스 전쟁 때 불타 소실됐다가 1707년에 다시 바로크 양식으로 복구됐어요. 성 바르보라 성당과 함께 이 지역을 대표하는 성당이지요."

거리에는 사람이 별로 없었다. 나는 천천히 걸으며 엘레나를 바라보았다. 그리고 이야기를 이어 나갔다.

"쿠트나호라는 광산 개발과 함께 발전했어요. 중세 시대에는 보헤미아 왕국 제2의 도시로 번성했지요. 14세기의 번영을 상징하는 도시이기도 해요. 한마디로 14, 15세기 보헤미아 왕국의 정치, 경제적 중심지예요.

이 지역에서 은광이 발견된 것은 1300년 7월이에요. 은광이 발견되자 바츨라프 2세는 이탈리아 금융인들을 참여시켜 화폐 개혁을 단행해요. 그러면서 그 당시 통용되던 모든 화폐는 더 이상 쓸 수 없게 되지요. 현재 이탈리안 궁정이라고 불리는 블라슈스키 드브르Vlašský dvůr 궁전에 있는 중앙조폐국에서 최초의 은화인 '프라하 그로셴Prague Groschen'을 주조해요. 이때부터 이 도시는 보헤미아에서 중요한 경제 도시이자 왕립 도시로 바뀌게 되지요.

카를 4세와 얀 루쳄부르스키Jan Lucemburský 왕은 쿠트나호라에 많은 권리와 특권을 부여해요. 이 도시는 발견 초 합스부르크 가문에 의해 1304년과 1307년, 두 차례나 공격을 받아요. 처음에는 방어 체계도 제대로 되지 않았지만 잘 막아내고, 다른 침략을 막아내기 위해 성벽을 쌓았어요. 1307년 합스부르크 가문이 다시 쳐들어왔을 때는 거대한 석조 벽으로 둘러싸여 있었어요. 14세기 중반이 됐을 때 이곳은 2해자가 있었고, 4개의 주요 출입문을 갖춘 요새로 변모했어요.

후스 전쟁으로 많은 변화를 겪게 되고, 1422년과 1424년 두 차례의 큰 화재를 겪으면서 도시의 많은 건물이 불타고 16세기 중반에 와서 은광이 고갈되면서 도시의 경제적 부가 감소하게 되지요."

엘레나는 나에게 바르보라 성당Chrám Sv. Barbory을 둘러보고 구시가로 가서 식사를 하자고 했다. 우선 주차장으로 돌아와 차를 가지고 성당으로 향했다.

"이곳에서 주조됐던 은화가 중세 시대에 유럽에서 통용됐다는 것을 생각해보면 도시가 활기에 넘쳐 있었을 것이라는 생각이 드네요."

주차를 한 후 성 바르보라 성당으로 향했다. 나와 엘레나는 성당을 바라보았다.

"이 성당은 프라하의 성 비타 성당과 함께 체코를 대표하는 후기 고딕 양식으로 지어졌어요. 1388년 이 도시에서 광부로 일했던 시민들의 후원금으로 만들었어요. 비타 성당을 건축하는 데 일조했던 뻬트르 빠를에르Petr Parléř와 얀 빠를에르Jan Parléř의 설계로 건물을 짓기 시작했어요. 그러면서 그 당시에 일어난 전쟁, 자금 부족 등으로 여러 번 중단됐다가 14세기에 다시 시작되고, 1558년 16세기에 완공됐

바르보르 성당

어요. 이 성당을 건축하는 데 참여했던 다른 건축가로는 전에 화약탑 벽면에서 봤던 마테이 레이세크^{Matěj Rejsek}, 베네디크트 레이트^{Benedikt Rejt}를 들 수 있어요. 1626년에 접어들면서 예수회가 들어와 성당을 관리했어요. 그리고 1996년에 세계문화유산으로 등록됐지요."

나와 엘레나는 성당 안으로 들어갔다. 색이 바랜 제단 뒤에 있는 예배당의 3프레스코화가 보였다.

"천장에 그려져 있는 문장은 보헤미아 왕가의 문장과 귀족의 문장, 리투아니아 대공국과 폴란드 문장, 그리고 장인 길드의 문장이에요. 리투아니아와 폴란드의 문장이 이곳에 있는 이유는 보헤미아와

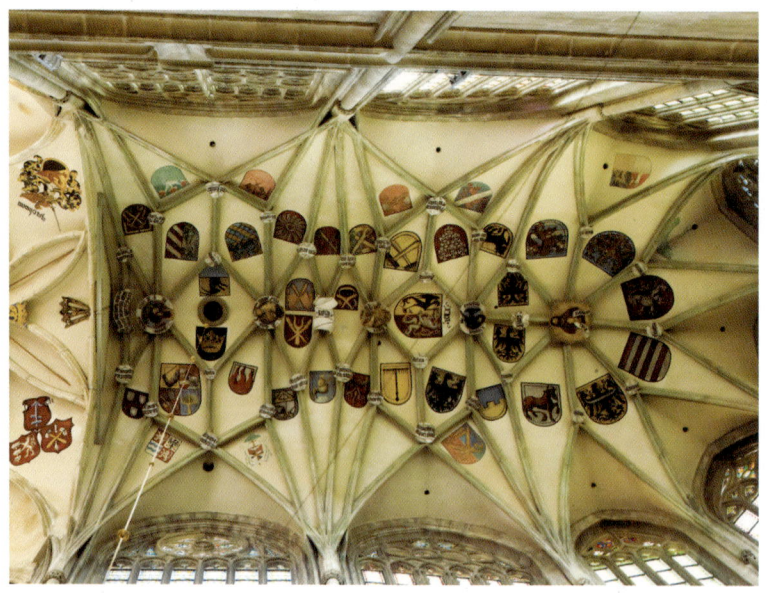

성당 천장에 그려진 문장

리투아니아, 그리고 폴란드를 다스리는 왕이 같은 국왕에 의해 다스려졌기 때문이에요."

우리는 천천히 성당을 둘러보면서 걸었다.

"참 이상하죠? 이 안에는 성인의 상이 아닌 흰 가운을 입고 등불을 들고 있는 광부의 부조들이 보이네요. 다른 성당에는 일반적으로 성서의 이야기나 성인의 일대기가 그려져 있는데, 이 성당은 중세 은광 도시였던 쿠트나호라의 세속적인 삶이 프레스코화로 장식돼 있어요. 남쪽 측량에는 화폐 주조 과정을 그린 작업 모습도 프레스코화로 그려져 있고요."

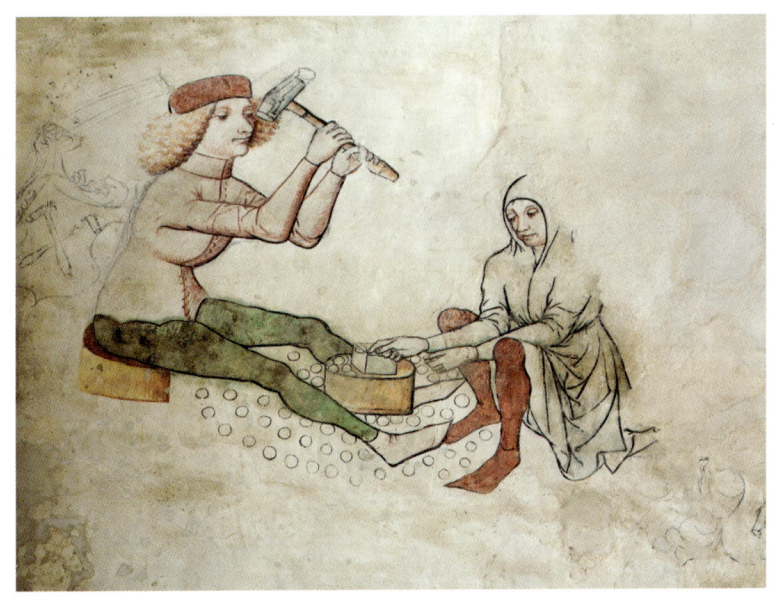

화폐 주조 모습

스테인드글라스 중에는 쿠트나호라를 방문한 프란츠 요제프 2세 Franz Joseph II를 기념하기 위한 것도 있었다.

엘레나와 나는 성당을 둘러본 후 밖으로 나왔다. 그리고 구시가를 향해 천천히 걸었다. 성당에서 구시가로 들어가는 길의 풍경이 아름다웠다. 입구에 다다르자 조그만 길이 두 갈래로 나뉘었다.

우리는 이탈리안 궁정 Vlašský dvůr으로 향했다. 우선 그전에 은광 박물관 České Muzeum stříbra 투어를 하고 식사를 한 후 마지막으로 이탈리아 궁정을 둘러보자고 했다.

박물관 가이드 투어는 영어와 체코어 두 가지로 진행되는데, 우리가 박물관에 도착했을 때는 체코어로 진행되고 있었다. 나와 엘레나는 고민 끝에 그대로 투어를 하기로 했다. 영어로 된 설명서를 나눠 주고 투어를 하는데 맨 먼저 은광의 역사를 설명하는 듯했다.

우리는 흰 안전모와 흰 가운을 입고 투어를 시작했다. 광산은 천장이 높은 곳과 낮은 곳, 폭이 높은 곳과 좁은 곳 등 무척 다양했다.

투어가 끝난 후 밖으로 나와 식사를 하기로 했다. 이곳에서 가장 유명하다는 다치츠키 Dačický 식당에 가보기로 했다. 식당은 구시가에 있었고 은광 박물관에서 그리 멀지 않았다. 밖에서 보는 것보다 내부가 넓었다. 자리를 안내받고 앉자 주문을 받으러 왔다. 이곳에서 유명한 사슴고기와 다치츠키 맥주를 주문했다. 주문한 음식이 나왔다. 나는 사슴 고기를 두세 번 먹어본 적이 있었기 때문에 큰 거부감은 없었다. 냄새도 없고 맛있었다. 나는 운전을 해야 하기 때문에 음료를 마셨는데 엘레나에게 다치츠키 맥주 맛을 물어보니 맛있다고 했다.

아침부터 반나절을 걷고 좁은 은광을 다녀서인지 무척 피곤했다. 식사를 끝낸 후 밖으로 나왔다. 이타릴안 궁정은 식당에서 그리 멀지 않은 곳에 있었다.

"왜 이탈리안 궁정이라 불리는 거죠?"

"은화가 채굴되면서 바츨라프 2세는 14세기에 은화를 주조하기 위해 이탈리아 피렌체에서 화폐 제조업자들을 이곳으로 영입했기 때문이에요. 그 당시 유럽에서는 [4]은본위제로 은화를 사용했다고 해요. 지금 이곳은 화폐 박물관으로 사용되고 있어요."

이탈리아 궁정에 도착했을 때 신기하게도 들어가는 입구에 프라하 성에서 보았던 체코의 초대 대통령 동상이 서 있었다. 안으로 들어가자 건물로 둘러싸인 마당이 있었고, 중앙에는 분수대가 있었다. 나와 엘레나는 내부 관람 투어를 신청했다. 내부 관람은 가이드 투어 1과 2로 나눠지는데, 먼저 가이드 투어 1이 시작됐다.

입구 홀에는 쿠트나호라의 입체 지도가 걸려 있었는데, 이탈리아 궁정이 도시의 중심에 자리 잡고 있었다. 그리고 홀에는 두 가지 석고 모형이 있는데 첫 번째는 1400년경의 이탈리아 궁정의 모습으로 요새 겸 보관소 모형이었다. 두 번째 모형은 첫 번째 모형과는 조금 다른 모습이었다. 서쪽 대문이 만들어진 모습이었다. 방에는 은광이라는 돌이 전시돼 있었고 광부 조각상도 있었다. 이러한 모형을 보며 이탈리아 궁정에 대한 설명과 영상을 10분 정도 보았다. 은이 채굴되기 이전의 모습과 채굴돼 은화로 만들어지기까지의 모습이었다. 한편에는 그 당시 주조한 동전들과 그리고 작은 예배당도 보였다. 은화를 만들 때 사용한 도구가 전시돼 있었다.

가이드는 은화 제조 과정을 보여줬다. 은을 만드는 도구에 은을 넣은 후 세게 내려치면 은화가 완성됐다. 도구가 흔들리지 않게 도구 바닥면을 잡고 있었던 것은 죄수였다고 한다. 여기까지가 가이드 투어 1이었다. 잠깐 쉬었다가 가이드 투어 2가 시작됐다.

처음으로 들어간 곳은 로얄 오디언스 홀Royal Audience Hall이라고 부르는 곳이었다. 이 홀은 바츨라프 4세 때 만들어졌다고 한다. 여러 문장이 그려져 있는 천장은 14세기부터 있었고, 좌우 벽에 있는 그림은 1900년대 그려진 그림인데, 이곳에서 일어난 사건을 그린 것이라고 했다.

다음 방은 이곳의 최고 수장의 방으로 1848년부터 1938년까지의 초상화가 그려져 있었고, 계단을 따라 내려가면 왕립 예배당이 나타났다.

나와 엘레나는 이탈리아 궁정에서 나와 문밖에 있는 벤치에 앉았다. 시원하게 불어오는 바람이 내가 이 도시의 이방인이라는 사실을 잊게 하는 것 같았다.

나와 엘레나는 일어나 걸었다. 커피를 사서 주차해 놓은 곳까지 천천히 걸어갔다. 차는 도로를 따라 출발했고, 호텔에 돌아오니 저녁이었다. 내일이면 나와 엘레나는 프라하 공항에서 헤어진다. 돌아가기 전 마지막 만찬을 하기로 한 곳으로 향했다.

1 **시토회(Citeaux)_** 가톨릭 봉쇄 수도회 중 하나로, 수작업과 자급자족을 하며 전통적으로 농업이나 맥주 제조를 한다. 명칭은 프랑스 중동부 디종 인근의 마을 시토에서 유래했다.

2 **해자_** 적의 침입을 막기 위해 성 밖을 둘러 파서 물이 흐르게 한 곳

3 **프레스코화(Fresco)_** 본래 뜻은 회반죽이 마르기 전, 이탈리아어로 프레스코(신선)할 때 물로 녹인 안료로 그리는 기법으로 그려진 벽화를 가리킨다. 벽화 화법 중 대표적인 것으로, 기원전부터 로마인에 의해 그려져 왔다.

4 **은본위제(Silver Standard)_** 한 나라의 화폐 제도의 근간을 이루는 기준을 은으로 정하고 그 기초가 되는 화폐, 즉 본위 화폐를 은화로 하고 이것을 마음대로 주조하고 녹이는 것을 인정해 무제한 통용을 가능하게 한 제도이다.

TIP 프라하에서 만나는, 프란츠 카프카

우리에게 잘 알려져 있는 프란츠 카프카(1883~1924)는 체코 문학을 대표하는 인물 중 하나다. 그를 추종하는 체코인들이 '카프카는 곧 프라하다'라고 말할 정도로 체코의 문학에 있어 위대함을 떨친 인물이다. 프라하는 프란츠 카프카의 도시다. 카프카는 1883년 프라하에서 태어나 폐결핵으로 41세의 짧은 생을 마치기까지 몇 차례의 여행을 제외하고는 프라하를 떠난 적이 없다.

유태계 지식인이었던 프란츠 카프카는 채 40년도 되지 않는 생애 동안 '실종자', '심판' 등 인간 운명의 부조리와 존재의 불안을 극한으로 표현했다. 학창시절에 한 번쯤은 접해봤던 '변신'은 그의 대표작으로 꼽힌다. 어느 날 잠에서 깨어나 벌레가 된 자신을 발견하는 그레고르 잠자의 이야기이다. 가족의 생계를 책임지던 그레고르 잠자가 하루아침에 벌레로 변신하면서 가족들에게 소외된다는 독특한 설정으로 '인간 소외' 현상에 대한 근원적 물음을 던지고 있다.

카를교 근처에 위치한 카프카 박물관은 프란츠 카프카의 모든 것이 서려 있는 곳이다. 겉모습은 소박하지만 내부는 독특한 작품 배치와 분위기로 방문객들의 눈길을 사로잡는다. 그곳에는 카프카의 글과 편지들, 그의 가족사진이 전시돼 있으며, 박물관 내부에 위치한 기념품 샵에서는 카프카의 작품과 관련 기념품을 구매할 수 있다.

프란츠 요제프 1세 황제와 황실 가족

Appendix
부록

유럽 최고의 가문, 합스부르크 이야기

합스부르크는 976년부터 270년간 오스트리아를 통치한 바벤베르크 왕조의 뒤를 이어 1273년부터 640년간 유럽의 패권을 차지한다. 640년 동안 20명의 황제를 배출하였다.

합스부르크 이전 독일의 정치적 상황, 대공위 시대

합스부르크 이전은 대공위 시대 Interregnum로, 민족 국가가 시작된 시기이기도 하다. 그리고 신성로마제국이라는 칭호가 공식 문서에 사용됐다.

동유럽을 이해하기 위해서는 합스부르크를 이해해야 한다. 그리고 합스부르크를 이해하기 위해서는 루돌프 폰 합스부르크가 독일 왕으로 선출되기 전, 독일의 정치적 상황을 이해하는 것이 좋다.

여러 가지 정치적 상황이 있겠지만, 인물을 중심으로 이야기해보려고 한다.

이 시대의 중심적 인물은 바르바로사라고 불렸던 호엔슈타우펜 왕가의 황제 프리드리히 1세 Friedrich I, 그의 아들 하인리히 6세 Heinrich VI,

그의 어머니 콘스탄츠의 공주, 하인리히 6세의 아들 프리드리히 2세, 교황 인노첸티우스 3세, 교황 인노첸티우스 4세, 그리고 프리드리히의 차남이자 적자였던 콘라트 4세가 합스부르크 이전의 중심인물이다.

이러한 인물을 거치는 역사적 과정 속에서 교황의 힘이 얼마나 큰지 알 수 있으며, 대공위 시대가 시작됐다고 볼 수 있다.

프리드리히 1세는 이탈리아어로 '붉은 수염'이라는 의미의 '바르바로사'라고 불렸다. 그는 이탈리아 원정을 6번이나 단행했다. 그리고 1190년 6월 소아시아의 남동쪽에 있는 [1]킬리키아의 살레트 강에서 수영을 하던 중, 67세의 나이로 죽는다. 황제의 갑작스러운 죽음으로 군대는 투르크 군에게 공격을 당하고, 그의 시체는 아들 하인리히 6세가 예루살렘에 묻기 위해 식초로 방부했지만 실패해 그의 살은 [2]안티오키아의 성베드로 성당, 뼈는 [3]티레 대성당, 그리고 심장과 내장은 [4]타르수스에 묻었다.

프리드리히 1세가 죽으면서 당시 4살이었던 아들이 왕위에 올랐다. 이 아들이 바로 하인리히 6세다. 그는 나폴리 시칠리 왕국의 루제로 2세Ruggero II의 딸 콘스탄츠의 공주와 결혼했다. 루제로 2세 왕조는 프랑스의 노르망디 오트빌에서 남부 이탈리아로 이주해 온 용병대장 일족이 세운 노르만 왕조다.

콘스탄츠와 결혼한 하인리히 6세는 프리드리히 2세를 낳았다. 하인리히 6세는 독일 왕, 부르고뉴 왕, 북부 이탈리아 왕, 그리고

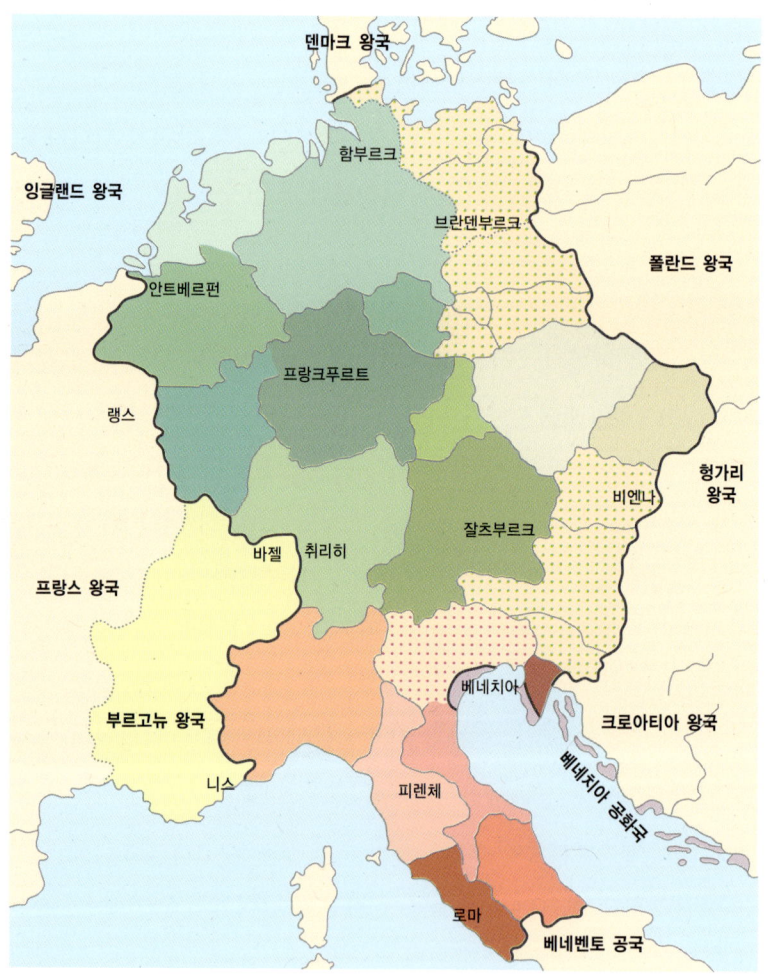

오토 대제 시대 신성로마제국의 영토(굵은 실선 안쪽)

나폴리 시칠리아 왕을 겸했다. 하지만 그 역시 갑작스럽게 사망하여 2살에 불과했던 프리드리히 2세가 왕위를 물려받게 된다. 이러한 상황으로 인해 독일과 이탈리아에서 프리드리히 2세 쟁탈전이 벌어지게 됐다. 프리드리히 2세의 모친 콘스탄츠는 교황권을 확대시킨 로마 교황 인노켄티우스 3세Innocentius III를 아들의 섭정으로 삼는다는 유언을 남기고 죽었다. 따라서 프리드리히 2세는 로마 교황에게 넘어가게 된 것이다.

인노켄티우스는 교육에 열정적이었다고 한다. 프리드리히 2세 또한 매우 뛰어난 머리와 체력을 가지고 있었다. 6개 국어에 능통했으며, 온갖 지식을 빠르게 습득하고 지략과 승마, 창술 등에도 뛰어났다고 한다.

인노켄티우스는 프리드리히 2세가 성장해 섭정 자리에서 물러날 때가 되자 오토 4세를 독일 왕으로 임명했다. 그러자 프리드리히 2세의 호엔슈타우펜 왕가에서는 이를 재위 찬탈로 보고 격렬하게 반발했다. 결국 교황은 벨펜가의 오토 4세를 폐위시켰고, 프리드리히 2세의 황제 대관식을 결정했다.

이러한 이유로 프리드리히 2세는 독일의 오토 가문을 싫어했다. 그는 프랑스의 지원을 등에 업고 오토 세력을 물리친 후 스무 살이 되던 1215년에 독일 왕에 즉위했다. 1220년 인노켄티우스 3세가 죽은 후 그는 교황청과의 약속을 파기하고 두 아들 하인리히 7세와 콘라트 4세 중 하인리히 7세를 공동 통치자로 삼아 독일 왕에 임명했다.

1248년 인노켄티우스 3세의 뒤를 이은 인노켄티우스 4세는 네덜란드 백작인 빌헬름을 대립 왕으로 내세워 황제를 퇴위시키고 실권을 차지하려 했지만 실패했다.

1250년 프리드리히 2세가 56세의 나이로 갑자기 사망하면서 그의 차남 콘라트 4세가 독일 왕이 됐다. 콘라트 4세는 다음 해인 1251년 말 이탈리아의 남부 시칠리아로 넘어가 시칠리아 왕위를 차지했다. 1254년 공식 문서에 '신성로마제국'이라는 칭호를 사용했고, 이는 '대공위 시대' 이후 공식화됐다. 실체 없는 제국의 지배자가 된 것이다.

독일 왕 프리드리히 2세의 죽음과 얼마 지나지 않아 찾아온 그의 아들 콘라트 4세의 죽음은 대공위 시대가 시작됐음을 알리는 신호탄이었다.

1254년 콘라트 4세가 사망하자 그의 어린 아들 콘라딘의 피후견인으로 알렉산드로 4세가 교황으로 지명됐다. 교황은 콘라트 4세의 유언장을 무시하고 슈바벤 공작의 영지를 카스티야의 왕 알폰소 10세에게 주었다. 그리고 시칠리아 왕국은 잉글랜드의 에드먼드 왕자에게 주겠다고 제의했다. 이는 어린 콘라딘의 통치 세력을 약화시키려는 의도였다.

성인이 된 콘라딘은 시칠리아의 왕위 계승권을 주장하면서 로마를 침입했다. 당시의 로마 교황 클레멘스 4세는 앙쥬 가문의 샤를을 시켜 이들을 물리쳤다. 포로로 잡힌 콘라딘은 교황청에 대한 반역죄를 선고받고 1268년에 공개 처형됐다. 이로써 호헨슈타우펜가 가문은 막을 내리게 됐다. 왕위가 공석인 상황에서 교황에 의해 대립왕으로 선출됐던 빌헬름도 원정 도중 사망하면서 대공위 시대가 본격적으로 시작됐다.

대공위 시대란, 프리드리히 2세가 사망한 1250년부터 1273년도 합스부르크 가문의 루돌프 1세가 독일 왕으로 즉위하기 바로 전까지의 시기를 말한다. 이 시대의 특징은 한 나라에 왕이 둘씩이나 재위하면서 대립했던 대립 왕 시대이며, 황제가 없었던 점을 들 수 있다. 로마 교황으로부터 황제의 대관을 받지 못했다는 의미보다 제왕의 권위가 없었다는 것을 뜻한다.

이후 독일은 신성로마독일 제국이라는 칭호를 사용하게 됐고, 로마 교황의 승인하에 이뤄졌던 황제의 대관식은 제후들이 모여 결정해 아헨에서 추대 선출되는 것으로 바뀌었다.

교황을 선출하는 것과 마찬가지로 독일 왕의 선출은 제한된 범위 내에서 우세한 제후들에게 선거권이 부여되면서 교황의 승인을 기다리지 않고 선거만으로 황제가 되는 선제후 회의가 성립됐던 것이다.

그리고 유럽 역사적으로 매우 중요한 시점이 바로 이때인데, 유럽의 민족국가의 시대가 시작된다.

대표적으로 독일과 프랑스를 보면 왕의 중앙 집권으로 헌법을 가지고 단일 국가로 발전했고, 독일은 제후들의 권력을 왕이 인정함으로써 헌법을 가지지 못하고 단일 국가로서의 발전이 저해됐다.

합스부르크 가문의 시작, 혼인정책

합스부르크의 영토 확장과 세력 확장의 시작은 혼인정책으로부터 시작된다.

"Bella gerant alli, tu felix Austria nube.
Let others wage wars, but you, happy Austria, shall marry."
(다른 사람들은 전쟁을 하게 만들라. 행복한 오스트리아여, 우리는 결혼을 할 것이다.)

합스부르크 가문을 이해하기 위해서는 그들이 어떻게 세력을 확장했는지를 이해하는 것이 좋다. 그러기 위해서는 그들의 혼인정책을 이해해야 한다.

시작 인물은 루돌프다. 1273년 루돌프는 합스부르크 가문의 초대 왕으로 독일의 왕으로 선출됐다. 그의 아버지 알브레히트와 마찬가지로 슈타우펜 왕조의 충직스러운 사람이었다. 프리드리히 2세가 사망한 후 그의 아들 콘라트 4세를 섬기는 충성심 때문에 파문을 당하기도 했다. 그는 매우 사교적이고 경건하고 정직한 왕이었다고 한다.

대공위 시대에 많은 후보가 있었지만 왜 루돌프 폰 합스부르크가 왕이 됐을까? 그리고 이들을 추천한 사람은 누구일까?

독일 선제후들에게 독일 왕으로 추천한 사람은 뉘른베르크의 성주, 바로 프리드리히 3세 폰 호엔촐러른이다. 추대한 이유는 루돌프가

루돌프 1세

왕의 후보자로서 매우 미미한 권력을 가졌기 때문이었다. 선제후들은 그들이 모실 왕이 강력한 힘을 가지기를 바라지 않았다. 합스부르크를 왕위에 올린 수백 년이 지나 프로이센 왕국을 건설하게 된다. 그리고 1866년 프로이센-오스트리아 전쟁에서 비스마르크를 중심으로 한 프로이센이 승리하게 됨으로써 합스부르크 가문을 독일에서 축출한다.

이렇게 합스부르크는 왕위에 올랐고, 이 가문은 세력을 확장시켜 나갔다. 그럼 어떻게 그들의 세력을 확장시켜 나갈 수 있었을까?

바로 혼인정책을 통해 세력을 확장시켜 나갈 수 있었다.

루돌프 1세는 독일 왕으로 선출된 후, 안나 황후라 불리는 게르트루트 폰 호엔베르크와 결혼했다. 그리고 환갑이 넘은 63세가 되던 해 다시 결혼을 했는데, 이사벨라라고 불리는 14살의 엘리자베트 폰 부르큰트와 결혼했다. 이 결혼이 가지는 의미는 부르군트를 얻으려는 합스부르크 가문 최초의 시도였다는 점에 있다. 이후 그들은 결혼정책을 통해 세력을 확장시켜 나갔다.

루돌프는 자식들을 위해 오스트리아를 정복했고, 본인은 독일인이라고 생각했다. 하지만 그의 후손들은 합스부르크의 시작을 오스트리아라고 생각했고, 그곳을 정복의 출발지라고 생각했다.

루돌프 왕의 자식들의 결혼 정책을 살펴보면, 그에게는 두 아들이 있었다. 알프레히트 1세와 루돌프 2세다.

두 아들 중 큰아들이었던 알프레히트 1세는 영민했지만 사교적이지 못했다고 한다. 그리고 한쪽 눈을 실명하고 나서는 더 괴팍해졌다고 한다.

루돌프 1세는 두 아들에게 오스트리아 주변의 봉토를 하사하고 공동으로 다스리게 했다. 그럼으로써 제후 신분을 보장받았다. 하지만 1283년 합스부르크 황실 규약에 따라 형에게 단독 통치권이 부여되고, 루돌프 2세는 왕실 관리 업무를 부여받았지만 20세 되던 해 프라하에서 급사했다.

알프레히트 1세는 엘리자베트 폰 티롤과 결혼했다. 그녀는 마인하르트의 딸이었다. 마인하르트의 아들인 하인리히는 남자 후손이 없었고, 결국 현재 오스트리아의 케른텐Kärnten, 티롤Tirol이 엘리자베트 후손에게 상속됐다.

그는 1308년에 들어서면서 합스부르크의 모든 권력 통일시켰고, 왕관이 다른 가문으로 넘어가는 것을 용납하지도 않았으며, 그들의 가문을 위대하게 만들고자 했다.

알프레히트 1세의 네 번째 아들 알프레히트 2세는 반신불수였다. 원래는 성직자가 되기로 했고, 주교직에 선출되기도 했다. 그러나 성직자를 그만두고 막냇동생인 오토와 공동으로 합스부르크의 오스트리아 땅을 통치했다. 오토는 1339년에 사망했다. 알프레히트 2세는 반신불수임에도 1304년 24세의 요한나 폰 피르트와 결혼해 3명의 아들과 2명의 딸을 두었다. 그의 부인의 아버지 마르가레테 폰 티롤은 합스부르크 가문이 후에 대가문으로 부상하도록 하는 초석을 다지는 데 막대한 역할을 하였다.

합스부르크 가문의 중요한 인물 중 한 사람인 루돌프 4세는 합스부르크 인들이 황제로 성장하는 발판을 마련한 인물이기도 하다.

그는 오스트리아 슈타이어마르크 공작, 케른텐의 공작, 티롤의 백작, 그리고 크라인 공작이었다. 그는 1358년 그의 충성스러운 신하에게 다섯 통의 특허장과 두 통의 위조 서한을 작성하도록 했다. 이 위조장으로 그는 최초의 대공위를 주장한다. 하지만 장인이었던 카를 4세가 그 당시 명망 있는 이탈리아의 시인이자 인문주의자였던 페트라르카에게 의뢰해 위조임을 밝혀낸다. 하지만 큰 처벌은 받지 않았다. 이를 계기로 제국법에는 대공 작위가 추가됐다. 그리고 프리드리히 3세에 의해 공인됐다.

루돌프 4세는 어렸을 때부터 명예욕과 권력욕이 강한 남자였다. 그의 아버지 알프레히트 2세가 70세로 사망하고 19살에 통치자가 된다. 그는 1358년부터 1365년 7년간 통치했다. 카를 4세의 딸 카타리나와 결혼했는데, 그 당시 그의 나이가 14살이었고, 신부는 11살이었다.

그는 이탈리아로 가는 모든 알프스 길을 장악했다. 이 길의 경계선에는 밀라노와 롬바르디아가 있었다. 1365년 혼인정책을 통해 비스콘티 가문과 동맹을 성사시키기 위해 밀라노로 출발했다. 그 당시 밀라노를 비롯한 이탈리아는 부와 르네상스의 미가 넘쳐 흐르는 도시였다. 그래서인지 밀라노에서는 1859년 이탈리아가 독립할 때까지 오스트리아와 프랑스의 전쟁이 끊임없이 계속됐다. 루돌프 4세는 밀라노에서 병을 앓다가 26세로 사망하게 된다. 그리고 그는 체코의 프라하 대학을 모델로 오스트리아 비엔나 대학을 설립했다.

루돌프 4세의 사망 후 형제들의 공동 통치라는 불행이 시작됐다. 바로 알프레히트 3세와 레오폴트 3세가 그들이다. 단지 영토를 분할 하는 것만으로 그들의 갈등이 커졌다.

두 사람의 성격은 정반대였다. 알프레히트 3세는 성격이 조용한 반면, 레오폴트 3세는 행동력이 강한 남자였다.

알브레히트 3세는 카를 4세의 딸인 룩셈부르크 출신인 엘리자베트와 결혼했다. 이 결혼으로 인해 합스부르크 가문과 룩셈부르크 가문의 공동 상속이라는 특이한 상속법이 탄생했다.

상반되는 성격을 가진 두 사람은 1373년 협상을 통해 영토를 분할했다. 먼저 알프레히트 3세는 1369년 쉐르닝Schaerding 평화 협정에서 티롤을 얻었다. 그리고 엔스Enns와 슈타이어Steyr, 잘츠캄머굿Salzkammergut의 오스트리아를 통치하고, 레오폴트 3세는 슈타이어마르크, 크라인, 티롤, 포어란데, 그리고 케른텐을 지배하고 수입은 똑같이 분배하는 것으로 정했다.

레오폴트 3세는 1379년 다시 협상을 해 비너 노이스타트 지역을 제외하고 엔스 강 상부와 하부만을 다스렸다. 그는 스위스 지방의 영토를 요구했다. 그러나 스위스 사람들의 거부 운동으로 결국 젬파흐 근처에서 스위스와 전쟁을 치렀지만, 이 전쟁에서 패해 전사했다.

레오폴트 3세의 아들 빌헬름Wilhelm은 공작 알브레히트 3세에게 전체 통치권을 넘기고 스위스와 전쟁을 했지만, 1388년 스위스군에게 패전함으로써 그들의 영토를 스위스에 넘겨주었다.

합스부르크는 알브레히트 3세와 레오폴트 3세로 인해 그 후손들은 알프레히트파와 레오폴트파로 분리됐다. 다시 말해서 알브레히트 계열(오스트리아 공작)과 레오폴트 계열(슈타이어마르크, 케른텐, 티롤의 공작)로 가문이 분리된다.

혼인정책의 알프레히트 5세에 관해 이야기하기 전 당시 보헤미아의 왕이었던 벤첼과 그의 이복동생인 지기스문트 시대 상황을 알아보자.
그 당시 보헤미아에서는 카를 4세가 사망하고 나서 룩셈부르크 가문은 몰락하고 있었다. 장자인 벤첼이 카를 4세의 뒤를 이어 독일과 보헤미아 왕위에 올랐지만, 벤첼은 무능하고 후손도 없었다. 그래서 결국 폐위를 당하고, 이복동생이자 카를 4세의 둘째 아들인 지기스문트가 왕위에 올랐다.

이 당시 역사적인 사건이 일어났다. 어떻게 보면 종교개혁에 관한 시발점이라고도 할 수 있다. 체코의 프라하 구시가지 중앙 광장에 가면 볼 수 있는 얀 후스가 바로 이 시발점의 주인공이다.

얀 후스는 카를 대학의 교수이자 총장이었다. 그는 라틴어로 된 성서와 예배를 모국어로 해야 한다고 주장했다. 미사에서도 사도와 신도의 차별, 성체와 성배의 차별 폐지를 주장하며 이러한 차별이 성서에 위배된다고 했다.

하지만 그가 화형당한 결정적 원인은 교황의 십자군 원정 비용을 마련하기 위한 면죄부 판매에서 비롯됐다. 죄를 지은 사람이 회개와 참회를 증명하는 방법으로 교회로부터 면죄부를 샀던 것이다. 1400년대 이 당시에는 3명의 교황이 난립했다. 그리고 당시의 왕이었던 벤첼은 교황청으로 면죄부를 할당받았다. 얀 후스는 이를 맹렬히 비난하면서 타협하지 않았다. 그 당시 대립 교황 [5] 요한 23세는 프라하에서 성무 금지령을 내렸다. 벤첼 왕은 교황과 후스를 화해시키려고 노력했지만 후스는 완강하게 저항했고, 이 일은 벤첼의 뒤를 이은 지기스문트 황제에게 일임됐다. 지기스문트는 유럽의 성직자 대표를 콘스탄츠에 모아 3명의 후보로 분열된 교황직의 문제를 해결하고자 노력했다.

지기스문트는 얀 후스에게 종교 회의에 참석하여 자신을 변론한다는 조건으로 신변 안전을 약속했다. 그는 신념을 굽히지 않았고, 그릇되게 사느니 차라리 죽음을 선택하겠노라고 말했다. 1415년 7월 15일 그는 독일의 콘스탄츠Konstanz에서 시 밖으로 불려 나가 화형 기둥에 묶여 그의 저서들이 불타는 것을 지켜보면서 화형을 당했다. 얀 후스는 불에 타 죽을 때까지 찬송가를 불렀다고 한다. 이러한 후스의 처형으로 보헤미아에서는 크고 작은 폭동이 10년간 일어났다. 그리고 후스를 추종하는 새로운 종교 지도자들이 나타났다. 그들은 성배

문양의 상징을 중심으로 단결해 지기스문트파가 보낸 군대와 맞서 싸웠다. 이러한 전쟁으로 인해 룩셈부르크가는 점점 몰락으로 치달았다. 이를 계기로 신성로마제국의 왕위도 합스부르크 가문으로 넘어가게 된다.

마지막 룩셈부르크 가문의 황제인 지기스문트 왕은 오스트리아 공작인 알프레히트 5세에게 그의 12살 난 딸 엘리자베트를 약혼시킨다. 알프레히트 5세는 이 결혼으로 인해 룩셈부르크 가의 상속인이 된다.

지기스문트 황제

알프레히트 계열의 3대인 알프레히트 5세는 7살 때 부친이 죽고, 14살 때 통치자가 됐다. 지기스문트왕은 아들이 없었기 때문에 1364년 브뤼너조약에 따라 그의 딸과 결혼한 알프레히트 5세가 보헤미아와 헝가리의 후계자가 됐다. 1421년 헝가리아와 보헤미아를 상속하고, 독일 왕 알프레히트 2세가 됐다. 하지만 알프레히트 5세의 재위 기간은 길지 않았다. 1439년 오스만 투르크와의 전쟁에 참여하고 오스트리아로 귀환하는 도중 이질에 걸려 사망한다.

그가 사망하자 독일 선제후들은 합스부르크 가문의 가장 연장자인 스타이어마르크의 프리드리히 5세를 지명했다. 그리고 그를 독일 황제 프리드리히 3세로 추대했고, 1442년 독일의 [6]아헨에서 왕으로 선출했다.

알프레히트 5세 사망 이후 합스부르크 가문에서 다시 신성로마제국의 황제가 나오는 배경을 이야기해보면, 그 당시 얀 후스파의 전쟁으로 보헤미아가 무정부 상태에 빠지게 되면서 오스만 투르크 제국의 침입이 쉬워진다. 그래서 룩셈부르크 가문에서 이를 방어해야만 했다. 그 당시 제국의 남동 국경 지대를 합스부르크 가문이 소유하고 있었고, 이를 방파제로 삼을 수밖에 없었기 때문에 프리드리히 5세를 황제로 선출하게 된 것이다.

라디슬라우스 포스투무스Ladislaus Postumus는 알프레히트 2세가 죽은 지 4개월 후에 태어난다. 알프레히트 2세는 프리드리히 5세를 후견인으로 정한다. 라디슬라우스는 그라츠에서 교육을 받았다.

오스트리아, 헝가리, 그리고 보헤미아에서는 라디슬라우스를 찾으려고 노력했다. 오스트리아 공작이자 보헤미아와 헝가리의 왕위 상속자였기 때문이다. 1446년 헝가리의 후니아디가 약탈을 자행하면서 비엔나까지 진격했다. 프리드리히 5세는 후니아디의 조건에 순순히 응하고 어린 라디슬라우스의 섭정이 됐다.

라디슬라우스는 모든 음모자들의 대상이었다. 특히, 바로 헝가리의 왕이자 황제였던 지기스문트의 조카, 울리히 폰 칠리 독일 백작이 라디슬라우스를 노렸다. 이 당시 프리드리히 5세 시대는 왕국을 강탈하려는 시대였다. 그리고 동시에 형제의 불화가 계속되는 시기이기도 했다. 오스트리아의 권력은 서서히 실추됐다.

그는 헝가리인에게 모반을 당해 프라하로 갔다가 18세에 사망한다. 1457년 상속권에 따른 합법적인 왕이 서거한 매우 큰 사건이었다. 이는 외국 왕조를 종결할 마지막 장애물이 제거된 것을 의미한다.

프리드리히 5세가 아헨에서 추대돼 프리드리히 3세로 독일 황제가 되고, 그는 엘레오노래 폰 포르투갈과 결혼했다.

라디슬라우스 사망 후 합스부르크 가문에는 황제 프리드리히 3세, 그의 동생 알프레히트 6세, 그리고 프리드리히 4세의 아들 지기스문트 폰 티롤이 생존하고 있었다. 그들은 영토를 나눠 통치했다. 세 군주의 합의 통치가 시작되는 시기였다. 하지만 알프레히트 6세는 자신의 몫에 불만을 품고 1461년 오스트리아로 밀고 들어와 몇 개의 도시를 합방했다. 이러한 난국은 보헤미아 왕으로 선출된 게오르크 폰 포디에브라트의 주선으로 해결되었다.

1453년 비잔틴 제국의 수도 콘스탄티노플은 오스만 투르크에 의해 함락됐다. 사람들은 황제 프리드리히 3세를 무능력한 사람으로 여겼다. 이슬람을 믿는 오스만 투르크로부터 그리스도교를 지킬 수 있는 사람은 헝가리 왕 마티아스 코르비누스뿐이라고 생각했다. 그래서 프리드리히 3세는 오스트리아를 병합해 오스만 투르크에 대항할 생각으로 비엔나로 쳐들어갔다. 마티아스의 처남을 12살 난 자신의 딸과 결혼시켜 밀라노 공작으로 임명하고, 부채를 탕감해주기로 하면서 철수했지만 그는 약속을 이행하지 않았고, 다시 쳐들어와 마티아스가 1490년 사망할 때까지 머물렀다. 그리고 마티아스가 죽은 후 프리드리히 3세는 다시 비엔나로 돌아왔다.

1463년 알프레히트 3세가 지병으로 사망하자 프리드리히 3세는 오스트리아 단독 통치자가 됐다. 그가 재위 기간 중 있었던 일을 간단히 이야기해보면, 헝가리인들이 두 번이나 비엔나에 침입했고, 동생 알프레히트 6세가 모반하여 프리드리히 3세는 수도 비엔나를 탈출했다.

프리드리히 3세가 로마로 [7]황제 대관식과 결혼을 하러 갈 때의 귀족들의 모반, 시민들의 폭동이 그것이다. 그는 삶의 절반을 쫓겨 다녔고, 합스부르크 가문이 200년간 이루었던 보헤미아와 헝가리 땅을 잃었다. 하지만 프리드리히 3세는 내부 오스트리아 통치자로, 58년 독일 왕으로, 53년 신성로마 황제로 31년을 통치했다. 그가 황제가 된 지 1년 후 1453년에 합스부르크 가문은 대가문으로 승격됐고, 모두 대공이라는 칭호를 사용할 수 있게 됐다.

그의 아들은 '중세 최후의 기사'라고 불린 가장 막강하고 대담하다는 막시밀리안 1세다. 막시밀리안 1세를 이야기하기 전에 그 당시 용맹공이라는 별명을 가진 부르군트 공작 카를에 관해 이야기하면, 카를의 아버지는 프랑스 왕 샤를 5세의 동생인 대담공 필립프다. 이 공국은 포도주와 소금 교역으로 크게 번영했던 곳으로 카를은 황제 프리드리히 3세에게 왕국으로 승격시켜줄 것을 제안했다. 그 대가로 막시밀리안 1세 대공에게 자신의 딸 무남독녀 마리아와 함께 상속권을 양도할 것을 약속했다. 카를은 독립 국가임을 선포하고 황제로부터 왕위를 얻으려고 했던 것이다. 하지만 프리드리히 3세는 카를에 대한 질투심, 불신으로 이를 거절했다. 하지만 막시밀리안 1세는 선을 보러온 첫 번째 여행에서 카를로부터 매우 강렬한 인상을 받게 된다.

1472년 카를은 스위스와 전쟁을 하게 되는데, 영국의 에드워드 4세와 동맹을 맺고, 스위스 주는 프랑스의 루이 11세와 연합한다. 하지만 프랑스 루이 11세는 영국군을 돈으로 매수하여 카를을 고립시킬 것을 주문했다. 스위스군은 1476년 그랑송 전투와 부르텐 전투에서 부르군트 군대를 격파했고, 1477년 낭시에서 사망해 그의 딸 마리아는 단독 상속녀로 남게 됐다. 하지만 그녀의 상속권을 지켜줄 사람이 없었기 때문에 유명무실하게 됐다. 이렇게 되자 프랑스 루이 11세는 부르군트를 탐냈고, 신분 귀족들은 그들의 특권을 확장시키려고 했다.

카를은 전장에서 만일 자기가 사망하면 마리아에게 막시밀리안 1세와 결혼할 것을 지시했다고 한다. 그때 막시밀리안은 17살이었고, 마리아는 19살이었다. 사태가 이렇게 되자 마리아는 심복에게 보물을 챙겨 린츠에 있는 젊은 대공 막시밀리안을 만나도록 했다. 대공은 부유한 은행가들에게 보물을 위탁하고 돈을 대출받아 호위병을 징병하여 마리아가 있는 공작궁에 입성했다. 둘은 합법적으로 결혼해 상속권을 받았지만, 루이 11세와 신분 귀족들은 야욕을 포기하지 않았다. 막시밀리안 1세는 스위스 용병을 모집해 기네가트에서 프랑스와의 대전투에서 승리하여 네덜란드는 합스부르크로 넘어가게 된다.

이들 부부는 금실이 매우 좋았다. 그들은 아들 필립과 마르가레테를 출산했다. 하지만 결혼 5년째 되던 1482년 사냥 도중 낙마하여 마리아가 사망하자 막시밀리안 1세는 일도 잊고 그녀의 시체가 안치된 곳에 매일 앉아 있었다고 한다. 그는 죽을 때까지 마리아를 향한 시를 작성하기도 했다.

마리아가 죽은 후 부르군트 여러 곳에서 반란이 일어났다. 막시밀리안 1세는 반란군의 목을 베고 1482년 프랑스 왕 루이 11세와 아레스조약을 맺었다. 이 조약으로 3살 난 딸 마르가레테가 왕세자비로 프랑스로 가고, 지참금으로 부르군트, 아르투아, 메콩, 그리고 옥세레를 받았다.

부르군트뿐만 아니라 본국에서도 전쟁이 일어난다. 헝가리 왕 마티아스 코르비누스가 수도 비엔나를 정복했으며, 황제 프리드리히 3세는 도망을 갔다. 프랑스와 오스만 투르크가 공격할 태세를 취하고 있었기 때문에 독일 선제후들도 불안해했다. 선제후들은 이들을 구원할 통치자로 1486년 막시밀리안 대공을 독일 왕으로 선출했고, 그는 아버지 프리드리히 3세의 후계자가 됐다.

막시밀리안 1세는 마리아가 죽은 지 6년 후 두 번째 결혼을 했다. 두 번째 결혼도 혼인정책을 통한 영토 확장이었다. 신부는 12살의 브르타뉴의 안네다. 우선 브르타뉴에 관해 이야기하면, 이 지역은 프랑스 왕들이 아직 확실하게 갖지 못한 마지막 땅이었다. 즉, 프랑스로부터 실질적으로 독립된 마지막 공국이었다.

이 공국의 마지막 공작이 바로 프랑수아 2세다. 그는 1488년에 사망하는데 무남독녀인 안네가 바로 이 공국의 상속녀가 됐다. 이 브르타뉴 공국은 부르군트와 연합 동료였고, 프랑스는 공동의 적이었다.

막시밀리안 1세는 그가 죽기 전부터 공주를 얻기 위해 노력했다.

안네는 혼인을 통해 프랑스에게도, 합스부르크에게도 또 하나의 봉토를 얻을 수 있다는 의미를 지니고 있었다.

당시 프랑스 왕은 샤를 8세였다. 막시밀리안 1세의 아내 마리아와 결혼하려 했던 6살의 소년이 성장하여 왕이 된 것이다. 그리고 정혼자는 볼모로 3살에 잡혀 이제 8살이 된 막시밀리안의 딸 마르카레테 폰 오스트리였다.

브르타뉴의 공작 프랑수와 2세가 1488년에 사망했을 때 딸 안네와

막시밀리안 1세

막시밀리안은 정혼을 했다. 하지만 프랑스의 샤를 8세는 6년 전에 정혼한 막시밀리안 1세의 9살 난 딸을 버리고 안네 드 브르타뉴와 결혼해 브르타뉴 공작령을 상속하려고 했다. 브르타뉴 공국은 높은 소득이 보장돼 다른 나라로부터 욕심을 내게 만들었던 곳이다.

막시밀리안은 빠른 결혼이 샤를 8세를 포기시켜 그가 상속을 받을 것이라 생각했다. 그래서 그의 충성스러운 부하를 시켜 대리 결혼을 했다. 하지만 브르타뉴의 귀족들은 배반을 하고 프랑스와 동맹을 맺었다. 그 이유는 브르타뉴는 프랑스의 봉토이며 상속녀는 봉건주의 봉토이므로 봉건 군주의 동의를 얻어야만 결혼할 수 있다고 주장했고, 그녀는 아직 결혼할 나이에 도달하지 않았다고 했다. 이는 샤를 8세의 권력에 의해 해석은 정당한 것으로 통용됐고 교황도, 프랑스의 성직자들도 인정했다.

1491년 11월 18일 안네 드 브르타뉴는 샤를 8세와 결혼했고, 이를 '브리뉴의 신부 강탈'이라 하여 야비한 폭력 행위법의 남용에 통용되는 척도로 삼았다고 한다. 막시밀리안은 헝가리 전쟁터에 있었으며, 용병들에게 지불할 돈도 없어 그의 권리를 주장할 수 있는 상황이 아니었다.

7년 후 샤를 8세가 사고로 죽자 새로 왕이 된 루이 12세와 안네는 재혼했고, 브르타뉴는 프랑스에 병합됐다. 막시밀리안 1세는 1493년 상리협약을 체결했다. 이는 그의 딸 마르가레테와 몇 개의 봉토를 돌려받는 내용이었다.

막시밀리안 1세는 1493년에 황제로 등극했는데 이는 많은 의미를 지닌다. 교황으로부터 대관을 받지 않고 스스로 황제 막시밀리안이라 칭했던 것이다. 그 이후 황제의 즉위를 위한 교황의 대관은 필요없게 됐다. 이것은 신성로마제국의 황제가 독일 황제가 되는 것을 의미했고, 이때부터 이탈리아 왕국이 소멸됐음을 정치적으로 선언한 것이다.

막시밀리안은 밀라노의 통치자인 갈레아조 마리아 스포르차의 장녀인 비앙카 마리아 스포르차와 세 번째 결혼을 한다. 막시밀리안의 세 번째 결혼 또한 프랑스와 얽혀 있는데, 프랑스 루이 12세의 조모는 스포르차 가문에게 밀라노 공국을 빼앗긴 비스콘티 가문의 공녀였기 때문이다.

루이 12세는 밀라노를 공격했다. 이 전쟁은 프랑스의 발주아 가문과 오스트리아의 합스부르크 가문의 정면충돌이었다. 전쟁에서 프랑스가 승리했고, 막시밀리안 1세의 계획은 실현되지 않았다.

막시밀리안의 혼인정책은 그가 죽은 후 아들과 딸에 의해 결실을 거둬 합스부르크 가문은 그의 손자 카를 5세에 의해 해가 지지 않는 대제국을 건설하게 된다.

오스트리아 합스부르크와 스페인 합스부르크, 근친혼

근친혼은 그들의 혈통을 보존하기 위한 방법, 그리고 제국을 통치하기 위한 방법으로 시작됐지만, 근친혼인으로 인한 유전 질환으로 대가 끊기고 몰락하게 된다. 하지만 한편으로는 고대 로마, 기독교, 그리고 커다란 영토를 왕조 속으로 끌어들이고, 이질적인 민족이라는 개념이 사라지게 만들어 하나의 EU를 만드는 중요한 역할을 했다.

합스부르크 출신으로 스페인의 국왕이자 신성로마제국의 황제였던 카를 5세는 매우 열정적으로 제국을 통치했다.

합스부르크 제국은 전 유럽에 걸쳐 있었다. 이러한 상황이 프랑스에 큰 위협이 되어 벌어진 프랑수와 1세와의 오랜 전쟁으로 지친 카를 5세는 제국을 나누게 된다. 스페인 왕위는 아들 펠리페에게 신성로마제국의 황제는 동생 페르디난트 1세에게 물려줌으로써 스페인 합스부르크와 오스트리아 합스부르크로 나뉘게 되는 것이다.

스페인 합스부르크의 카를 5세는 사촌이었던 포르투갈 왕 마누엘의 딸 이사벨라와 결혼했다. 이사벨라의 어머니는 카를 5세의 어머니인 후아나의 동생인 마리아로, 둘은 이종사촌 관계다. 카를 5세는 이사벨라와의 사이에서 펠리페 2세를 낳았다. 펠리페 2세는 태어날 때 매우 연약하게 태어나 곧 사망할 것이라 생각했는데, 실제로는 그렇지 않았다.

합스부르크 가문의 많은 여자들은 고통과 산욕으로 사망한 사람이 많았다. 그래서인지 왕들은 여러 명의 부인이 필요했다. 이들에게 가장 중요한 일은 가능하면 많은 아이들을 생산하는 것이며, 특히 왕위 상속자를 생산하는 것이었다.

펠리페 2세는 4번의 결혼을 했다. 첫 번째 결혼은 사촌이었던 마리아 폰 포르투갈의 결혼이었다. 마리아 폰 포루투갈은 출산할 당시 심한 산고를 겪었고 왕자를 출산한 지 사흘 만에 사망했다. 왕자의 이름은 돈 카를로스다.

두 번째 결혼은 영국 여왕 [8]메리튜터였다. '피의 메리'라고 불리는 그녀는 황제 카를 5세와 고모 마리아의 주선으로 결혼했다. 그녀는 아라곤 왕 페르디난트 2세와 카스티야의 여왕 이사벨 1세의 딸로 카를 5세의 이모가 되는 카타리나가 영국왕 헨리 8세와 재혼해 낳은 딸이다. 펠리페 2세는 메리튜터가 영국에서 프로테스탄트들의 봉기를 진압하고 왕위에 오르는 것을 도왔다. 그는 유럽 대륙에서 프랑스, 교황, 그리고 오스만 투르크 사이에 맺어진 반합스부르크 동맹에 대항하고 있었다.

펠리페 2세의 세 번째 결혼은 피렌체 메디치 가문과 결혼한 앙리 2세와 카트린나 폰 메디치 사이에서 태어난 15살의 엘리자베트 폰 발루아와의 결혼이었다. 이 결혼은 일시적 상황에서 나온 정치적 결합이었다. 이에는 신뢰할 수 있는 동맹자를 얻으려는 목적이 깔려 있었다.

네 번째 결혼은 조카인 안나 폰 오스트리아였다. 안나는 스페인에서 태어났다. 그녀는 이미 자신의 아들 돈 카를로스와 결혼하기로 약속돼 있었지만 펠리페 2세와 결혼한다. 그녀는 오스트리아의 교육을 받았기 때문에 궁중 의식에 익숙하지 않았다. 그녀는 1580년 마드리드에서 사망할 때까지 5명의 아이를 낳았지만 그중 왕위를 계승할 수 있는 펠리페 3세만이 8살을 넘겼다.

1598년 9월 13일 40년 동안 스페인을 통치한 왕, 펠레페 2세는 세상을 떠났다.

펠리페 2세의 뒤를 이어 펠리페 3세가 즉위했다. 즉위 당시 20세였던 그는 악의가 없는 인상이 장점이었다. 그는 오스트리아의 마르가레테 폰 스타이어마르크와 결혼했다. 그녀는 오스트리아의 카를과 황제 페르디난트 2세의 누이 사이에서 태어났다. 그녀의 아버지와 어머니 또한 숙질 간이었다. 펠리페 3세의 큰딸 안나는 프랑스로 시집을 가 루이 13세의 왕후가 됐고, 둘째 딸 마리아 안나는 오스트리아 황제 페르디난트 3세의 왕후가 됐다. 1621년 3월 31일, 44살이라는 나이로 23년의 통치 기간을 마감하면서 열여섯난 아들 펠리페 4세에게 계승됐다. 펠리페 4세는 재치와 교양이 있었다. 그리고 예술에 대한 안목이 높았으며, 미술과 문학의 후원자였다.

그는 프랑스의 공주 이사벨 폰 부르봉과 결혼해 발타사르 카를로스 왕자와 마르가리타 테레사 공주를 얻었다. 하지만 부인 이사벨과 외아들은 사망한다. 두 번째 결혼은 오스트리아 친척인 페르디난트 3세의 딸 마리아 안나와의 결혼이었다. 마리아 안나는 원래 그의 아들 발타사르 카를로스가 결혼해야 했던 여자였다. 마리아 안나와 사이에는 딸 마르가리타 테레사, 그리고 아들 돈 카를로스가 태어났다.

펠리페 4세는 첫 번째 부인 프랑스의 이사벨 사이에서 태어난 딸 마르가리타 테레사를 루이 14세와 결혼하도록 했는데, 루이 14세는 펠리페 4세의 친누이 안나와 결혼한 루이 13세의 아들이었다. 그들은 같은 형제자매였다. 이렇게 해서 프랑스는 펠리페 4세의 첫 번째 결혼으로 인해 스페인 합스부르크 가문과 가까운 친인척이 됐다.

아들 돈 카를로스는 매우 허약했다. 루이 14세는 이러한 돈 카를로스에게 매우 지대한 관심을 보였다. 왜냐하면 그가 오래 살지 못하면 스페인 왕국을 차지할 수 있기 때문이었다. 마르가리타 테레사는 50만 에스쿠도의 지참금을 가져온다는 전제하에 스페인 영토에 대한 모든 상속권을 포기한다는 내용이었다. 22살의 루이 14세는 1660년 마르가리타 테레사와 정식으로 결혼했다.

마리아 안나는 딸 마르가리타 테레지아를 남동생 레오폴트 1세와 결혼시킴으로써 스페인 합스부르크의 상속 기회를 가질 수 있게 만들어주었다.

펠리페 4세는 그의 유언장에 부르봉 왕가에 딸의 지참금을 지불하도록 했다. 왜냐하면 반드시 스페인 합스부르크의 상속은 오스트리아 합스부르크에서만 받아야 했기 때문이다. 하지만 지참금을 갚을 능력이 없었다.

마지막 스페인 합스부르크의 후계자 카를로스 2세는 어렸고 병약했다. 그는 성장해 루이 14세의 조카인 마리아 루이제 폰 오를레앙과 결혼했다. 하지만 그를 이을 후계자 아들이 없었다. 1700년 프랑스 왕세자의 차남이며, 마르가리타 테레사의 손자인 앙쥬의 필리프를 그의 모든 상속자로 임용하는 사인을 했다. 카를로스 2세의 사망은 스페인 합스부르크의 단절을 의미한다.

프랑스의 앙쥬 공작은 스페인왕 펠리페 5세가 됐다. 피레네 산맥의 국경은 없어지고 라틴 제국이 탄생했다. 영국, 네덜란드, 신성로마제국, 독일 제후, 포르투갈 등이 프랑스에 대항하는 전쟁이 발발한다.

1714년 9라슈타트조약으로 전쟁은 종식된다. 펠리페 5세는 스페인의 왕위나 식민지를 유지했지만, 프랑스 왕위 계승권은 포기했다.

프랑스는 그 이후 여러 전선에서 참패하고, 큰 경제적 피해를 입었다. 영국은 프랑스령 아메리카 식민지를 차지했고, 스페인 식민지들과의 교역권을 보장받았다. 그리고 승리자 편에 가담했던 포르투갈이 얻은 것은 브라질의 국경선 확정이었다.

합스부르크 가문을 둘로 나눈 후 오스트리아 합스부르크의 페르디난트 1세는 그가 받은 상속을 3등분 했다. 그에게는 3명의 아들이 있었다. 장남인 막시밀리안 2세에게는 지금의 체코에 해당하는 보헤미아와 헝가리 왕, 오스트리아 대공, 그리고 황제를, 차남인 페르디난트 2세에게는 티롤과 포르단테를 상속했다. 그리고 막내 카를은 오스트리아의 스타이어마르크, 케른텐, 크라인, 트리스트를 받았다. 그중 카를의 혼인정책은 오스트리아, 프랑스, 잉글랜드에 있어 각각의 전략적인 면을 가지고 있었다.

카를은 처음에 '처녀 여왕'이라 불리는 잉글랜드의 엘리자베스와 중매를 하게 됐다. 프랑스는 수 세기 동안 오스트리아와 사이가 좋지 않았다. 부르군트의 영토 문제나 프랑스의 이탈리아로의 영토 확장 등 항상 부딪쳤기 때문에 영국의 엘리자베스와 결혼하여 프랑스를 포위할 생각이었다. 엘리자베스는 프로테스탄트, 즉 신교도였지만 결혼 후 가톨릭으로 개종해 프로테스탄트가 된 독일 제국의 군주들, 그리고 합스부르크 가문의 세습지에 있는 반역적인 프로테스탄트를 약화시키려고 했다.

하지만 영국의 엘리자베스는 협상을 오래 끌었다. 이러한 상황이 되자 프랑스의 카타리나 폰 메디치가 다른 신부를 중매했다. 그녀의 이름은 마리 슈튜어트였다. 그녀는 카타리나 폰 메디치의 장남 프랑수와 2세와 결혼했지만 1년 후에 사망했다. 카타리나 폰 메디치가 이러한 중매를 서게 된 데는 야욕이 있었다. 그녀는 딸 엘리자베트를 스페인의 필리페 2세와 결혼시켰고 차남인 프랑스 왕 샤를 9세는 막시밀리안 2세의 딸 안나와 결혼시켰다. 그리고 막시밀리안 2세의 둘째 딸의 남편은 포르투갈 왕 세바스티안으로 정했다. 이는 유럽 대륙이 권력 투쟁을 총체적으로 해결하려는 것이었고, 또 다른 하나는 스페인과 독일, 잉글랜드의 포위로부터 프랑스를 해방시키려는 의도였다.

반면, 엘리자베스 여왕은 카를과 마리 슈트어트의 결혼에 대해 매우 심사숙고하게 되는데, 그 이유는 북해에 있는 그 당시 스웨덴령 네덜란드에서 프랑스를 거쳐 포르투갈까지, 그리고 지중해로 들어가는 대서양 연안들이 카타리나 폰 메디치의 결혼 정책으로 잉글랜드를 폐쇄하는 대륙 정책으로 통합될 수도 있다고 판단했고, 이렇게 되면 잉글랜드의 항해 길에 매우 치명적인 위험이 되기 때문이었다. 하지만 1565년 마리 슈트어트가 카를의 결혼 대상에서 제외되자 엘리자베스는 이를 거절했다. 카를은 결국 12년 연상의 누이 안나와 바이에른 공작 알프레히트의 딸인 조카 마리아와 결혼했다. 그리고 둘째 아들 페르디난트 대공은 귀족 출신이 아닌 부유한 서민 아가씨를 만나게 되는데, 벨저가 집안의 막내딸이었다.

벨저가는 푸거가처럼 매우 굉장한 부자였다. 한 가지 다른 점이 있다면 푸거가는 제국군주로 신분 상승이 이루어졌던 집안이었고 벨저가는 신흥 부자였다.

벨저가는 1498년 아우구스 부르크에서 무역 회사를 설립했다. 항해로 새로운 시장을 개척하고 인도로부터 수입 독점권을 가지고 있는 대상인 집안이었다. 벨저 가문의 2남 3녀 중 막내딸 필리피네 벨저는 귀족 여성처럼 교육을 받았고, 그녀의 외적인 모습만큼 자존심도 매우 강했다고 한다.

그녀는 일국의 공주로 모든 면에서 뛰어났다고 한다. 왕가의 왕자와 대상인의 결혼식은 많은 반대가 있었을 것 같지만 그리 반대가 많지 않았다. 아버지 페르디난트 1세의 만류만 있었고, 형제들도 별다른 반대를 하지 않았다고 한다. 필리피네 벨저와 그의 자식들이 상속을 단념하는 것으로 페르디난트 2세의 다른 형제들은 오스트리아 전 제국에서 더 많은 것을 상속 받을 수 있었기 때문이다.

필리피네 벨저는 1580년에 사망했다. 페르디난트 대공은 오스트리아 황실의 티롤을 계승하기 위해 상속자를 얻으려고 했다. 그는 만투아 출신의 안나 카타리나 폰 곤차가와 결혼한다. 하지만 아들을 얻지 못해 동생 카를의 아들 레오폴트가 티롤을 상속받았다.

카를의 아들 레오폴트는 1626년 피렌체 출신인 클라우디아 폰 메디치와 결혼했다. 하지만 레오폴트는 6년 후 1632년에 사망했고, 클라우디아가 티롤을 통치하지만, 수상 빌헬름 비너가 영향력을 행사했다.

클라우디아가 티롤을 통치하던 시대는 유럽 역사에 있어 매우 많은 사람이 죽어 나갔던 페스트가 발생한 시기였다. 그러다 보니 죽음과 절망에 빠진 클라우디아의 아들 페르디난트 카를은 어머니에게 저항해 재판을 거치지 않고 영향력을 행사했던 빌헬름 비너를 잡아 처형했다. 그 후 페르디난트 카를은 후계자가 없었고 모든 것은 레오폴트에게 넘어갔다.

페르디난트 1세의 큰아들인 막시밀리안 2세는 황후인 사촌 마리아와의 사이에 16명의 자식을 두었다. 그중에서 1576년부터 1619까지 통치했던 루돌프 2세와 1612년부터 1619년까지 통치한 마티아스 2명의 황제가 등극하게 된다.

루돌프에게는 자식이 없고 사생아만 있었다. 그 당시 오스만 투르크는 헝가리를 유린하고 있었는데, 총사령관은 동생 마티아스였다. 마티아스는 형인 루돌프 2세를 황제인 상태로 연금했다. 그리고 오스트리아, 헝가리, 보헤미아의 주권을 탈취했다. 마티아스는 1612년 형의 뒤를 이어 계승했다. 페르디난트 폰티롤 대공의 만투아 공주 안나 카타리나 폰 곤차가와의 두 번째 결혼에서 얻은 딸 안나 폰 티롤과 결혼했으나 자식이 없었다.

1619년 마티아스 황제가 죽은 후 티롤을 포함한 모든 왕국과 왕위는 스타이어 마르크의 황제 카를의 장남 페르디난트 2세가 상속받는다. 그는 가톨릭 신자로, 반종교개혁을 가혹하게 실행했다.

페르디난트 2세 때 30년 종교 전쟁이 일어난다. 30년 종교 전쟁이 일어나던 해인 1618년 5월 페르디난트 2세는 2명의 대리와 1명의 비밀 서기를 프라하로 파견했다. 보헤미아 귀족들을 설득하여 가톨릭으로 개종하려고 한 것이다. 하지만 보헤미아의 귀족들은 황제가 파견한 3명을 프라하 성 창밖으로 던져 버린다. 황제는 이를 보헤미아와 헝가리 왕가인 합스부르크에 대한 도전으로 받아들이고 절대로 용서할 수 없는 반역으로 간주하여 전쟁을 시작하는데 이것이 30년 전쟁의 시작이다. 페르디난트 2세는 30년 종교 전쟁의 주역이고, 반종교개혁의 가치를 높인 황제다.

그의 아들 페르디난트 3세는 페르디난트 2세가 결혼한 첫 번째 부인 마리아 안나 폰 바이에른 사이에서 태어났다. 그는 펠리페 3세와 스타이어 마르크의 마르가레테 사이에서 태어난 마리아 안나와 결혼했다. 스페인 왕 펠리페 4세의 왕후 마리아 안나는 1657년 부왕 페르디난트 3세의 뒤를 이어 계승한 어린 동생 레오폴트 1세를 그녀의 딸과 결혼시키려고 했다. 레오폴트는 19살, 마리아 안나의 여동생 마르가리타 테레사는 8살이었다. 이들은 아저씨와 조카 사이였다. 오스트리아, 스페인 합스부르크는 유전적인 것은 고려하지 않고 오로지 상속권만을 중요시했다. 1666년 레오폴트 1세와 스페인 공주 마르가리타 테레사는 결혼한다.

테레사는 3명의 아이를 낳았다. 첫째 아들은 태어난 지 얼마 안 돼 죽고, 둘째 아들과 딸도 사망한다. 딸 마리아 안토니아만 생존했다. 그는 첫 번째 부인이 죽자 두 번째로 1673년 티롤의 마지막 합스부르크인 페르디난트 카를의 딸 클라우디아 펠리치스와 결혼한다. 그녀는 메디치 가문의 피가 흐르고 있었고, 티롤 영토를 지참금으로 가져왔다. 하지만 왕위 계승자를 낳지 못했고, 딸들도 낳자마자 사망했다. 세 번째 결혼은 엘레오노레 폰 팔츠 노이부르크이다 두 왕자를 출산했는데, 요제프 1세와 카를 6세다.

바로크 문화의 전성기를 이루었던 레오폴트 1세 시대에는 오스만 투르크가 침입했다. 그리고 페스트가 오스트리아에 만연했다. 제국과 프랑스의 원조로 1664년에 바스바르 평화조약을 체결하지만 1683년 오스만 투르크는 30만의 군대를 이끌고 재차 침입했다. 비엔나는 거의 함락 위기에 놓였다. 오스만 투르크의 술탄 모하메드 4세는 프랑스의 루이 14세에게 사절을 보내 비엔나 공격 시 중립을 지켜 달라고 요청했고, 프랑스의 루이 14세는 그 요청을 수락했다.
하지만 바이에른과 작센 군주, 독일 제국 군주, 그리고 폴란드의 왕 요한 3세 소비에스키와의 동맹으로 오스만 투르크 군을 물리치면서 유럽이 오스만군에 점령당하는 것을 막았다.

오스만 투르크와의 전쟁 시 두각을 나타낸 장군이 바로 [10]오이겐 폰 사보이였다. 그는 1699년 1월 26일 오스만 투르크 군을 물리치고 카를로 비치 평화조약에서 헝가리를 레오폴트 1세의 수중에 들어오게 했다. 루이 14세를 도와 정치를 담당했고, 마자랭 추기경의 조카 올림피아의 막내아들로 루이 14세의 군대에 들어가고자 했지만 거절당했다. 그리고 신성로마제국군에 들어가 합스부르크를 위해 싸웠다. 오스만 투르크와의 전쟁에서 승리한 후 1718년 파사로비츠평화조약을 체결함으로써 오스트리아는 시칠리아로부터 슐레지엔, 라인강 어귀에서 카르파텐보겐, 그리고 세르비아까지 넓혀 나갔다. 그는 바로크 문화를 꽃피우는 데 일조했다.

1705년 황제 레오폴트 1세가 사망하고 요제프 1세가 즉위하지만 젊은 나이에 서거한다. 요제프 1세와 아말리아 빌헬미네와 사이에는 딸만 둘이 있었다. 장녀 마리아 오제파, 그리고 차녀 마리아 아말리아다. 요제프의 죽음으로 제국의 무산, 스페인의 상속권 및 나폴리 시칠리아의 상속권 문제 등이 발생했다.

그 후 1712년에 왕위를 계승한 카를 6세는 권력이 막강해진다. 이때는 상속 보존을 위해 대륙에서 유혈전이 시작되는 시기이기도 하다. 또 한편으로는 오스트리아의 바로크 문화가 번성하고 하층민의 반종교 개혁이 시작되는 시기이기도 하며, 건축 붐이 일어났던 시기이기도 했다.

카를 6세는 합스부르크 가문의 마지막 남자였다. 그는 엘리자베트 크리스티네 폰 브라운 슈바이크와 1716년에 결혼했다. 그녀는 미모가 뛰어났고, 열일곱의 나이에 결혼한다. 첫아들 레오폴트는 한 살도 되기 전에 사망했고, 1717년 마리아 테레지아를 출산한다. 마리아 테레지아는 합스부르크 로트링겐 왕조를 창시하고, 1718년에는 마리아 안나 대공녀가 탄생했다. 그리고 1724년 대공녀 마리아 아말리아가 탄생했다.

현재 황제의 황후 엘리자베트 크리스티에 황후, 카를 6세의 형 요제프 1세의 미망인 브라운 슈바이크 가문의 아말리아 빌헬미네 황후, 황제 레오폴트 1세의 미망인이자 황제의 아들인 요제프 1세와 카를 6세의 어머니 모후인 엘레오노레 폰 팔츠의 3명의 황후들이 동시에 생존하고 있었다.

카를 6세에게는 아들이 없다. 만일 아들 상속자 없이 사망한다면 공주들은 가장 부유한 상속녀가 되고, 제국은 분열될 것이다. 카를 6세의 10년간 통치 기간 중 그는 가문 간의 결혼 계약으로 잘 보장될 수 있으리라는 선입견을 가지고 있었다. 그는 몇 가지를 계획했다.

첫째, 그의 유언장에는 만일 자신에게 아들이 없다면 장녀가 합스부르크 왕국을 상속하는 것으로 정했다. 순서는 자기의 딸들, 형 요제프 1세의 딸들, 그리고 부왕 레오폴트 1세의 딸인 누이동생들이 상속하도록 순서를 정했다.

둘째, 오이겐 왕자의 중재로 국가 비밀회의가 열렸다. 1713년 4월 19일 회의 기록으로 수집된 '국본조서'라는 명칭으로 기록했다. 이는 후계자가 없는 합스부르크 가문이 이 딸들의 결혼으로 분열하는 것을 방지하기 위한 것이었다. 국본조서는 합스부르크 가문이 속해 있는 모든 영토는 절대적으로 분배할 수도, 분리할 수도 없다는 것을 원칙으로 했다. 10년이라는 시간 동안 합스부르크는 오스트리아의 지방의회, 헝가리 제국의회, 유럽의 열강에게 이 원칙을 인정하도록 종용했다. 그 후 1720년 4월 20일 오스트리아 국회는 국본조서를 인정하고, 후손에게 충성을 맹세했다.

국본조서가 종결된 이후 황제 요제프 1세의 딸을 결혼시키는 일에 착수했다. 작센의 왕세자는 1718년 국본조서에 맹세한 후 마리아 요제프와 결혼했다. 그리고 바이에른 조정은 마리아 요제파의 여동생 마리아 아말리아와 국본조서에 맹세하고 1722년 뮌헨에서 결혼했다.

1740년 10월 20일 카를 6세는 55세의 나이에 사망했다. 그 가문의 시조인 아르가우 출신의 가난한 백작 루돌프가 독일 왕에 오른 지 500년이 지나던 해였다.

합스부르크의 새로운 시조, 로트링겐

마리아 테레지아는 토스카나 공국의 프란츠 스테판 폰 로트링겐 공작과 결혼했다. 오스트리아 합스부르크 가문에 새로운 시조로, 로트링겐이라는 성이 생기게 된 것이다.

1721년 마리아 테레지아는 4살, 로트링겐의 왕자 프란츠 스테판은 14살이었다. 프란츠 스테판의 아버지 로트링겐 공작과 레오폴트 폰 로트링겐 공작이 황제 카를 6세에게 이 결합을 제안했다.

두 집안의 결혼은 프랑스와 오스트리아의 입장에서 각기 다른 의미가 있었다. 로트링겐은 오스트리아가 프랑스에 대항하려는 데 필요한 요새였고, 프랑스의 입장에서 오스트리아에 로트링겐이 들어간다는 것은 당시의 세력 판도로 볼 때 참을 수 없는 일이었다. 오스트리아 합스부르크 가문과 로트링겐의 결혼 계획은 프랑스의 영향권에 손상을 주는 것이었다.

그래서 카를 6세의 국본조서를 보장하는 것을 완강하게 거부하는 계기가 되기도 했다.

합스부르크 가문은 로트링겐을 결혼으로 정복하려 했고, 프랑스 입장에서는 프랑스를 자연스럽게 완성하는 데 로트링겐이 필요했다.

프랑스 루이 14세가 사망한 후 1725년 루이 15세와 폴란드의 퇴위한 왕 스타이스라우스 레슈킨스키의 딸 마리 레슈킨스키와 결혼한다. 이 결혼에는 이유가 있었다. 로트링겐이 프랑스에 대항하는 오스트리아의 요새로 적합하다면 폴란드는 오스트리아에 대항하는 프랑스의 요새로 최적지였기 때문이다.

1733년 작센의 선제후이자 폴란드 왕인 프리드리히 아우구스트가 사망한다. 폴란드 귀족은 선거권을 주장하며 선거로 왕을 선출했는데, 그가 바로 스타니스라우스 레슈친스키였다. 왕은 프랑스의 섭정을 받았다. 이후 러시아와 오스트리아가 군대를 투입함으로써 다시 작센의 선제후이자 오스트리아의 마리아 요제파 대공녀인 남편이 새로운 왕으로 선출되면서 결과적으로 오스트리아와 프랑스의 전쟁이 일어나는 계기가 됐다. 프랑스와 이탈리아의 피에몬테 사르디니아는 동맹을 맺었다. 그들은 밀라노를 점령했다.

4년간의 전쟁으로 합스부르크 가문의 결혼으로 인한 문제는 어느 정도 정리됐고, 스타이스라우스 레슈킨스키는 폴란드를 단념하고, 그 대신 그의 사위 루이 15세가 로트링겐 공국을 다스리게 됐다. 반면, 로트링겐을 다스리던 공작 프란츠 스테판은 그의 공국을 단념하게 되고, 그 대가로 토스카나 공국을 얻게 됐다. 하지만 프란츠 스테판에게 이러한 것에는 마리아 테레지아를 부인으로 얻어야 했다. 결혼한다 하더라도 결과적으로는 토스카나는 오스트리아의 것이었다.

1735년 10월 이러한 것이 공식화됐다. 그리고 그다음 해 1736년 2월 12일 로트링겐의 프란츠 스테판은 황제 카를 6세의 상속녀로 19살이 된 마리아 테레지아와 결혼했다.

프란츠 스테판은 사업과 재정에 관해서는 매우 비상한 두뇌를 가졌었는데, 그 당시 합스부르크의 재정은 매우 힘들었다. 하지만 결혼

후 프란츠 스테판은 그의 재능을 발휘해 큰 부를 만들었고, 비엔나 궁전은 유럽의 가장 중요한 재정 중심지가 됐다.

카를 6세가 죽은 후 오스트리아 합스부르크 가문은 어려운 상황에 직면하게 됐다. 유산 상속에 대해 바이에른 선제후 카를 알버트가 먼저 이의를 제기한다. 그리고 뒤이어 프로이센의 젊은 왕 프리드리히 2세가 슐레지엔의 여러 개의 공작국들을 요구했다.

이에 대하여 마리아 테레지아가 프로이센의 제안을 거절함으로써 전쟁을 선택했다. 프로이센은 슐레지엔에 침입했다. 슐레지엔의 프로테스탄트들은 이들을 해방자라 하여 환영했다.

바이에른은 오스트리아의 린츠까지 진군했다. 그리고 선제후들은 보헤미아, 현재의 체코 프라하까지 정복했다. 보헤미아의 대주교 및 보헤미아 유력자 수백 명이 뮌헨 출신의 새로운 왕에게 충성을 맹세했다.

독일의 선제후들은 새로운 황제를 뽑기 위해 독일 프랑크푸르트에 집결했다. 합스부르크 지배 후 오스트리아의 지배에서 벗어나고자 했던 것이다. 왜 선제후들은 오스트리아 합스부르크로부터 벗어나 바이에른 선제후를 황제로 선출하는 것을 더 좋아했을까? 오스트리아는 독일을 약 200년간 다스렸다. 그 당시에는 오스만 투르크의 위협이 있었기 때문에 선제후들은 합스부르크를 환영했지만, 이제는 오스만 투르크의 위협이 사라지고 그보다 약한 황제를 선출하는 것이 좋다고 믿었기 때문이다.

1742년 헝가리의 왕으로 등극한 마리아 테레지아는 이탈리아, 슬라브와 함께 린츠에서 바이에른 군사를 몰아냈고, 그들을 추적하여 뮌헨까지 정복했다. 하지만 프랑스와 프로이센의 개입 양상은 달라졌다. 다시 정복한 뮌헨을 비워야만 했다. 프로이센은 현재 체코의 동부 지역 모라비아를 점령했고, 프랑스는 프라하까지 진격했다.

마리아 테레지아는 프로이센의 침략에서 벗어나기 위해 [11]슐레지엔의 일부를 단념했다. 하지만 전투는 바이에른의 카를 7세가 사망할 때까지 계속됐다. 프로이센은 프라하를 차지했고, 오스트리아는 바이에른을 차지했다. 이 전쟁으로 오스트리아 합스부르크 가문은 슐레지엔을 잃고 바이에른을 차지했다. 그리고 그들의 상속 영토를 지킬 수 있었다.

그리고 둘의 결혼으로 부황 카를 6세에서 끝난 그들의 혈통을 로트링겐 가문으로 잇게 하는 데 성공했다.

1745년 프로이센의 프리드리히 2세는 합스부르크 가문으로부터 슐레지엔을 인정받는 대신, 마리아 테레지아의 부군으로 토스카나 대공이 된 프란츠 스테판 폰 로트링겐이 황제 프란츠 1세로 선출되는 것을 지지했다.

마리아 테레지아는 5명의 아들과 11명의 딸, 총 16명의 자식을 낳았다. 그중 10명 만이 생존했다. 이렇게 아이를 많이 낳은 이유는 부황이 후손이 없어 합스부르크의 장래가 풍전등화와 같다고 생각했기 때문이다. 그리고 전통적인 방법으로 딸들을 정략 결혼시켰다. 마리아 테레지아는 유럽 절반에 가까운 장모가 됐다. 그의 자녀들을 보면 첫 딸 마리아 엘리자베트, 그리고 신성로마제국의 황제가 된 요제프 2세, 신성로마제국의 황제가 된 레오폴트 2세가 있다. 프랑스 대혁명 때 단두대의 이슬로 사라진 프랑스 왕비 마리 앙트와네트가 바로 마리아 테레지아의 자녀들이다.

나폴레옹에 의해 오스트리아 제국, 프로이센 왕국, 그리고 헤센 대공국을 제외하고 모든 국가가 신성로마제국을 탈퇴했다. 그리고 라인 연방에 가입하면서 신성로마제국은 붕괴됐다.

합스부르크 로트링겐의 후손인 페르디난트 1세는 그의 동생 프란츠 카를과 함께 황제 프란츠 1세와 두 번째 황후인 부르봉 왕가의 마리아 테레지아 폰 나폴리 Maria Theresia von Neapel 사이에서 태어났다.
페르디난트는 잦은 근친혼으로 인해 태어날 때부터 선천적으로 기형아였다. 그는 마리아 안나 폰 사보이 공주를 신부로 결정했다. 사보이 왕가는 1720년부터 사르디니아 왕국을 통치했고, 왕국과 공국으로 나뉜 이탈리아에서 유일한 토착 왕가였다.

1835년 3월 2일 프란츠 2세는 폐렴으로 사망하자 페르디난트는 부왕의 뒤를 이어 합스부르크 왕위를 계승했다. 1848년 혁명이 일어나자 장조카인 프란츠 요제프에게 재위를 양보했다. 허약한 체질에

근친혼으로 인한 간질병임에도 불구하고 그는 78세까지 장수했다.

황제 프란츠 1세의 차남인 프란츠 카를 대공은 소피 폰 바이에른 공주와 1824년에 결혼했다. 이때 소피의 나이 19살이었다. 소피는 이성적이고 강한 의지가 있는 공주였다. 그녀는 결혼하여 아들을 출산해 왕위 계승자로 만드는 것을 꿈꿨다. 처음에는 임신이 되지 않아 힘들어 했고, 연속적인 유산으로 괴로워했다. 그녀에게 왕자를 생산하지 못하는 것은 황실과 제국을 위해 아무 의미가 없는 것이기 때문이었다.

1829년 소피는 마침내 임신과 출산에 성공하는데 그가 바로 프란츠 요제프였다. 그리고 1832년 둘째 페르디난트 막시밀리안, 1833년 셋째 카를 루트비히와 루트비히 빅토르가 태어난다. 하지만 소피 자식들의 결혼 생활은 엉망이었다. 황제인 아들 프란츠 요제프의 아내 엘리자베트는 밖으로만 나돌았고, 둘째 며느리 샤를 로테는 정신병자가 됐다. 그리고 셋째 아들은 무능하고, 막내는 방탕했다.

소피 대공비는 마리아 테레지아 이후 특권과 영향력을 왕조에 행사했다.

1848년 혁명의 해에 프란츠 요제프의 나이 18세였다. 그리고 23살이 됐을 때 합스부르크 로트링겐 가문의 가무에 걸맞은 황후를 찾아야만 했다. 프로이센에 프리드리히 빌헬름 4세의 조카인 프리드리히 카를의 딸인 안나 공주가 있었지만, 프란츠 요제프는 안나를 얻지 못했다.

그 당시 프로이센에서는 아직 오토 에드워드 레오폴트 폰 비스마르크의 중요성은 아직 크지 않았다. 독일 통일에 있어 프로이센의 소독일주의와 오스트리아의 대독일주의로 보면 두 나라는 엄연한 적이었다. 프란츠 요제프가 다음에 만난 여자는 그의 어머니 소피의 언니 루도비카가 막스 공작과 결혼해 낳은 자식들 중 장녀인 19살의 헬레네였다. 그녀는 조용하며 키가 크고 날씬한 자태의 희고 선이 분명한 용모를 지닌 아름다운 공주였다. 프란츠 요제프와 맞선을 보기로 한 자리에 막스 공작, 루도비카가 초대됐지만 막스 공작이 참석할 수 없어 헬레나의 여동생 16살 엘리자베트가 부친 자리를 대신했다.

언니의 선자리가 그녀의 인생을 바꿔 놓는 계기가 됐다. 엘리자베트의 애칭은 시시Sisi였다. 시시는 요정처럼 발달하고 명랑했다. 프란츠 요제프는 이러한 시시에게 관심이 더 갔고, 결국 1854년 4월 24일 둘은 결혼한다. 급진적으로 만나 사랑에 빠졌지만 둘의 결혼은 행복하지 못했다. 프란츠 요제프의 사랑은 일생 동안 변치 않았다. 반면 엘리자베트의 사랑은 환상이 깨지자 곧 시들어 버렸다.

황후가 된 엘리자베트는 황실의 법도가 얼마나 엄격한지 소피 대공비로부터 알게 됐다. 소피 대공비와 엘리자베트는 사이가 좋지 않았다. 시어머니 소피는 아들의 통치에 방해가 되는 것은 멀리해야 한다고 생각하고 있었다. 엘리자베트를 사랑하는 프란츠 요제프는 엘리자베트가 행복하지 않은 것을 보고 불행했다. 이러한 상황에서 1855년 첫 번째 자식인 공주가 태어났다. 1856년 둘째 공주 기젤라가 태어났다. 1857년 5월 프란츠 요제프와 엘리자베트는 그들의 딸 소피와 기젤라와 함께 헝가리로 여행을 떠났다. 이 여행에서 첫 번째 딸인 소피가 사망하게 된다. 그 후 1858년 드디어 왕위를 상속할 왕자가 태어난다. 소피 대공비는 왕위 상속자인 루돌프를 손수 양육하는 데 전력을 다했다.

1868년 엘리자베트는 막내딸 발레리를 출산했다. 하지만 네 번째 자식이 딸이라는 사실이 프란츠 요제프를 실망시켰다. 엘리자베트는 불안정한 마음을 승마로 달랬다. 그녀는 젊은 아가씨로 남기를 원했고, 고운 자태를 잃지 않기 위해 단식을 하기도 했다. 1m 72cm의 키에 46kg의 몸무게를 가지고 있던 엘리자베트는 하루에 6개의 오렌지 외에는 아무것도 먹지 않기도 하고 외출할 때도 부채나 양산으로 주름진 얼굴을 가렸다고 한다. 1898년 그녀는 스위스에서 배에 오르던 중 이탈리아 무정부주의자인 26살의 노동자 뤼기 루체니에게 칼에 찔려 사망한다.

소피 대공비의 둘째 아들 페르디난트 막시밀리안은 자신이 통치하는 왕국을 가지고 싶어 했다. 그는 비엔나와는 대조적인 파리 분위기에 취해 있었다. 그는 나폴레옹 3세에 의해 벨기에의 왕 레오폴트 1세가 있는 브뤼셀로 보내졌다.

벨기에서 오스트리아로 레오폴트 1세의 누이동생 샤를로테와 레오폴트 2세의 둘째 딸 스테파니가 보내졌다.

페르디난트 막시밀리안은 레로폴트 1세의 딸 샤를로테와 결혼했다. 그 후 1857년 롬바르디아-베네치아 왕국의 총독이 됐다. 그리고 오스트리아에서의 모든 왕위 계승권과 상속권을 단념하고 1861년 멕시코 황제로 선출됐고, 1864년 멕시코 제국의 황제가 됐다. 그는 가난한 자들과 농민의 보호자로 자처하면서 열렬한 지지를 받았다. 하지만 개혁을 하는 과정에서 멕시코 소유자들의 분노를 샀고, 로마 가톨릭 성직자와 대립했다.

국고가 바닥이 나고 퇴위를 거부하면서 [12]베니토 후아레스의 멕시코 군에 의해 결국 1867년 5월 15일에 총살됐다. 소피 대공비의 셋째 아들 카를 루트비히는 작센의 공주 마가레타와 결혼하고 두 번째 결혼은 나폴리 시칠리아 공주인 마리아 아눈치아타 폰 부르봉과 하여 4명의 자식을 뒀다. 막내아들 루트비히 빅토르는 포르투갈에서 추방당해 바이에른에서 유랑 생활을 하고 있는 마르가리타 테레사를 아내로 맞이한다.

합스부르크 가문의 종말

19세기 중반을 지나면서 합스부르크는 점점 약해지고 있었다. 루돌프 황태자는 태어나면서부터 30개가 넘는 지위를 가지고 있었다. 태어나자마자 오스트리아-헝가리 제국의 황태자가 됐다.

황태자가 다 그렇듯 가문에서는 그가 일찍 결혼하기를 원했다. 프란츠 요제프는 그가 작센의 왕 알베르트의 딸과 결혼하기를 바랐다. 하지만 그는 1880년 스테파니 폰 벨기에와 결혼했다. 이때 스테파니의 나이는 16살이었다. 그리고 1883년 첫딸을 출산했다. 하지만 그 둘의 결혼 생활은 갈수록 악화됐다. 황태자는 외적인 것에 열중했고, 황태자비는 오만하게 행동했다. 더 이상 아이가 생기지 않는 것도 루돌프의 방탕한 생활이라고 여겼다.

루돌프는 이전의 다른 황태자와는 달랐다. 그는 어머니 엘리자베트의 영향을 많이 받았다. 그래서인지 개혁주의자이면서 자유주의자로 자랐다. 친독일적이고 보수적이었던 부황인 프란츠 요제프와는 정치적으로 대립했다. 그는 가명을 사용해 진보 신문에 글을 쓰기도 하고, 정치와 제국주의, 황실을 비난하는 글을 기고했다. 귀족과 성직자들이 민중을 억압한다고 보았고, 사회를 근본적으로 개혁해야 한다고 주장했다. 그리고 부황의 정치 체계를 비판했다.

이러한 루돌프 황태자는 우울증과 정신 질환을 앓았다고 한다. 1889년 어느날 비엔나에서 24km 떨어진 황실 사냥용 별장 마이얼링에 가 황제인 아버지 프란츠 요제프를 제외한 가족에게 편지를 쓰고 자살하고 만다. 먼저 메리의 관자놀이에 한 발의 총을 쏘고 2시간 후 그 시체 옆에 앉아 권총으로 자살한다.

일반적으로 자살은 장례식을 허가하지 않지만, 정신병을 앓았다는 것 때문에 그의 장례는 허가된다. 루돌프와 마리를 만나게 해준 리리슈 백작 부인은 영원히 황궁 출입이 금지됐다.

프란츠 페르디난트는 카를 루트비히 대공과 폐병이 심했던 마리아 아눈치아타 폰 부르봉-나폴리 사이에서 태어난 3명의 아들 중 장남이다. 차남인 오토 프란츠는 황실서 가장 미남이었다. 프란츠 페르디난트보다 먼저 결혼해 이미 자식이 있었다. 그리고 막내인 페르디난트 카를은 조용하고 몽상적이었고, 황제의 승인 없이 시민 신분의 부인과 함께 페르디난트 부르크라는 이름으로 비엔나 교회에서 살았다.

장남 프란츠 페르디난트는 프란츠 요제프의 조카이면서 오스트리아 헝가리 제국의 재위 계승자이다. 사촌 형인 루돌프 황태자의 자살로 황제의 재위 계승권을 포기한 아버지의 뒤를 이어 오스트리아-헝가리 제궁의 후계자가 됐다. 그는 주위의 반대에도 불구하고 그가 사랑하는 여성 조피 호테크 그라핀 폰 콧구바와 1900년에 결혼했다.

그는 오스트리아 헝가리 이중 제국에 슬라브인을 참여시켜 제국의 개편과 확장을 도모했다. 결혼 14주년 기념일 1914년 6월 28일 황태자 부부는 군대를 사열하기 위해 사라예보를 방문한다. 1차 테러에서 수행원이 부상을 당했지만, 일정을 계속 진행했다. 대공 부부는 운전기사에게 일정이 잘못 전달돼 차를 돌리던 중 라틴다리에서 보스니아계 세르비아의 민족주의자였던 19살의 가브릴로 프란치프에 의해 저격당했다. 대공은 목, 소피는 배에 총을 맞았다.

대공 부부의 시신은 비엔나로 옮겨졌고, 그리고 한 달 후 오스트리아는 세르비아에 선전 포고를 했다. 이것이 제1차 세계대전의 시작이었다. 제1차 세계대전은 게르만 민족과 슬라브 족과의 전쟁이기도 했다.

합스부르크의 마지막 황제 카를 1세는 카를 루트비히 대공의 차남 오토 프란츠의 장남으로 태어났다. 즉, 프란츠 요제프가 그의 증조부였다. 프란츠 요제프 1세는 아들 루돌프가 자살한 후 조카인 프란츠 페르디난트 대공을 후계자로 삼았는데 그 역시 사라예보에서 암살됐다. 프란츠 페르디난트는 신분이 낮은 여성과 결혼하여 그의 자식들은 제위 계승권이 없었다. 그는 오스트리아의 황제, 헝가리의 왕, 보헤미아의 왕, 크로아티아와 슬라보니아, 달마티아의 왕이자 트란실바니아의 대공이었다.

카를 1세는 치타 폰 부르봉-파르마와 결혼하여 5남 3녀를 두었다. 카를 1세는 평화주의자였다. 제1차 세계대전 이전에는 유럽의 여러 나라들과 협상을 통해 전쟁을 피해 가려 애썼다. 하지만 프랑스의 아자스-로렌의 권리 주장을 옹호하며 점차 오스트리아와 독일에서는 신뢰를 잃어갔다.

제1차 세계대전 이후 오스트리아-헝가리 제국은 헝가리, 슬로바키아, 유고슬라비아, 폴란드 등의 여러 나라로 분할됐다. 카를 1세는 1918년 11월 16일 오스트리아의 모든 정무에서 손을 뗐다. 그리고 다음 해인 1919년 스위스로 망명했다. 그 후 오스트리아 의회는 그의 폐위를 주문했고, 그 후 두 번의 왕의 복위를 시도했지만 실패한다. 그는 다시 포르투갈로 망명하지만 결국 폐렴 합병증으로 사망한다.

합스부르크-로트링겐 가문의 마지막 왕비인 치타는 1982년 비엔나로 돌아왔다. 90세의 나이로 마지막 황제, 카를 1세가 사망한 후 60년간 상복을 벗지 않았다. 그녀는 1989년 3월 14일 세상을 떠나고 4월 1일 비엔나의 슈테판 대성당에서 장례식을 치른 후 카푸친 묘실에 오스트리아-헝가리 마지막 황후로 안치됐다. 황후의 사망으로 합스부르크 가문은 유럽의 역사 무대에서 퇴장했다.

1 **킬리키아의 살레트 강**_ 키프로스 북쪽의 해안 지역을 말하는 고대 지명으로 고대에는 이 곳에 소아시아와 시리아를 잇는 유일한 통로인 '킬리키아 문'이 있었다. 히타이트, 아시리아, 페르시아 제국의 지배를 받았다.

2 **안티오키아(Antiochia)**_ 영어로 안티오크(Antioch)이며, 터키 남동부에 위치한 도시

3 **티레(Tyre)**_ 고대 페니키아의 도시로 전설적인 에우로페와 엘리사의 탄생지로, 오늘날 레바논의 네 번째로 큰 항구 도시

4 **타르수스(Tarsus)**_ 현재 터키의 중남부에 위치한 도시로 고대 로마제국의 속주였으며, BC38년 안토니우스와 클레오파트라가 처음 만난 곳으로 전해진다.

5 **요한 23세(1370~1419)**_ 서방 교회의 분열동안 교황권을 주장한 인물로, 피사 공의회과의 교황으로 본명은 발다사레 코사이다. 로마 가톨릭에서는 비합법적인 대립 교황으로 본다.

6 **아헨**_ 독일 쾰른 남서쪽 70km 지점에 있는 지역이다. 샤를 마뉴 때 프랑크 왕국의 수도였고, 813~1531년 독일 국왕의 대관식이 거행됐던 곳이다. 제국회의, 종교회의, 평화회의가 열리는 중심지였으며 카롤링거 왕조의 르네상스의 중심지다.

7 **황제 대관식**_ 1452년 3월 19일 성베드로 대성당에서 교황 니콜라우스 5세에 의해 이뤄진 대관식으로 교황이 성지에서 행한 마지막 황제 대관식이다.

8 **메리튜터(1516~1568)**_ 프로테스탄트를 국교로 정한 헨리 8세의 딸이며 본인은 가톨릭 신자

9 **라슈타트조약**_ 독일의 라슈타트에서 프랑스의 루이 14세와 신성로마제국의 카를 6가 체결한 스페인 계승 전쟁의 종결조약

10 **오이겐 폰 사보이(1663~1736)**_ 세계 3대 전략가로 꼽히는 인물로 레오폴트 1세-요셉 1세-카를 6세 시대의 위대한 장군

11 **슐레지엔(Schlesien)**_ 오데르 강의 상류 및 중류 지역. 폴란드어로는 실롱스크, 체코어로는 슬레스코, 영어로는 실레지아라고 한다. 대부분이 폴란드령이지만 체코의 수데티 산맥 남쪽 기슭이 포함된다.

12 **베니토 후아레스(1806~1872)**_ 멕시코 인디언 출신의 법률가로, 1857~1872년 멕시코 대통령을 지냈다.

Foreign Copyright:
Joonwon Lee
Address: 3F, 127, Yanghwa-ro, Mapo-gu, Seoul, Republic of Korea
3rd Floor
Telephone: 82-2-3142-4151, 82-10-4624-6629
E-mail: jwlee@cyber.co.kr

시간으로의 여행
오스트리아, 동유럽을 걷다

2017. 7. 13. 1판 1쇄 발행
2023. 5. 10. 1판 2쇄 발행

저자와의 협의하에 검인생략

지은이 | 정병호
펴낸이 | 이종춘
펴낸곳 | BM ㈜도서출판 성안당

주소 | 04032 서울시 마포구 양화로 127 첨단빌딩 3층(출판기획 R&D 센터)
10881 경기도 파주시 문발로 112 파주 출판 문화도시(제작 및 물류)
전화 | 02) 3142-0036
031) 950-6300
팩스 | 031) 955-0510
등록 | 1973. 2. 1. 제406-2005-000046호
출판사 홈페이지 | www.cyber.co.kr
ISBN | 978-89-315-8115-7 (13920)
정가 | 19,800원

이 책을 만든 사람들
책임 | 최옥현
진행 | 정지현
교정 · 교열 | 안종군
본문 · 표지 디자인 | 박혜진, 박원석
홍보 | 김계향, 유미나, 이준영, 정단비
국제부 | 이선민, 조혜란
마케팅 | 구본철, 차정욱, 오영일, 나진호, 강호묵
마케팅 지원 | 장상범
제작 | 김유석

이 책의 어느 부분도 저작권자나 BM ㈜도서출판 성안당 발행인의 승인 문서 없이 일부 또는 전부를 사진 복사나 디스크 복사 및 기타 정보 재생 시스템을 비롯하여 현재 알려지거나 향후 발명될 어떤 전기적, 기계적 또는 다른 수단을 통해 복사하거나 재생하거나 이용할 수 없음.

■ 도서 A/S 안내

성안당에서 발행하는 모든 도서는 저자와 출판사, 그리고 독자가 함께 만들어 나갑니다.
좋은 책을 펴내기 위해 많은 노력을 기울이고 있습니다. 혹시라도 내용상의 오류나 오탈자 등이 발견되면 "좋은 책은 나라의 보배"로서 우리 모두가 함께 만들어 간다는 마음으로 연락주시기 바랍니다. 수정 보완하여 더 나은 책이 되도록 최선을 다하겠습니다.
성안당은 늘 독자 여러분들의 소중한 의견을 기다리고 있습니다. 좋은 의견을 보내주시는 분께는 성안당 쇼핑몰의 포인트(3,000포인트)를 적립해 드립니다.
잘못 만들어진 책이나 부록 등이 파손된 경우에는 교환해 드립니다.